겨울산행과
빙벽등반

겨울산행과 빙벽등반

초판 1쇄 발행 | 2013년 12월 26일

지은이 | 정갑수
펴낸이 | 김용구
펴낸곳 | 열린세상(열린과학)
편집인 | 정하선
삽 화 | 조용숙
디자인 | 디자인포름

등록 | 제300-2005-83호
주소 | 서울시 관악구 남현동 1061-18 르메이에르 409호
전화 | 02-876-5789 팩스 | 02-876-5795
이메일 | openscience@hanmail.net
ISBN | 978-89-92985-29-1 13690

· 책값은 뒤표지에 표기되어 있습니다.
· 잘못 만들어진 책은 구입하신 서점에서 바꾸어 드립니다.

winter mountain climbing

겨울산행과 빙벽등반

ice wall climbing

정갑수 지음

들어가는 글

　겨울 산을 생각하면 대부분 사람은 온 산을 하얗게 덮은 흰 눈과 낭만적인 옛 추억을 떠올린다. 그리고 나뭇가지에 핀 설화와 눈이 시리도록 파란 하늘과 눈 덮인 산길을 걷는 장면이 생각난다. 하지만 빙벽과 히말라야 원정과 같은 전문적인 등반을 주로 해온 나에게 겨울 산은 매서운 추위와 텐트를 날려버릴 정도로 거센 바람과 가슴까지 차오르는 눈이 생각난다. 몇 해 전에 친구들과 신년 산행으로 설악산을 간 적이 있다. 서울의 야경을 뒤로하고 버스는 밤새 달려 한계령을 넘어 오색 매표소에 도착했다. 그곳에는 수십 대의 버스들이 설악산 대청봉에서 새해 일출을 맞이하기 위해 전국에서 모여든 수많은 등산객을 내려놓고 있었다. 설악산의 눈 덮인 능선들이 어두운 장막처럼 실루엣을 드리운 새벽 3시, 간단하게 컵라면으로 아침을 대신하고 랜턴 불빛을 따라 좁은 산길을 올라가기 시작했다. 눈을 들어 앞을 보니 산꼭대기까지 동그란 불빛들이 줄을 이은 것이 마치 끝없이 이어진 연등처럼 산길을 밝히고 있었다. 바람 한 점 없는 등산로에는 사람들의 가뿐 숨소리와 눈을 밟는 발걸음 소리만 들릴 뿐 모든 것은 평소의 산행과 다를 바 없었다. 하지만 일순간 바람소리가 점점 거세지더니 매서운 눈보라가 몰아치기 시작했다. 경사가 가팔라지고 고도가 높아짐에 따라 그나마 희미하던 산길의 흔적조차 사라지고 사람들은 눈도 제대로 뜨지 못한 채 앞사람을 따라 그저 한 발씩 앞으로 내딛을 뿐이었다. 설악산 대청봉에 도착하니 수많은 사람이 인산인해를 이루고 있어 일출은 제대로 보지도 못한 채 사람들에 휩쓸려 내려와야만 했다. 그날 설악산 오색 코스를 오르던 등산객 4명이 길을 잃고 추위에 조난사했다.

내가 생각하는 겨울 산도 이와 비슷하다. 겨울산행이 등산의 꽃이라면 빙벽등반은 꽃 중의 꽃이라 할 수 있다. 하지만 꽃을 감상하기 위해서는 마음의 여유만으로 충분하지만, 겨울 산을 즐기기 위해서는 체력뿐 아니라 기술과 지식이 필요하다. 이 책은 3부로 나누어져 있다. 먼저 1부는 등산에 꼭 필요한 기초지식, 예를 들어 걷기, 체력, 음식처럼 사람들이 알면서도 잘 모르는 가장 기본적인 사항들을 다루었다. 2부는 일반적인 겨울산행에 필요한 장비, 의류와 설벽등반의 기술, 위험과 조난에 대해 구체적으로 설명했다. 3부는 전문적인 산악인들에게 필요한 빙벽등반의 장비와 기술, 그리고 혼합등반의 기술적인 측면들을 살펴보았다.

전문적인 등반에 관한 책들이 거의 전무한 상황에서 처음《암벽등반의 세계》를 썼던 1995년 이래, 올해 봄 그에 대한 개정판 격이었던《암벽등반과 스포츠클라이밍》을 내기까지 등반의 세계도 장비와 기술의 발달로 세월의 무게만큼 많은 변화를 겪어왔다. 그리고 마침내 《겨울산행과 빙벽등반》에 관한 책을 내면서 여러 선후배 산악인들한테 받은 마음의 빚을 다소나마 갚게 되어서 다행으로 생각한다. 등산의 본질은 모험과 탐험이다. 우리에게는 각자 올라야 할 '산'이 있으며, 각자 감당해야 할 도전이 있다. 자신만의 산을 성공적으로 오르기 위해서는 필요한 기술과 경험을 연마해야 한다. 이 책이 산을 오르기 위해 조금이라도 도움이 된다면 그지없이 기쁠 것이다.

정갑수

■ 차례

들어가는 글 _005

1부 등산의 기초지식

1장 등산과 걷기
산에서는 어떻게 걸을까 _017
산에서는 어떻게 호흡을 할까 _019
보행속도와 휴식은 어느 정도가 적당할까 _022
오르막길에서는 젖산이 축적된다 _024
내리막길에서는 근육세포가 파괴된다 _027
산에서는 어떻게 피로를 방지할까 _031
오르막길을 걷는 요령 _032
내리막길을 걷는 요령 _034
산에 오를 때 지켜야 할 건강 십계 _038

2장 등산과 체력
등산할 때는 어떤 체력이 필요할까 _045
등산할 때는 어떤 근육을 사용할까 _046
등산할 때는 어느 정도의 운동량이 적당할까 _048
최대 산소 섭취량이란 무엇인가 _053
무산소 역치(AT)란 무엇인가 _055
등산을 잘하기 위해서는 어떤 훈련이 좋을까 _057
스트레칭은 어떤 순서로 할까 _063

3장 등산과 음식

음식은 등산에서 어떤 역할을 할까 _069
산에서는 무엇을 먹을까 _073
등산에 필요한 영양소의 비율은 _077
등산에서 수분 섭취가 중요한 이유는 _081
물이 부족하면 어떤 문제가 발생할까 _084
등산 중 건강한 수분섭취 방법 _086

2부 겨울산행

4장 겨울산행 환경

기후 변화의 원인 _095
겨울산 날씨의 특징 _101
바람의 변화 _103
겨울산행 요령 _105

5장 겨울산행 장비

피켈 _111
크램폰 _115
등산화 _119
알파인 스틱 _121

6장 겨울산행 의류

원단 고르기 _127
속옷 _129
겉옷 _130
바깥옷 _130
모자 _131

장갑 _131
양말 _132
겹쳐 입기 _133

7장 설벽등반 기술

피켈 사용법 _139
기본적인 보행기술 _141
설사면 오르기 _144
설사면 내려가기 _156
자기 제동 _164
설벽에서 확보하기 _170

8장 겨울산행의 위험과 조난

저체온증 _177
동상 _180
설맹 _182
눈사태 _182
염좌와 골절 _186
요통 _188
응급처치 _191
RICE 법칙 _194
333의 법칙 _195

3부 빙벽등반

9장 빙벽등반 장비

아이스 툴 _203
크램폰 _208

빙벽 확보물 _210
로프 _213
슬링 _220
퀵드로 _222
안전벨트 _223
카라비너 _227
헬멧 _230

10장 빙벽등반 기술

스텝 커팅 _233
완만한 경사면 오르기 _235
프런트 포인팅 _241
아이스 툴 휘두르기 _245
아이스 툴 빼기 _251
등반 자세 _252
암벽등반과 빙벽등반의 자세 비교 _266
얼음 형태 _269
확보물 설치 _278
확보 시스템 _288

11장 혼합등반 기술

크램폰 기술 _295
아이스 툴 기술 _297

부록 빙벽등반을 위한 팁 _304
찾아보기 _309

1부 등산의 기초지식

제1장
등산과 걷기

산에서는 어떻게 걸을까

등산 기술의 기초는 걷는 법부터 시작된다. 평지, 오르막길, 내리막길 등 장소에 따라 걷는 요령이 다르지만 중요한 것은 편안한 자세로 피로하지 않게 걷는 것이다. 걷는 속도는 처음에는 몸이 적응할 수 있도록 천천히 걷다가 차츰 속도를 내면서 일정한 속도로 꾸준히 걷는다. 보통 사람들은 평지에서 시속 4~5킬로미터를 걷는 것이 일반적인데, 산에서는 보통 한 시간에 3.6킬로미터를 걷는 것이 경제적인 건강속도이다. 하지만 산에서는 어떤 속도로 어떻게 걷는가에 대한 정답은 없다. 산마다 높이와 경사가 모두 다르며, 사람마다 체력이 각기 다르기 때문이다.

산에서 걷기와 평지에서 걷기와의 차이는 우선 그 운동량에서 큰 차이가 있다. 우리가 평지에서 시속 6킬로미터로 걸을 때 심장의 박동수는 1분에 100번이며, 이때 신체에서 요구되는 산소섭취량은 안정된 상태보다 4배까지 올라가게 된다. 한편 휴식할 때의 운동량 및 산소요구량을 1이라고 했을 때 9킬로그램 정도의 배낭을 메고 산길을 오를 때는 8.8배 정도의 산소량을 요구할 정도로 아주 힘들며, 경사를 내려올 때도 휴식할 때보다 5.7배 정도를 소모하게 된다. 산소와 기압의 차이도 산길을 어렵게 만든다. 공기 중에는 산소가 21퍼센트 정도 있는데 고도가 높아질수록 산소가 희박해지고, 기압도 평지보다 낮아진다. 이는 폐를 통해 혈액으로 들어간 산소가 신체조직에 속속들이 공급되는 일이 점점 어려워짐을 뜻한다. 우리나라와 같이 해발 2,000미터 이하의 산에서는 이러한 영향이 매우 적지만, 3000미터 이상의 산에서는 커다란 부담이 된다.

경사진 산길에서는 균형을 잡는 것이 평지보다 더 힘이 든다. 특히 우리나라와 같이 노출된 바위가 많고 요철이 심한 산길에서는 오르막보다 내리막에서 균형을 잡기가 더 어렵다. 한발 한발 균형을 잡기 위해 다리 근육은 물론 다양한 신체의 힘을 많이 사용하게 된다. 기상조건 또한 산길을 걷는 데 방해 요인이다. 산행 중 비바람을 만나 옷과 장비가 젖으면 몸이 무거워지고 체온이 떨어지면서 체력소모가 많아진다. 산에서의 기온은 해발 100미터씩 올라갈 때마다 0.6도씩 떨어지므로 신체는 체온을 유지하기 위해 더 많은 에너지를 사용하고 결국 많은 체력소모를 가져오게 된다. 걷는 시간이 길다는 것 또한 평지 걷기와 다른 점이다. 산행 중에는 몇 시간 이상 계속 걷는 것이 보통이지만 일상생활에서는 1시간 이상 계속 걷는 경우가 매우 드물다. 이런 상황에서 평소 단련되지 않은 몸으로 가파른 산길을 걷는 것은 체력적으로도 매우 어려운 일이다.

산에서 걷는 방법은 평지에서 걷는 방법과 다르다. 양어깨의 힘을 빼고 편한 자세로 상체를 앞으로 조금 굽히며, 무릎을 조금만 올리면서 한발씩 앞으로 내딛는다. 땅을 밟을 때는 발끝이나 뒤꿈치를 사용하지 말고 발바닥 전체로 안정감 있게 디뎌야 한다. 산길을 올라갈 때는 손을 크게 흔들지 말고 양쪽 어깨를 좌, 우로 보폭을 맞추어 리듬감 있게 움직여야 한다. 양손은 자유로워야 하며, 들 것이 있다면 반드시 배낭에 집어넣는다. 불필요한 몸놀림 없이 절제된 움직임이 필요하고, 목과 배낭이 좌우로 요동치면 역시 힘의 분산과 낭비를 초래한다.

호흡은 자연스럽게 발걸음에 맞추어야 하며, 숨을 들이쉬고 내쉬는 것은 똑같은 간격으로 한다. 그러나 같은 간격의 숨쉬기를 너무 의식하게 되면 호흡 리듬을 잃어버려 더 숨찰 수도 있다는 점을 주의해야 한다. 걸을 때 일정한 속도를 유지해야 쉽게 피로하지 않게 된다. 처음부터 온 힘을 다해 허둥지둥 걷는다면 쉽게 지쳐버릴 뿐 아니라, 한번 피로해진 후에는 아무리 휴식을 취해도 별 소용이 없다. 산행할 때 힘의 배분은 전체 체력을 100퍼센트로 했을 때, 올라갈 때 40퍼센트, 내려올 때 30퍼센트를 소모하고 예비체력으로 30퍼센트를 간직하는 것이 바람직하다.

처음 등산을 시작하는 사람은 급한 마음에 빨리 가려고 보폭을 너무 넓게 벌리는 경향이 있다. 무리하게 보폭을 넓히면 상하운동이 심해져서 쉽게 피로해진다. 보폭은 성인의 경우 보통 75센티미터로 분당 114보 정도가 적당하다. 올바른 보행법이 몸에 밴 사람의 등산자세를 보면 마치 덩실덩실 어깨춤을 추듯이 리드미컬하게 몸을 움직이면서 신체와 배낭을 리듬의 흐름에 따라 유연하게 이동시킨다.

산에서는 어떻게 호흡을 할까

잠시 하던 일을 멈추고 숨 쉬는 것에 집중해 보자. 고개를 숙여 가슴 쪽을 살펴보자. 아마 아무런 움직임도 없을 것이다. 대부분 사람은 단순히 가슴에서 나오는 호흡, 즉 얕은 호흡을 하기 때문이다. 우리가 정말로 폐 기능을 향상시키고 싶다면 깊은 숨을 쉬어야 한다. 숨을 깊이 들이마시면 폐가 커지고 횡격막이 내려가며 배가 약간 불러오는데 이렇게 배를 움직여 호흡하는 것을 복식 호흡이라고 한다. 다시 말해 폐의 구석구석까지 많은 양의 공기를 들이마시는 심호흡을 말한다. 산행을 할 때는 복식 호흡을 할 정도의 보행 속도를 유지해야만 몸이 지치지 않는다.

우리는 무의식적으로 1분에 약 15~18회의 호흡을 하고 산다. 평균 수명이 80세라고 할 때 적어도 평생 6억~7억 번 정도 호흡하는 셈이다. 이것을 평소의 호흡량으로 따지면 1분간 7리터로서, 하루에 1만 리터를 호흡하며 살고 있다. 티끌 모아 태산이라고 호흡이 우리 몸과 마음에 미치는 영향은 실로 엄청나다. 산행 중에는 1분에 약 150리터까지 공기를 마셔야 하는 경우도 있다. 하지만 1분당 코로 들이마실 수 있는 공기의 최대량은 57리터에 지나지 않는다.

깊은숨을 쉬어주면 폐와 혈관의 강력한 확장제인 일산화질소를 폐로 운반하는 것을 도와준다. 그 결과 폐와 혈관 기능이 더 좋아지고 폐의 산소 포화도가 98퍼센트에서 100퍼센트로 증가한다. 또한 몸에서 독소를 제거하는 림프계 순환을 향상시키고 몸을 이완시켜 스트레스 해소에 도움을 준다. 우리가 만약 5퍼센트 더 깊이 호흡할 수 있다면 하루에 500리터의 공기를 들이마셔 몸은 더욱 편안해질 수 있다. 몸속에서 산소가 부족해지면 이산화탄소가 증가하고 산소를 운반하는 적혈구의 기능이 떨어지면서 권태감, 두통, 의욕 저하 등이 생기는데 이것이 피로증상이다. 흔히 초보자들은 두 번 코로 들이쉬고 두 번 입으로 내쉰다거나 코로 호흡하는 것이 산행 중 호흡법의 정석으로 알고 있다. 하지만 등산에서는 마라톤처럼 산소가 많이 필요하기 때문에 쉽게 지치지 않기 위해서는 충분한 공기를 들이마셔야 한다. 중요한 것은 충분히 내쉬어야 다시 들이쉴 수가 있다는 점이다.

산행 도중 겪는 첫 번째 고통은 더 이상 움직이고 싶지 않을 정도로 숨이 차오르는 것이다. 이것은 운동량에 비해 산소와 혈액의 공급량이 부족하기 때문에 나타나는 현상이다. 산길을 걷기 시작하면 서서히 심장박동과 호흡이 빨라지게 되는데, 운동량이 자신의 심폐능력 이상으로 커지게 되면 더 이상 숨을 쉴 수 없을 정도로 숨이 가빠지고 심장은 마치 터질 것 같아진다. 이렇게 신체에서 요구하는 산소량을 충분히 공급하지 못하면 산소 부족상태에 이르게 되는데 이런 상태를 사점(死點)이라고 하며, 더 이상 운동을 할 수 없게 된다. 사점에 도달하는 운동량은 사람에 따라 차이가 있지만 대부분 산행 도중 한 번씩은 겪게 된다. 사점에 빨리 도달하는 것보다 서서히 도달하는 것이 좋다. 사점에 가까워진다고 느껴지면 걷는 속도를 늦추고 심호흡을 충분히 한다. 이때 너무 오랫동안 휴식을 취하면 다시 사점을 겪게 된다. 한 번 사점을 잘 극복하여 신체가 잘 적응되면 걸음이 한결 가벼워진다. 흔히 젊은이의 경우 의욕이 앞서 초반에 빠른 속도로 산행을 하기 때문에 금세 사점에 이르게 되고, 페이스 조절을 못하여 무산소 운동상태가 지속되면서 녹초가 되는 경우가 종종 있다.

숨이 차는 현상을 이해하는 좋은 방법은 우리 몸으로 들어오는 산소와 나가는 이산화탄소의 관계를 폐가 어떻게 조절하는지 살펴보는 것이다. 산행을 하면 근육은 더 많은 산소가 필요한 동시에 이산화탄소를 더 많이 생성해낸다. 이때 동맥과 뇌간에서는 산소와 이산화탄소의 농도를 감지하고 뇌와 심장에 호흡과 맥박수를 올리라는 신호를 보낸다. 이는 더 많은 혈액이 몸으로 보내지는 동시에 근육에서 더 많은 이산화탄소를 빼내 폐로 보내서 호흡을 통해 제거하게 됨을 의미한다. 그리고 폐에서는 더 많은 산소를 근육에 보낸다.

일반적으로 심폐지구력이 얼마나 좋은가에 따라 숨찬 정도가 결정된다. 규칙적으로 산행을 할수록 근육이 산소를 더욱 잘 이용하고 이산화탄소를 덜 생성해내기 때문에 폐와 심장이 훨씬 효율적으로 작용한다. 건강한 사람이 그렇지 않은 사람보다 산행을 오랫동안 할 수 있는 것은 이 때문이다. 산행 도중 숨을 내쉴 때는 숨을 들이쉴 때와 같은 리듬으로 이루어진다. 예를 들어 두 걸음 걸으면서 숨을 들이쉬고 두 걸음 걸으면서 내쉰다. 그러면 자동으로 박자를 맞추게 되고 리드미컬한 호흡이 이루어진다. 피로를 느낀다면 리듬에 자연스런 변화를 줄 수도 있다. 순간적으로 힘든 경사에서는 숨을 멈추어서 근육에 혈액의 공급을 원활하게 해주기도 한다. 또한 산행을 끝낼 때는 아주 깊고 길게 숨을 쉬는 것이 좋다. 몸의 긴장을 풀고 마음을 안정시키는 작용을 하기 때문이다.

보행속도와 휴식은 어느 정도가 적당할까

처음에는 몸이 적응할 수 있도록 천천히 걷는 것이 좋으며, 차츰 속력을 내어 자신만의 페이스를 유지한다. 또한 불필요하게 많이 쉬는 것은 시간 낭비일 뿐 아니라 너무 오래 휴식을 취하면, 근육이 굳어져서 다시 걷기가 힘들다. 급경사를 오를 때는 서서 쉬는 것이 좋다. 나무나 바위에 기대어 서서 짐의 하중을 분산시켜야 한다. 그러나 다리에 피로를 많이 느낀다면 다리를 약간 높게 올려놓은 자세로 앉아 쉬는 것도 피로 회복에 도움이 된다. 중요한 것은 호흡이 가쁘기 전에 쉬고, 근육이 지치기 전에 풀어 주어야 한다.

모든 운동에는 부하원리가 이용된다. 다시 말해 힘과 지구력을 향상시키려면 우리 몸의 저항을 서서히 증가시켜야 한다. 가볍게 시작하여 운동량과 속도를 점차 늘려나감으로써 신체의 운동능력을 단계적으로 향상시키는 것이다. 등산 첫째 날은 심장과 폐, 그리고 근육에 무리를 주게 되지만, 차차 우리 몸이 적응되면 둘째 날부터는 산행이 즐겁게 느껴지게 된다. 따라서 처음에는 몸이 적응할 수 있도록 천천히 걷는다. 그리고 시간이 지남에 따라 서서히 속력을 낸다. 어느 정도 우리 몸이 적응됐을 때는 적당한 페이스를 계속 유지한다.

자동차에도 연료를 적게 사용하는 경제속도가 있는 것처럼, 우리가 걷는 속도에도 경제속도가 있다. 실험 결과에 의하면 짐의 무게와 관계없이 1분당 60미터의 속도로 걸을 때 산소 소비량이 가장 적다고 한다. 이것은 시속으로 따질 때 3.6킬로미터로 걷는 것이 힘이 가장 덜 드는 경제속도라고 할 수 있다. 또한 짐이 조금 늘었을 경우에는 조금 빨리 걸어 속도를 높이는 것이 효율적이다. 다시 말해 빨리 걷고 빨리 휴식을 취하는 것이 전체적으로 체력 소모를 줄이는 방법이다.

산행 중의 휴식은 흔히 40~50분 걷고 10분 휴식이 바람직하다고 알려져 있지만, 사람마다 체력과 속도가 다르다. 또한 등산로의 상태도 다르기 때문에 지치지 않고 운동을 계속할 수 있는 시간도 사람마다 다르다. 일반적으로 40~50분 걷고 10분 휴식은 잘 훈련된 산악인에게나 해당하는 것이다. 일단 몸이 지쳐 버린 다음에 휴식을 취하면 기력을 다시 원상태로 회복하기 어렵다. 지치기 전에 먼저 쉬어야 한다. 걷는 시간과 휴식 시간의 간격은 사람과 상황에 따라 다르기 때문에 자신에게 알맞은 간격을 찾아야 한다.

중요한 것은 몸이 풀리기 전까지 속도를 내지 않는 것이 좋으며, 처음 산을 오를 때 땀이 나는 것이 보통이므로 옷을 한 겹 벗고 시작하는 것이 좋다. 빠른 속도로 오르고 나서 오랫동안 쉬는 것은 심신의 피로를 더해주며 심리적으로도 부담을 준다. 즉 오랜 휴식으로 온몸이 이완된 상태에서 다시 걸으려면 몹시 힘들기 때문에 휴식 시간을 가능하면 짧게 잡아야 한다. 등산은 한번 운동을 시작하면 하산하여 평지에 도달할 때까지 도중에 포기할 수 없는 운동이다. 그러므로 등산은 종종 무리한 운동이 되며, 건강증진을 목적으로 산을 찾은 등산객이 무리한 운동으로 건강을 해칠 수도 있다. 일반적으로 심혈관계 질환을 갖지 않은 사람의 경우에 적당한 운동이란 자신의 최대운동능력에서 60~80퍼센트의 범위에서 실시하는 것을 말한다.

오르막길에서는 젖산이 축적된다

피로는 어떤 일을 할 때 일시적으로 일의 능력이 떨어지는 것으로 동작이 부정확하고 비효율적으로 변하며 근육은 점점 늘어지기 시작한다. 등산에서 가장 먼저 나타나는 피로는 오르막길에서 지쳐버릴 때이다. 숙련된 산악인들은 무의식중에도 페이스를 배분하여 천천히 오르기 때문에 피로해지는 경우가 드물다. 하지만 초보자들은 언제나 빠르게만 오르려 하기 때문에 쉽게 피로해진다. 숙련된 산악인은 심박수가 분당 150~160회로 항상 일정한 보폭으로 오르고 짧은 간격으로 서서 휴식을 취해 심박수가 높아지는 것을 예방한다. 반면 초보자는 심박수가 분당 180회 이상으로 처음부터 빨리 오르려고 애쓴다. 그래서 시간이 지남에 따라 점차 피곤해지고 휴식을 취하는 횟수가 많아지고 길어진다. 결국 초보자는 목적지에 늦게 도착할 뿐 아니라 피로한 상태가 된다. 천천히 걸으라고 해도 대부분 초보자들은 빨리 걷다가 지치고 만다.

그러면 빠르게 산을 오르면 왜 피곤해질까? 평지에서 배낭을 메지 않는 일상적인 보행의 경우, 약간 빠르게 걷더라도 신체에는 가벼운 부담을 주는 정도에 불과하다. 하지만 배낭을 메고 오르막길을 걷는 등산의 경우, 약간 빠르게 걷는 것만으로도 심박수는 한계에 도달해 신체에 커다란 부담을 주게 된다. 평지에서 약간 빠르게 걷기에 해당하는 것이 등산에서는 어느 정도의 속도에 해당할까? 예를 들어 평지와 등산에서의 심박수가 150으로 같은 경우, 즉 평지 보행과 같은 생리적인 부담을 느끼도록 하려면 등산에서는 평지 속도의 약 절반 정도의 속도가 되어야 한다. 따라서 등산할 때 '천천히 걸어라'는 말의 의미는 평지에서 걷는 속도의 절반으로 걸으라는 뜻이다.

빨리 걸으면 왜 지칠까? 여기에는 과로와 에너지원의 고갈, 근육과 혈액에 쌓이는 젖산의 축적, 신경계의 작용이 있다. 등산에서 가장 피로가 빨리 나타나는 부분은 다리 근육이다. 피로가 진행되면 근육 내부에 가지고 있는 에너지원인 글리코겐이 적어진다. 산소의 공급이 지체되듯 글리코겐의 보충도 지체되어 젖산이 쌓이게 되고 근육의 수축이 잘 이루어지지 않는다. 중량이 10킬로그램인 배낭을 메고 경사도 8도인 산길을 점차 속도를 빨리했을 때 심박수와 혈액의 젖산 농도의 변화를 살펴보자. 심박수는 보행 속도가 빨라질수록 거의 일직선으로 증가한다. 하지만 젖산의 변화를 보면, 심박수와 달리 혈중 젖산 농도는 보행 속도가 분당 75미터까지는 거의 증가하지 않다가 보행 속도를 빨리하면 급격하게 증가한다. 이것은 어느 정도 일정한 속도로 걸으면 지치지 않고 계속해서 걸을 수 있지만, 속도가 어느 한계 이상을 넘으면 젖산이 급격하게 쌓여서 피로해짐을 의미한다.

 이제는 보행 속도에 따른 주관적인 피로도가 어떻게 되는지 알아보자. 등산 초기에는 '매우 편하다'에서 시작하여 보행 속도가 빨라질수록 피로도가 점차 증가한다. 젖산이 증가하는 지점에서는 '약간 힘들다'에서 '힘들다'로 주관적인 피로도가 바뀌는데, 젖산이 축적되면서 뇌에서도 힘들다는 느낌을 갖게 된다. 젖산 농도가 증가하는 시점을 '무산소 역치(AT)'라고 하는데, 매주 꾸준히 등산하는 사람들의 경우 무산소 역치는 분당 80미터 속도에 해당한다. 따라서 분당 80미터, 다시 말해 시속 4.8킬로미터 이하의 속도로 등산하면 지치지 않고 장시간 등산할 수 있다. 하지만 산에서는 경사가 다르고 배낭의 무게 또한 다르기 때문에 모든 사람에게 일률적으로 적용할 수 없다.

내리막길에서는 근육세포가 파괴된다

　등산할 때 내리막길에서는 피로가 오지 않는다고 생각하는 사람들이 많다. 특히 초보자들은 내리막길 걷기가 쉬운 운동이라고 생각하는 경향이 많다. 하지만 내리막길에서도 피로는 나타나며, 어떤 의미에서는 오르막길보다 훨씬 심각하다. 대부분 사고는 올라갈 때보다 내려오면서 생기는 경우가 많기 때문이다. 등산 사고의 유형에서 가장 많이 차지하는 것이 굴러떨어지거나 넘어지는 것으로 전체 사고의 절반 정도이다. 그중에서 굴러떨어지는 것은 넘어지면서 부차적으로 발생하는 경우가 대부분이므로 가장 잦은 사고의 원인은 넘어질 때라고 할 수 있다. 특히 산을 오를 때보다 내려올 때 넘어지는 경우가 많다. 내려올 때 자주 넘어지는 것은 기술적인 어

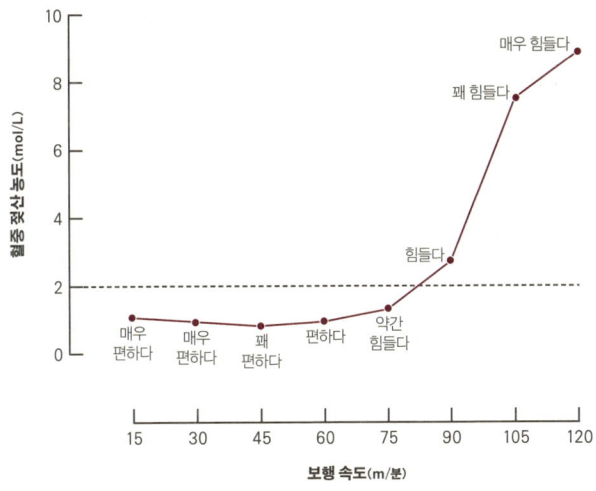

보행 속도와 혈중 젖산 농도의 관계

려움 때문이 아니라 내리막길을 걸을 때 발생하는 피로 때문이다.

일반적으로 내리막길에서는 근육이 늘어나는 신장성 수축을 하면서 힘을 발휘한다. 따라서 허벅지의 대퇴사두근이 약한 사람은 근육의 과도한 신장성 수축으로 인해 근세포가 상해를 입어서 근력 저하가 나타난다. 또한 다른 쪽 다리의 대퇴사두근은 지면으로부터 강한 착지 충격을 받아 스트레스 때문에 근육이 쉽게 피로해져서 넘어지는 사고가 발생한다. 내리막길이 편하다고 생각하는 이유는 폐와 심장이 힘들지 않기 때문이다. 오르막길에서는 신체를 들어 올리기 때문에 근 에너지를 사용해야 한다. 이러한 에너지를 생성하기 위해서는 많은 산소가 필요하고, 따라서 폐와 심장에 부담이 커진다. 한편 내리막길에서는 에너지가 많이 사용되지 않는다. 하지만 적당한 속도로 내려가기 위해서는 근력이 필요한데, 이는 차가 언덕을 내려올 때 엔진 브레이크를 사용하는 것과 같은 원리이다. 내리막길은 오르막길에 비해 에너지 사용량이 절반 정도이다.

오르막길은 호흡·순환계에 커다란 부담을 주지만 근육계에는 거의 손상을 주지 않는다. 한편 내리막길은 호흡·순환계의 부담은 적지만 근육계에는 많은 손상을 준다. 호흡·순환계는 가슴이 두근거린다든가 호흡 곤란 등을 통해 즉시 피로감이 나타날 수 있지만, 근육 세포가 파괴되었을 때는 즉시 파악하기 어렵다. 근육 세포의 손상은 운동 중에 나타나는 것이 아니라 운동 후 어느 정도 시간이 지난 후 나타난다. 그 증상이란 바로 근육통이다. 근육통이란 근육 세포가 손상을 입었을 때 나타나는 염증에 의한 통증이다. 근육통은 내리막길에서 나타나는 특유한 생리 현상이다. 평소에 등산을 자주 하는 사람이나 평지에서 운동하는 사람은 근육통을 일으키지 않는다. 이런 사람은 다리 근육이 단련되어 있기 때문에 내리막길을 걸어도 근육이 거의 손상을 입지 않는다. 이에 반해 평소에 거의 운동을 하지 않는 사람이 등산하면 며칠간 근육통으로 고생한다. 근육이 약해 내리막길에 대한 스트레스를 견디지 못해 근육 세포가 손상을 입게 된다.

내리막길에서 근육 세포가 손상되기 쉬운 이유는 무엇일까? 등산에서 가장 많이 사용되는 근육은 대퇴사두근이다. 산을 오를 때 대퇴사두근은 길이가 줄어들면서 힘을 발휘하고, 내려올 때는 대퇴사두근의 길이가 늘어나면서 힘을 발휘한다. 운동 생리학 용어로는 전자를 '단축성 수축'이라 하고 후자를 '신장성 수축'이라고 한다. 다시 말해 전자는 자주 일어나는 근육의 수축 현상이지만 후자는 드물게 일어나기 때문에 근력이 약한 사람이 신장성 수축을 하게 되면 근육 세포가 손상을 입게 된다.

근육 세포가 손상되면 근력도 떨어진다. 산을 오를 때는 단축성 수축 운동을 하며, 이때 근력은 많이 떨어지지 않는다. 한편 산을 내려올 때는 신장성 수축 운동을 반복하기 때문에 근력이 급격하게 떨어진다. 근력이 떨어지면 체중을 지지하는 힘이 약해지기 때문에 중심을 조금만 잃어도 넘어지게 된다. 내리막길에서는 다리에 힘이 들어가지 않거나 다리가 후들거리는 증상이 나타난다. 이것은 대퇴사두근이 신장성 수축을 반복하다 보니 다리의 근력이 떨어져서 생기는 현상이다. 근육 세포가 손상을 입으면 질소 화합물이라는 노폐물을 처리하기 위해 신장에 커다란 부담을 주게 된다. 또한 근육 세포가 손상을 입게 되면 내리막길에서 사고가 자주 발

근육의 단축성 수축과 신장성 수축

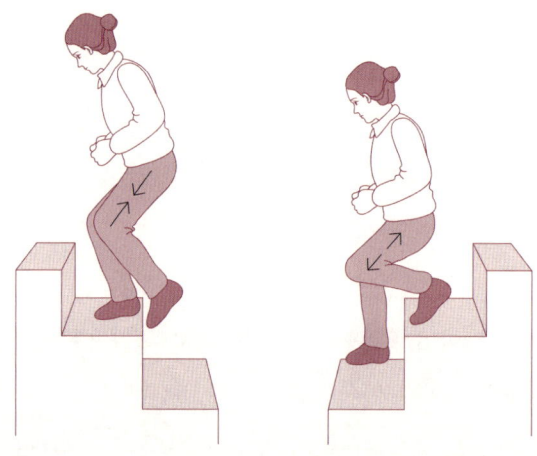

생한다. 근육통을 일으킬 정도의 등산은 결코 건강에 좋은 운동이라고 할 수 없다.

내리막길에서 넘어지기 쉬운 이유가 또 있다. 평지에서 걸을 때는 착지하는 순간 우리 몸무게와 비슷한 힘이 완만하게 가해지지만, 달릴 때는 몸무게의 두 배에 해당하는 힘이 순간적으로 가해진다. 마찬가지로 올라갈 때는 평지처럼 몸무게와 비슷한 충격량이 가해지는데 반해, 내려갈 때는 달릴 때와 비슷한 충격량이 가해진다. 만약 무거운 배낭을 짊어졌을 때는 달리기보다 더 큰 충격량이 우리 몸에 전달된다. 이것은 발목이 삐었을 때 계단을 오르내릴 때 발목에 걸리는 통증의 차이를 비교해보면 쉽게 알 수 있다. 또한 달리기할 때 무릎과 허리에 커다란 부담이 걸리는 것처럼 내려올 때도 무릎과 허리에 커다란 스트레스를 받는다. 따라서 산을 내려갈 때 근력이 저하되기도 하지만 착지의 충격으로 인해 우리 몸을 지탱하기 어려워져 넘어지는 경우가 많다.

산에서는 어떻게 피로를 방지할까

일반적으로 체력 개선과 기술 개선의 두 가지 방법이 있다. 체력 개선은 대퇴사두근을 단련하여 커다란 스트레스가 걸려도 견딜 수 있도록 하는 것이고, 기술 개선은 대퇴사두근에 최소한의 스트레스가 걸리도록 걷는 방법이다.

• 보행 기술을 익힌다

등산할 때 중요한 점은 무릎에 충격을 얼마나 줄이느냐에 달려 있다. 숙련된 산악인들은 무릎을 부드럽게 사용하여 충격을 원활하게 흡수해 준다. "산을 내려올 때는 고양이처럼 걸어라"는 말이 있다. 산에서 뛸수록 충격력이 커지므로 올라갈 때는 천천히, 내려올 때는 조심해서 걷는 것이 피로 예방에 도움이 된다.

• 스틱을 사용한다

스틱을 사용하면 충격을 팔에 분산시키면서 다리에 전달되는 충격량을 줄일 수 있다. 특히 여성이나 중년층 이상이 스틱을 사용하면 다리 근력의 저하를 보완할 수 있다. 하지만 스틱만으로 편하게 걸을 수 있다는 생각은 금물이다. 스틱을 사용하면 다리에 가해지는 힘은 줄어들지만 팔에 가해지는 힘은 증가한다. 따라서 스틱을 원활하게 사용하기 위해서는 팔의 근육을 강화해야 한다.

- 배낭을 가볍게 하자

배낭 무게가 무거울수록 충격량도 그만큼 커진다.

- 체중을 가볍게 한다

배낭을 가볍게 하는 것도 중요하지만 몸무게를 가볍게 하는 것이 더 중요하다. 비만인 사람은 자신의 몸을 지탱하는 능력이 떨어지기 때문에 내려올 때 넘어지기 쉽고 무릎이나 허리를 다치기 쉽다.

- 완만한 내리막길을 선택하라

내리막길이 가파르면 다리에 미치는 영향도 커진다. 가능하면 완만한 코스를 선택하고 직선으로 내려오기보다 지그재그로 내려올 때 무릎이나 허리에 미치는 충격을 최소화한다.

오르막길을 걷는 요령

오르막길에서는 앞 발끝부터 내딛고 신발 바닥 전체를 지면에 밀착시켜 하중을 골고루 분산시켜야 한다. 보폭을 줄여서 걸으며, 호흡과 속도는 일정한 리듬을 유지하면서 천천히 걷도록 한다. 등산은 엄청난 체력을 소모하는 운동이다. 체력이 떨어진 상태에서 넘어지거나 발을 헛디뎌 다칠 위험이 많고, 산을 내려온 뒤 며칠씩 다리 근육통에 시달리는 등 후유증이 만만치 않다. 등산할 때 중요한 것은 천천히 걷는 것인데, 평지에서 걸을 때의 절반 속도가 좋다. 체력을 과신해 빠른 속도로 산을 오르내리는 사람이 많다. 이 과정에서 체력 소모가 심하고 부상 위험이 커진다. 등산은 기본적으로 체력도 필요하지만 기술도 필요하다. 어떻게 하면 힘들이지 않고 오를 수 있을까?

- 준비운동을 한다.

준비운동 없이 갑자기 산에 오르면 근육과 관절에 무리가 오고, 심장과 혈관은 압박을 받아서 평소보다 훨씬 빨리 지친다. 가벼운 체조와 스트레칭을 해서 어느 정도 체온을 올린 다음, 천천히 걸으면서 서서히 심장 박동이 빨라지게 한다.

- '약간 힘들다' 정도의 느낌으로 보행 강도를 유지한다.

'약간 힘들다'를 넘어서 '진짜 힘들다'라는 느낌이 드는 순간부터 피로 물질인 젖산이 체내에 급격하게 증가해 피로가 몰려온다.

- 발바닥 전체로 딛는다.

하중을 발 앞부분에만 주면서 걸으면 다리 근육에 무리가 오고 체력 소모가 빨라진다. 발바닥 전체로 디뎌야 자세가 안정되고 힘도 적게 든다. 등산로에서 되도록 발바닥 전체를 디딜 수 있는 곳을 골라 걷는 습관을 들인다.

- 발끝과 무릎이 일자가 되게 걷는다.

팔자걸음을 걸으면 무게중심이 갈 지(之) 자로 왔다 갔다 하면서 에너지를 더 낭비하게 된다.

- 상체를 앞으로 굽힌다.

허리를 꼿꼿이 세우고 경사진 등산로를 올라가면 무게 중심이 뒤로 이동하기 때문에 다리에 힘이 더 많이 들어간다.

- 되도록 계단 등산로는 피한다.

계단으로 오르면 같은 발 자세와 다리 동작을 반복해서 사용하기 때문에 근육의 특정 부분에 하중이 집중된다.

내리막길을 걷는 요령

내리막길에서는 발이 지면에 닿을 때 발의 앞부분보다 뒤꿈치가 먼저 닿도록 하는 것이 좋다. 앞꿈치가 먼저 닿으면 무게중심이 앞쪽으로 옮겨져 걷는 속도가 빨라지고 이로 인해 중심이 무너지면서 미끄러지거나 넘어질 수도 있다. 등산할 때 대부분 사고는 하산할 때 발생한다는 것을 명심하자. 산을 내려올 때에는 터벅거리지 말고 평소보다 무릎을 더 구부린다는 생각으로 탄력을 줘서 내려와야 무릎과 허리에 가해지는 부담을 줄일 수 있다. 하산할 때 발목과 무릎에 전해지는 부담은 자기 체중의 3배 정도가 된다. 게다가 배낭 무게까지 합하면 하산할 때 무릎에 가해지는 부담은 생각 이상으로 크다. 따라서 하산할 때 절대로 뛰어서는 안 된다.

등산을 마친 뒤 다리가 쑤시는 근육통의 원인은 내리막길 때문이다. 허벅지 근육이 터질 것 같은 오르막길보다 비교적 쉽게 보이는 내리막길에서 근육 세포가 더 많이 파괴된다. 계단으로 아파트

꼭대기까지 올라갔다가 엘리베이터를 타고 내려왔을 때와 엘리베이터를 타고 올라갔다가 계단으로 내려왔다고 하자. 이때 근육세포의 손상 정도를 알 수 있는 '혈중 크레아틴인산 분해 효소' 농도는 후자가 더 높다. 산을 내려갈 때는 허벅지 앞쪽 근육의 길이가 늘어난 상태에서 체중을 지탱한다. 이런 경우 같은 무게라도 근육에 힘이 더 들어가 근육 세포가 다치기 쉽다. 근육통은 보통 1주일 정도 지나면 완화된다. 3주일 이상 근육통이 지속되면 근육이 파열됐거나 관절, 뼈에 문제가 있을 가능성이 높으므로 병원에서 진찰받는다. 내리막길을 잘 걷는 요령은 다음과 같다.

• 보폭을 크게 하거나 뛰어서 내려오면 체중 부하가 심해져 근육, 관절, 허리에 모두 무리가 온다. 내려올 때는 착지 충격을 부드럽게 해서 고양이처럼 사뿐사뿐 걷는다.

• 40~50분 보행 후에는 5~10분 휴식한다. 쉴 때는 앉아만 있지 말고 가벼운 스트레칭을 해준다.

• 등산용 스틱을 이용하고 배낭 속 짐을 최소화한다. 스틱은 착지 충격을 분산시켜 다리로 가는 하중을 줄이는 데 도움이 된다.

• 등산이 끝난 뒤에 10~15분간 정리운동을 해서 근육을 풀어준다. 주로 다리, 복부, 어깨 등 큰 근육을 중심으로 스트레칭을 해준다.

레스트 스텝

등산할 때의 기본자세로는 좌우로 몸 중심을 옮기며 춤추듯 리듬을 타며 걷는다. 또한 걸을 때 보폭을 짧게 하면서 움직임을 작게 해야 에너지 소모가 적다. 오를 때는 발끝-무릎-명치가 일직선이 되도록 만들면서 뒷발은 살짝 미는 식으로 걷는다. 즉 몸의 무게중심을 일치시키면서 양쪽 팔을 자연스럽게 흔든다. 걷는 과정에서 반복적인 짧은 휴식은 근육이 산소와 영양분을 공급받을 수 있는 시간을 벌어주어 허벅지와 종아리 근육에서 생성되는 젖산이 누적되는 것을 막아준다.

레스트 스텝(rest step)이란 걸음과 걸음 사이에서 짧은 휴식을 하는 보행법이다. 왼발을 들었을 때 다리의 힘을 완전히 빼서 0.5초간 이완시키며 이때 오른쪽 다리는 곧게 펴서 몸무게를 지탱한다. 반대로 오른발을 들어 올려 완전히 힘을 빼고 0.5초간 휴식을 취한다. 이때 왼쪽 다리는 곧게 펴서 체중을 지탱한다. 발을 올릴 때 숨을 들이마시고 발을 내디딜 때 내쉰다. 호흡을 기준으로 삼아 들이마실 때 발을 올리고 잠깐 쉰 다음 내쉴 때 발을 딛는다. 이와 같이 3박자를 규칙으로 하는 레스트 스텝으로 걸으면 근육에 젖산이 쌓이지 않는다.

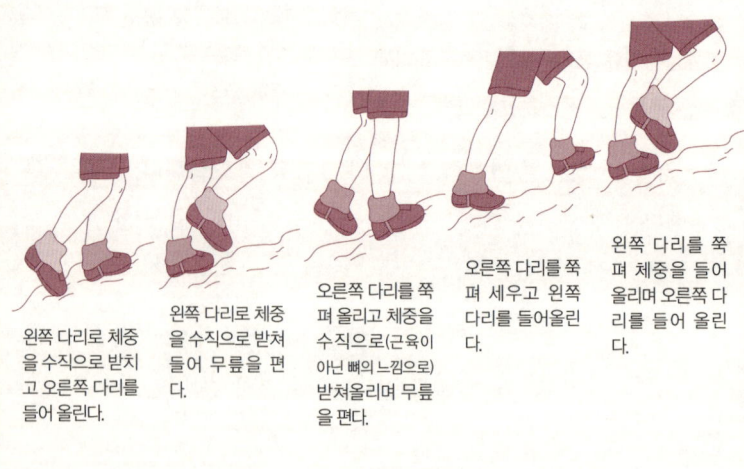

왼쪽 다리로 체중을 수직으로 받치고 오른쪽 다리를 들어 올린다.

왼쪽 다리로 체중을 수직으로 받쳐 들어 무릎을 편다.

오른쪽 다리를 쭉 펴 올리고 체중을 수직으로(근육이 아닌 뼈의 느낌으로) 받쳐올리며 무릎을 편다.

오른쪽 다리를 쭉 펴 세우고 왼쪽 다리를 들어올린다.

왼쪽 다리를 쭉 펴 체중을 들어 올리며 오른쪽 다리를 들어 올린다.

사점과 세컨드 윈드

산행 도중 오르막에서 잠깐 쉴 수도 있는데, 이때는 배낭을 멘 채 서서 바위나 나무에 살짝 기대서 쉬는 것도 체력을 비축하는데 크게 도움이 된다. 등산을 하다 보면 평평한 길도 있고, 오르막과 내리막의 경사가 있는 산길도 걷게 된다. 오르막길에서는 보폭을 반으로 줄이고, 천천히 자기 페이스를 유지하며 한 발 한 발 내딛는 것이 좋다. 평평한 길이나 하산길에서는 온몸에 탄력을 주어 약간 빠른 속도로 걸으면 힘이 적게 든다. 또한 어깨춤을 추듯이 어깨를 가볍게 좌우로 흔들면서 걸어주면 걸음도 경쾌해지면서 속도도 붙게 된다.

자신의 운동 능력보다 산소 섭취가 부족할 때 사점(死點)에 이른다. 이것은 경험이 많든 적든, 체력이 좋건 나쁘건 누구나 겪는 과정이다. 일반적으로 사점은 산행 시작 30분~1시간 후에 온다. 사점에 이르기 전에 힘들다고 쉬게 되면 산행 중 사점을 수십 번 겪게 된다. 이때 숨을 깊이 쉬고 속도를 80퍼센트로 줄여서 걸으면 두뇌에 몰린 혈액이 온몸으로 퍼진다. 그리고 30초~3분 뒤 몸이 편해지면서 새롭게 에너지를 회복하는 제2의 정상 상태, 즉 '세컨드 윈드(second wind)'에 다다르게 된다.

초보자의 경우 경사가 급하거나 바위가 있는 내리막길에서 흔히 미끄러지거나 구를 것 같은 걱정 때문에 몸이 경직되어 기다시피 내려온다. 이것은 시야를 너무 좁혀서 한발 한발 움직이는 곳에만 집중시켜 두려움이 가중되기 때문이다. 시야를 가능하면 멀리 보고 발밑의 상황에 집착하지 않는다면 우리 몸은 자신도 모르는 사이에 자동으로 다음의 움직임에 대비하여 균형을 잡는다.

산에 오를 때 지켜야 할 건강 십계

국제산악연맹의 등산의학위원회에서는 산에 오를 때 지침이 되는 "건강 십계"를 마련하여 발표했는데 다음과 같다.

첫째, 산악활동의 목표와 수준을 자신의 체력조건에 맞출 것
사람마다 심폐기능과 근육의 수축력에는 차이가 있으므로 개인의 체력 조건에 맞는 산을 정해야 한다. 어떤 형태의 산악활동이건 등산 도중 또는 직후에 열이 나는 것은 위험 신호다. 사람의 체온은 우리 몸의 근육운동, 대사속도의 증가, 아드레날린 분비 등에 의한 열 생산과 피부혈관의 확장, 땀에 의한 열 방출이 평형을 이루어 정상 체온을 유지하도록 조절된다. 체온이 올라가 열이 난다는 것은 체력 조건에 무리가 가해져 체온조절 기능에 이상이 발생했다는 것을 뜻한다. 극단적으로 열사병같이 갑자기 체온이 상승할 경우 즉시 체온을 내려주는 조치를 하지 않으면 생명이 위험하다.

둘째, 복합탄수화물(비스킷, 초콜릿, 젤리 등)이 풍부한 음식을 섭취할 것
산행은 때에 따라서는 매우 힘들어서 에너지 소모가 많다. 이를 효과적으로 신속하게 보충해 주기 위해서는 복합탄수화물의 섭취가 필수다. 등산하거나 쉬는 동안에 자주 섭취하는 것이 바람직하다.

셋째, 물을 자주 마실 것

산행은 심한 근육 운동이므로 열이 많이 발생한다. 따라서 우리 신체는 열을 방출하기 위해 몸의 수분이 땀으로 빠져나간다. 따라서 이를 보충해 주지 않으면 심한 경우 탈진하게 된다. 물은 목이 마르지 않더라도 등산하는 도중에 자주 마셔두는 것이 좋다. 하지만 등산 도중에 술을 마셔서는 안 된다. 알코올은 활동성과 주의력을 감퇴시키므로 걷는 동안에는 절대로 금해야 한다. 사람들은 알코올에 흥분작용이 있다고 생각하며 기운을 돋우기 위해 적당량의 알코올은 오히려 도움이 된다고 생각한다. 그러나 이것은 대단히 잘못된 생각이다. 알코올은 일차적으로 중추신경계의 기능을 억제하는 물질이다. 따라서 항상 세심하게 주변을 살펴야 하는 산행에서 알코올은 주의력을 분산시켜 사고를 자초하기 쉽다.

넷째, 등산을 시작하여 처음 30분 동안에는 몸이 적응될 수 있도록 천천히 오를 것

모든 운동에서 워밍업은 필수적이다. 심폐기능을 비롯한 우리 몸의 조직이나 장기는 운동에 대하여 준비되어 있지 않은 상태에서 갑자기 평상시의 운동량을 넘어서게 되면 몸에 무리가 가해져 제대로 기능을 발휘할 수 없을 뿐 아니라 때로는 심한 상해를 가져올 수 있다.

다섯째, 가능하면 매시간마다 먹고 마실 것

무엇보다 중요한 것은 배고프지 않거나 목마르지 않더라도 조금씩 먹고 마시는 것이다. 앞서 설명한 대로 운동으로 발생한 우리 몸

의 열은 땀으로 방출된다. 목마르다는 것은 우리 몸의 수분이 부족하다는 신호이다. 하지만 목마르다는 신호가 없더라도 땀에 의한 수분 손실은 피할 수 없으므로 계속해서 물을 보충해주어야 한다. 또한 산행은 평상시보다 많은 에너지가 소모되므로 계속해서 에너지를 보충해주어야 한다. 다만 너무 많이 먹으면 위와 심폐기능에 부담이 가서 산행에 지장을 가져올 수 있으므로 조금씩 먹어야 한다. 중요한 것은 배고프기 전에 먹고 목마르기 전에 마셔야 한다.

여섯째, 피로나 탈진의 징후가 나타나면 오래 쉬거나 부축을 받아 하산할 것

쉴 때는 사탕이나 복합탄수화물을 먹는다. 탈진 증상이 심하면 저체온증이나 급성고산병의 가능성도 고려해야 한다. 피로하면 쉬는 것이 당연하다. 그러나 여러 사람이 어울려 등산할 때는 동료에게 폐가 될 것을 염려하여 무리하는 경우가 있다. 결국 탈진 상태까지 이르러 더 큰 문제를 일으킬 수 있으므로 절대로 무리해서는 안 된다. 도저히 등산을 계속할 수 없다고 생각될 때는 하산해야 하지만, 혼자서 하산하는 것은 매우 위험하므로 동행자가 함께 하산하는 것이 좋다.

일곱째, 노약자나 만성질환이 있는 사람은 등산이 적합한지를 신중히 검토할 것

자기 몸 상태에 대한 확신이 서지 않으면 의사와 상의해야 한다. 노약자를 동반하는 경우 오르고자 하는 산과 루트가 노약자에게 적합한지를 면밀히 검토해야 한다. 특히 협심증 같은 허혈성 심장

질환이 있거나 당뇨병, 고혈압 같은 만성질환이 있는 사람은 등산에 앞서 응급상황에 대비해야 한다. 의료시설의 이용이 쉽지 않은 오지나 고산 등반을 할 때에는 반드시 의사와 상의하여 철저하게 대비하여야 한다.

여덟째, 2,000~3,000미터 이상에서 숙박한 다음에는 24시간 이내에 300미터 이상의 고도를 높이지 말 것

3,000미터 이상의 고산 등반에서 다음의 세 가지 원칙을 지키면 고산병에 걸리지 않는다고 한다. 첫째 너무 빨리 올라가거나 너무 높이 올라가서는 안 된다. 둘째 몸을 너무 많이 움직여서는 안 된다. 셋째 고도차를 작게 할 것. 전날 숙박지와의 차이는 300미터를 넘어서는 안 되며, 피치 못할 경우 600미터를 초과해서는 안 된다.

아홉째, 아무리 작은 배낭이라도 필수품은 반드시 휴대할 것

선글라스, 챙모자, 손전등, 침낭, 여벌 옷, 라이터, 구급약품은 꼭 챙겨야 한다. 비록 당일 등산이라 할지라도 뜻하지 않은 돌발 사태에 대비하여 필수품의 휴대가 필요하다. 구급약품은 가능하면 부피를 차지하지 않도록 작은 구급상자에 담는 것이 좋다. 의사의 지시 없이도 사용할 수 있는 진통제(아스피린) 10알, 지사제 5알, 소화제 5알, 소독약, 반창고 또는 일회용 반창고, 압박붕대 정도는 필수적으로 준비한다.

열 번째, 사전에 등산로와 날씨에 대해 알아 둘 것

사전에 등산로를 철저하게 조사하면 산속에서 길을 찾아 헤매는 수고를 덜 수 있을 뿐 아니라 길을 찾느라 에너지를 모두 소모하여 탈진하는 사고를 피할 수 있다. 가고자하는 산의 날씨를 일기예보를 참고하여 미리 대비해야 한다. 특히 산에서는 돌발적인 기상 변동이 잦으므로 이에 대한 대비도 철저히 해야 한다.

제2장
등산과 체력

등산할 때는 어떤 체력이 필요할까

체력의 기본적인 요소는 스피드, 힘, 지구력이다. 등산은 다른 스포츠와는 운동 특성이 다르기 때문에 필요한 체력도 다르다. 예를 들어 등산에서는 육상의 달리기 선수처럼 뛰어난 순발력이나 농구 선수처럼 놀라운 민첩성을 요구하지 않는다. 하지만 등산에도 일반 스포츠처럼 등산 특유의 체력이 필요하다. 등산은 걷는 운동이다. 더욱이 배낭을 메고 오르막길과 내리막길을 걷기 때문에 일상적인 보행보다 속도가 늦다. 일반 스포츠 중에서도 가장 스피드가 낮은 운동이라고 할 수 있다. 등산은 분당 걸음 수가 약 60보로 워킹(120보)의 1/2 정도이며, 단거리 달리기(250보)의 1/4에 불과하다. 따라서 등산에서 스피드에 관한 능력은 전혀 필요가 없으며, 순발력이나 민첩성 같은 운동 특성도 별로 필요가 없다.

등산에는 어느 정도의 근력이 필요하다. 예를 들어 30킬로그램의 배낭을 메고 경사 15도의 산길을 올라갈 때는 다리 근력의 최대 50퍼센트 정도의 힘이 필요하다. 이것은 극도로 강한 힘이 필요하지 않다는 것을 의미한다. 또한 등산은 모든 스포츠 중에서 운동 시간이 가장 길다고 봐도 무리가 없다. 따라서 등산에서 지구력은 매우 중요하다. 전신 지구력을 나타내는 생리학적 지표는 최대 산소 섭취량이다. 마라톤 경기는 최대 산소 섭취량이 80퍼센트 수준에서 이루어지며, 등산은 50~60퍼센트 정도를 사용한다.

등산할 때는 어떤 근육을 사용할까

인간의 신체에는 약 400종류의 근육이 있다. 그중에서 등산은 다리 근육을 가장 많이 사용한다. 다리 근육에서 가장 중요한 것은 허벅지 앞쪽의 대퇴사두근이다. 대퇴사두근은 평지에서 걷거나 달리기에는 많이 사용하지 않지만, 가파른 언덕을 올라갈 때 사용하는 근육이다. 훈련을 통해 대퇴사두근을 강화시키면 오랫동안 걸을 수 있을 뿐만 아니라 평형감각을 잃었을 때 자세를 바로 잡을 수 있으며, 근육통의 발생을 줄일 수 있다.

대퇴사두근 다음으로 중요한 것이 다리 뒷부분의 하퇴삼두근이다. 일반적인 등산에서는 발바닥 전면을 사용하기 때문에 그다지 많이 사용하지 않지만, 암벽에서는 발끝을 세워서 걸어야 하므로 하퇴삼두근에 많은 부하가 걸린다. 이런 근육이 단련되지 않은 초보자는 근육 경련을 일으키기 쉽다. 다리 앞부분의 전경골근은 오르막에서 발끝을 들어 올려 넘어지지 않도록 해준다. 이 부분이 약하면 발끝이 지면에 질질 끌리게 되어 넘어지기 쉽다.

복근과 척추세움근(등 근육)은 척추를 펴주기 때문에 자세 유지 근육이라고 한다. 척추세움근은 일상생활에서도 항상 사용하기 때문에 특별히 훈련하지 않아도 크게 약해지지 않지만, 복근은 훈련을 하지 않으면 쉽게 약해진다. 복근이 약해지면 배가 나오게 되고 척추가 굽어지거나 요통의 원인이 된다. 등산을 많이 하는 사람 중에는 등근육은 점점 더 강해지는 반면 복근은 그다지 강하지 않기 때문에 상대적으로 배 쪽과 등 쪽의 근육이 균형을 잃어버려서 요

인체의 주요 근육

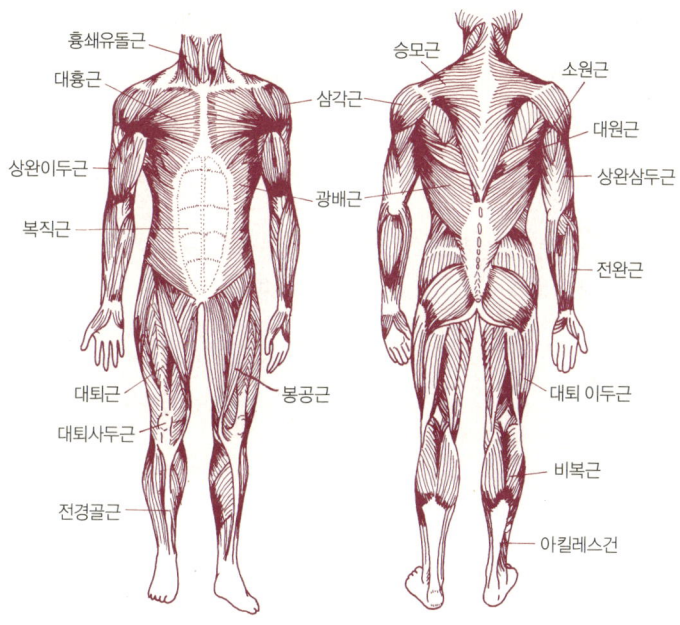

등산할 때 사용하는 근육

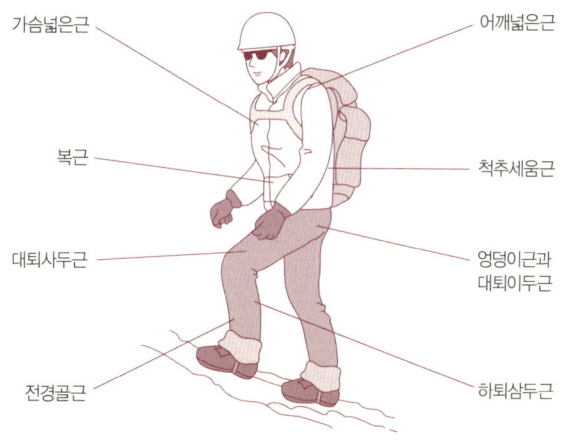

통이 발생하기 쉽다. 이러한 사람들은 의식적으로 복근을 강화하는 훈련을 통해 복근과 등근육의 힘의 균형을 유지하는 것이 중요하다.

배낭을 메는 경우에는 가슴의 앞쪽과 위쪽을 덮고 있는 큰 부채꼴 모양의 대흉근(가슴넓은근)이나 목과 가슴의 뒤쪽을 덮고 있는 어깨근육인 승모근이 필요하다. 이러한 근육이 약하면 무거운 짐에 눌려 배낭이 어깨 뒤로 처져서 척추에 부담이 가거나 어깨에 통증이나 마비를 일으킨다.

등산할 때는
어느 정도의 운동량이 적당할까

20세기에 접어들면서 의사들은 의학계에 새로 알려진 증후군, 즉 운동선수들을 죽음에 이르게 할 수도 있는 증상에 대해 관심을 갖기 시작했다. 이른바 '운동선수의 심장 증후군'이었다. 일반적으로 운동선수들의 심장은 일반인들보다 크고 불규칙한 박동을 낸다. 청진기를 대고 들으면 일부 운동선수들의 심장에서는 잡음까지 들린다. 심장에서 펌프질되어 밖으로 나갔던 혈액이 어딘가 구멍이 있는 혈관을 타고 다시 들어올 때 나는 쉿쉿거리는 소리였다. 이러한 심장 잡음은 심장 질환의 징후였고, 또한 어떤 병이든 매우 심각한 상태에 이른 환자의 경우에 볼 수 있는 징후였다.

1897년 미국에서 최초로 보스턴 마라톤대회가 열리자 의학전문가들은 마라톤 선수들의 심장이 상하게 될 것이라고 주장했다. 일부 의사들은 마라톤 선수들은 기원전 490년, 그리스의 병사 페이디데스가 마라톤에서 아테네까지 승전보를 전하기 위해 40킬로미터의 먼 길을 달렸다가 끝내 숨을 거두고 말았다는 역사적 사실에 귀를 기울여야 한다고 말했다. 하지만 페이디데스는 승전보를 전하기 위해 아테네까지 달려온 것이 아니라 군사적인 지원을 요청하기 위해 아테네에서 스파르타까지 갔다가 병사를 보내주지 않을 거란 비극적인 소식을 갖고 다시 아테네로 돌아왔다. 그는 무려 500킬로미터를 달렸다. 더욱 중요한 것은 실제 페이디데스가 죽지 않고 살아 있었다는 점이다. 당시 이 사실을 기록한 역사가 헤로도투스는 그 사람이 죽었다고 언급하지 않았다.

운동의 위험성에 대한 경고는 1970년대 운동이 유행될 때까지 지속되었다. 자기 몸에 필요 이상의 스트레스를 줄 필요가 없다고 느끼는 사람들이 점점 증가했던 것이다. 사실 운동선수의 심장이 보통 사람의 심장보다 더 큰 것은 몸에 더 많은 피를 빨리 돌게 하다 보니 생긴 자연스런 결과다. 운동의 효과는 심장의 기능을 직접적으로 개선시키는 것이 아니라 근육을 강화시켜서 혈중 산소를 효과적으로 흡수시킬 뿐이다.

1980년대에는 격렬한 운동을 하는 사람일수록 몸이 더 튼튼하고, 몸이 튼튼하다는 것은 더 건강하며 오래 산다는 의학적 증거들이 제시되었다. 하지만 1990년대 들어 몇몇 연구결과들은 또 다른 결론에 도달했다. 운동을 통해 건강해지려면 적당히 운동해야 한다는 것, 즉 건강해지기 위해서 꼭 마라톤을 할 필요는 없으며 걷는 것만으로도 충분하다는 주장이었다. 또한 한 번에 긴 시간을 운동하는 것이나 짧은 시간씩 자주 나누어 운동하는 것이나 별반 차이가 없다고 주장했다. 중요한 것은 총에너지 소비량인데, 걷거나 뛰거나 상관이 없으며 심지어 운동하지 않는 사람도 총에너지 소비량이 같다면 운동을 하는 사람과 비슷한 효과를 나타낸다. 사실 건강하지 않은 사람이 질병과 사망의 위험이 높다. 하지만 보통 수준의 건강이나 양호한 수준의 건강, 그리고 매우 양호한 수준의 건강에 대한 차이는 매우 적다.

운동할 때 낮은 강도로 천천히 하는 것이 좋은지, 높은 강도로 숨이 턱에 막힐 때까지 하는 것이 좋은지에 대한 논란은 오랫동안 있었다. 최근에는 가벼운 운동보다는 신체가 한계를 느끼는 지점까지 강도를 높여 운동하는 것이 건강에 더 많이 도움이 된다는 연구 결과가 나왔다. 2011년 유럽 심장학회는 덴마크의 수도 코펜하겐에서 자전거를 즐겨 타는 사람들을 대상으로 연구 결과를 발표했다. 연구 결과 높은 강도로 자전거를 타는 남자의 경우 일반인보다 수명이 5.3년 늘어난 것으로 나타났다. 반면 자전거를 천천히 타는 사람들은 보통 사람보다 2.9년 정도 더 사는 것으로 조사됐다. 여성의 경우 강도 높은 사이클링을 할 때는 수명이 3.9년, 천천히 사이클링을 할 때에는 2.2년 정도 각각 늘어났다. 이 같은 수명 변화는 자전거를 타는 사람의 나이와 질병 유무 등을 모두 고려해 계산된 것이다. 따라서 수명을 늘리기 위해서는 운동을 하는 시간 동안 본인이 할 수 있는 강도로 최대한 활기차게 하는 것이 좋다. 이는 자전거 타기뿐 아니라 걷기나 등산 등 다른 운동을 할 때도 마찬가지 결과를 보여준다.

운동량을 조절하는 것은 아주 중요한 문제다. 어떠한 형태이든 운동량이 많으면 건강을 해칠 수 있기 때문이다. 따라서 운동할 때 우리 몸의 상태에 대해 잘 알아야 한다. 가끔 왼쪽 갈비뼈 아래가 쿡쿡 쑤시는 경우가 발생하는데, 이는 비장에서 혈액을 보충하면서 생기는 현상으로 숨을 들이마신 다음 잠시 멈추는 동작을 몇 번 하게 되면 사라진다. 하지만 갑자기 얼굴이 벌겋게 된다든지, 식은땀이 흐른다든지, 구역질이 난다든지, 숨쉬기가 곤란해지든지, 심장이 마구 뛴다든지 할 때는 조심해야 한다. 특히 가슴이 조여오고 아픈 느낌이 올 때는 산소가 부족할 때이므로 운동을 바로 그만두어야 한다.

운동량이 지나치게 많다는 것을 나타내는 가장 단순하고 객관적인 반응은 맥박이 빨라지는 현상이다. 숙련된 산악인은 오랜 경험을 통해 젖산이 축적되지 않도록 보행 속도를 조절하여 자기 보폭을 유지한다. 하지만 초보자는 자기 보폭을 유지하기 쉽지 않다. 그렇다고 등산을 하면서 젖산 농도를 측정하면서 자기 보폭을 정할 수도 없는 노릇이다. 이를 위해 심박수와 주관적인 운동 강도라는 두 가지 지표를 사용하면 좋다.

심박수

우수한 산악인은 산을 오를 때 계절이나 산의 경사도, 배낭의 무게에 상관없이 분당 심박수가 150~160을 넘지 않는다. 하지만 중년층의 경우에는 심장이 최고로 박동을 유지할 수 있는 능력이 떨어지기 때문에 이보다 낮은 심박수를 유지하며 걷는 것이 좋다. 일반적으로 연령이나 성별에 관계없이 모든 사람에게 적용할 수 있는 심박수는 다음과 같다.

$$운동 심박수 \simeq (220-나이) \times 0.75$$

이 식은 자신의 최고 심박수인 (220-나이)의 75퍼센트가 무산소 역치에 해당하며, 이 심박수에 따라 걸으면 지치지 않고 장시간 걸을 수 있음을 의미한다. 예를 들어 50세의 경우, 자신의 최고 심박수는 220-50=170이 되므로 이것의 75퍼센트는 128회/분이 된다. 심박수를 측정하는 방법은 손목 약간 위의 동맥 또는 목 옆의 경동맥 부위를 손가락으로 가볍게 눌러 맥박을 재는 것이다. 이때 주의할 점은 휴식을 취하면 바로 내려가기 때문에 운동이 끝난 후 5초 이내에 측정하거나 가능하면 걸어가면서 측정하는 것이 바람직하다. 먼저 10초 동안 몇 번이나 뛰었는지 체크한 후 6을 곱해준다. 이렇게 되면 1분 동안 심박수를 알 수 있다. 중년의 건강한 사람의 경우 심박수가 100~120일 때 가장 효과적으로 운동하고 있다고 할 수 있다. 중요한 것은 자신의 보행 속도, 산의 경사도, 배낭의 무게 등에 따라서 심박수가 어떻게 변하는지를 조사하여 자기 보폭을 결정하는 것이다.

주관적인 강도

이것은 스웨덴의 심리학자 보르게가 고안한 지표로서 운동 중에 대뇌가 인지하는 피로감을 언어와 숫자로 나타낸 것이다. 언뜻 보면 비과학적인 지표인 것 같지만 자주 사용하면 우리 신체가 느끼는 부담을 매우 정확하게 파악할 수 있다. 주관적인 운동 강도는 다음과 같다. '아주 많이 편하다(6-8), 매우 편하다(9-10), 편하다(11-12), 약간 힘들다(13-14), 힘들다(15-16), 매우 힘들다(17-18), 아주 많이 힘들다(19-20)'의 순서로 되어 있다. 예를 들어 젖산이 축적되기 시작되는 시점은 '약간 힘들다'와 '힘들다' 사이에 있다. 일반적으로 각 숫자에 10을 곱하면 심박수에 해당한다. 예를 들어 '약간 힘들다'에 해당하는 숫자 13에 10을 곱하면 그에 해당하는 심박수는 130이 된다.

척도	주관적인 운동 강도
20	아주 많이 힘들다
19	
18	매우 힘들다
17	
16	힘들다
15	
14	약간 힘들다
13	
12	편하다
11	
10	매우 편하다
9	
8	
7	아주 많이 편하다
6	

* 일반적으로 각 척도에 10을 곱하면 심박수에 해당한다.

최대 산소 섭취량이란 무엇인가

등산은 심폐 기능을 강화시키는 유산소 운동이다. 오르막길에서는 심폐 기능과 더불어 척추 및 다리 근육을 좋게 하지만, 내리막길에서는 심폐 기능보다 허벅지 근육을 좋게 한다. 평지에서 시속 6킬로미터로 걸을 때 산소 섭취량은 휴식할 때의 4배가 필요하다. 그리고 산에서 9킬로그램의 배낭을 메고 산길을 오를 때는 8.8배의 산소가 필요하며, 내리막길에서는 5.7배 정도의 산소가 필요하다. 이처럼 우리 몸은 근육을 사용하기 위해서 에너지를 끊임없이 생성해야 한다. 이러한 에너지는 근육 속의 영양소가 산소를 이용하여 연소될 때 생성된다. 따라서 근력이나 근지구력의 좋고 나쁨은 근육이 얼마만큼 산소를 사용하느냐에 달려 있다. 다시 말해 산소 공급 능력을 나타내는 최대 산소 섭취량과 산소 이용 능력인 무산소성 작업 역치에 달려 있다.

우리 몸이 1분 동안 섭취하는 산소량을 '산소 섭취량(VO_2)'이라고 부른다. 이러한 산소 섭취량은 체내의 에너지 발생량을 나타내는 데, 1리터의 산소를 섭취하면 약 5칼로리의 에너지를 발생한다. 산소 섭취량은 운동 강도가 높아질수록 증가하는데, 어떤 시점에서는 더 이상 증가하지 않고 정체되는 시점이 있는데, 이를 '최대 산소 섭취량(VO_2max)'이라고 부른다.

일반적으로 사람마다 최대 산소 섭취량이 다른데, 남자는 1분에 2~3리터 정도이며 여자는 남자의 70~80퍼센트 정도이다. 한편 지구력 운동을 지속적으로 실시한 사람은 일반인보다 약 2배인 4~6리터 정도로, 거의 2배의 에너지를 생성할 수 있다. 이것은 등산할 때 일반인보다 2배나 빠르게 걸을 수 있다는 의미다. 최대 산소 섭취량은 자동차에 비유하면 배기량에 해당한다. 배기량이 큰 차는 보다 많은 에너지를 생산하여 빠른 스피드로 주행할 수 있게 된다. 하지만 무조건 배기량이 크다고 해서 속도가 빨라지지 않는다. 그 이유는 차체의 무게 때문이다. 인간도 최대 산소 섭취량이 높아도 체중이 무거우면 에너지 효율성이 떨어진다. 이런 이유 때문에 일반적으로 최대 산소 섭취량은 절대량(리터/분)으로 표시하지 않고 체중당 상대값(밀리리터/킬로그램/분)으로 표시한다. 일반 남자의 체중 당 최대 산소 섭취량은 40밀리리터 정도이며, 마라톤 선수는 80밀리리터로 2배나 높다.

무산소 역치(AT)란 무엇인가

일반적으로 최대 산소 섭취량의 강도로 운동을 지속할 수 있는 시간은 약 10분 정도이다. 최대 강도로 운동하면 젖산이 급격하게 축적되어 근육이 피로해지기 때문이다. 등산을 비롯하여 마라톤, 트라이애슬론(3종 경기) 등 몇 시간에 걸쳐 이루어지는 운동은 최대 산소 섭취량 수준이 아니라 이보다 낮은 수준, 즉 젖산이 축적되기 전의 수준에서 이루어진다. 이러한 수준을 운동생리학에서는 무산소 역치(anaerobic threshold, AT)라고 한다. 다시 말해 근육 사용으로 생산되는 젖산이 신체가 젖산을 제거하는 능력을 넘어서게 될 때의 운동량 또는 산소 소모 레벨로 정의된다. 따라서 일단 이 시점을 지나게 되면 젖산의 양은 계속 증가하고 근육은 곧 힘을 쓸 수 없게 된다. 부풀어 오르고 터질 것 같은 근육이 되면 무산소 역치를 지났다는 신호가 된다. 일반인들의 AT는 최대 산소 섭취량의 50~60퍼센트 정도이며, 지구력 운동을 꾸준히 한 사람들은 70~80퍼센트 수준이다.

고강도 운동을 하면 근육은 산소가 없는 상태에서 에너지를 만들어 내며 젖산을 계속 생산해 낸다. 젖산이 축적되면 피로와 근육통을 느끼게 되며 곧바로 근육이 더 이상 힘을 쓸 수 없게 된다. 이러한 무산소 에너지 생산의 한계 때문에 극히 어려운 동작을 계속하는 스포츠클라이밍은 3분 이하로 제한된다. 어려운 루트를 완등하려면 가능한 오랫동안 무산소 역치를 통과하지 말아야 하며, 일단 통과했다면 휴식지점이나 더 쉬운 부분까지 가능하면 빨리 등

근육이 산소를 이용하여 에너지를 생성하는 과정

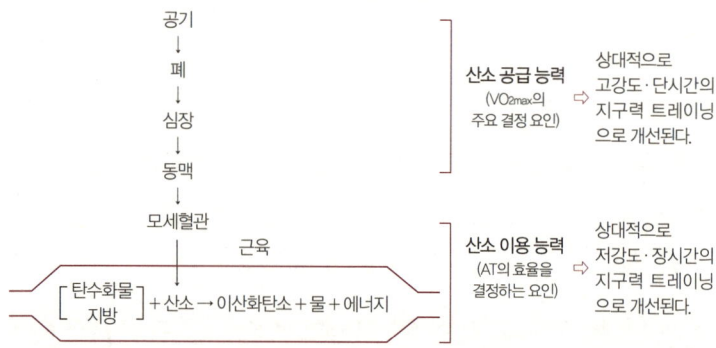

반해야 한다. 그런 후 무산소 역치 아래로 다시 돌아올 수 있으며 신체는 혈중 젖산 농도를 떨어뜨릴 수 있게 될 것이다. 혈중 젖산이 바닥으로 떨어지는데 소요되는 시간은 몸속의 젖산 양에 따라 다르지만 20여 분 정도 걸린다.

3분 이상 계속되는 근육 운동에서는 에너지를 생산하기 위해서 산소의 사용이 필요하다. 무산소 에너지 생산에 의해 근육과 혈액 내의 젖산 수치가 올라가더라도 운동 강도가 약해지면 운동을 계속할 수 있다. 무산소 에너지 생산은 간이 혈액으로부터 젖산을 제거하는 능력에 비례한다. 하지만 유산소 에너지 생산은 산소가 탄수화물, 지방, 단백질을 분해함으로써 근육 운동에 힘을 보탤 수 있다. 유산소 에너지 생산은 젖산을 생산하지 않기 때문에 낮은 강도의 운동, 예를 들어 하이킹 또는 쉬운 벽 등반 같은 운동을 한두 시간 동안 지속할 수 있다.

등산을 잘하기 위해서는
어떤 훈련이 좋을까

일반적으로 등산을 잘하기 위해서는 지구력과 근력, 유연성과 평형성이 필요하다.

지구력 훈련

일상생활에서 등산에서 필요한 지구력을 보강하기 위한 운동 종목으로는 걷기, 달리기, 수영, 자전거타기 등을 들 수 있다. 뛰어난 운동 효과를 나타내기 위해서는 훈련의 3대 요소인 강도, 시간, 횟수를 일정한 수준 이상으로 해야만 한다. 하지만 그보다 중요한 것은 특이성의 원칙으로 어떤 운동은 등산에 적합하지만 다른 운동은 적합하지 않은 경우가 있다. 예를 들어 수영이나 자전거 타기는 내리막길에 필요한 다리 근육을 강화시켜주지 못한다. 결국 일상생활에서 별도의 운동을 통해 등산에 필요한 체력을 키우더라도 실제로 등산에 기여하는 부분은 그리 크지 않다. 따라서 등산에 가장 좋은 훈련은 산에 자주 가는 것이다. 최대 산소 섭취량을 향상시키기 위해서는 시간보다 강도가 중요하고, 무산소 역치를 향상시키기 위해서는 강도보다 시간이 중요하다. 즉 등산에 적합한 무산소 역치를 향상시키는 가장 중요한 방법은 지속적으로 운동할 수 있는 강도(약간 낮은 강도)에서 장시간(1시간 이상) 훈련하는 것이다. 등산은 전형적인 지구력 운동이므로 체력을 강화하기 위해서는 오버 트레이닝을 하지 않는 범위에서 훈련의 양을 늘리는 것이 중요하다.

근력 훈련

　오늘날 모든 스포츠 선수들은 자신의 종목 외에 기초적인 훈련으로 근력 훈련을 적극적으로 실시하여 좋은 성적을 거두고 있다. 근력 향상은 스피드와 지구력의 향상, 기술의 완성도, 피로 감소, 부상 예방 등 여러 가지 효과를 준다. 이 때문에 순발력을 중요시하는 운동선수뿐 아니라 마라톤처럼 지구력이 요구되는 선수들 사이에도 근력 훈련이 유행하고 있다. 등산의 경우도 예외는 아니다. 근력 훈련이라고 하면 가벼운 등산을 하는 중년층 이상의 사람에게는 무관한 것으로 생각하기 쉽다. 하지만 근력은 나이를 먹을수록 떨어지기 때문에 중년층 이상의 사람들이야말로 적극적으로 근력 훈련을 해야만 한다. 우리가 근력 훈련이라고 하면 바벨이나 덤벨 등의 기구를 사용하여 본격적으로 훈련하는 것으로 생각하기 쉽다. 하지만 등산의 경우 자신의 체중을 이용하는 정도의 근력 훈련만으로도 충분하다. 다음은 자기 몸을 이용하여 근력을 강화시키는 방법이다.

스쿼트

　대퇴사두근을 강화시키는 대표적인 운동이다. 양발을 가볍게 벌리고 천천히 무릎을 굽힌다. 이때 무릎 관절의 각도는 90도 정도로 굽힌다. 주의할 점은 발의 앞꿈치와 무릎의 방향을 일치시켜야 하며, 무릎을 안쪽으로 굽히면 무릎이 손상될 위험이 있다. 등산할 때 가장 많이 사용할 뿐 아니라 건강한 생활을 위해서도 필요한

스쿼트 자세

발뒤꿈치 들어올리기 자세

근육이다.

발뒤꿈치 들어올리기

하퇴삼두근을 강화시켜주는 운동이다. 내리막길에서 발생하기 쉬운 다리 경련을 예방하는 효과가 있다.

윗몸 일으키기

복근을 강화시키는 운동이다. 무릎이나 등을 편 상태에서 실시하면 허리에 통증을 유발시키기 때문에 무릎을 직각으로 구부리고 등을 부드럽게 굽힌 자세에서 실시한다.

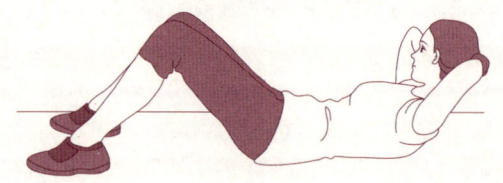

윗몸 일으키기 자세

윗몸 뒤로 젖히기

척추세움근(등근육)을 강화시키는 운동이다. 산에 다니다보면 자연스럽게 강해지므로 특별히 보강할 필요성은 없다. 다만 등 근육이 너무 강하면 복근과의 균형이 붕괴되어 요통을 일으킬 수 있다. 따라서 복근과의 균형을 생각해서 윗몸 일으키기와 윗몸 뒤로 젖히기의 비율을 3:1로 하면 좋을 것이다.

윗몸 뒤로 젖히기 자세

팔 굽혀 펴기

상완삼두근과 대흉근을 강화시키는 운동이다. 팔을 겨드랑이에서 멀리 하면 대흉근을, 가까이 하면 상완삼두근을 강화시킬 수 있다. 무거운 짐을 짊어져야 할 때는 대흉근을, 알파인 스틱을 사용하는 사람은 상완삼두근을 강화시키는 것이 좋다.

팔 굽혀 펴기 자세

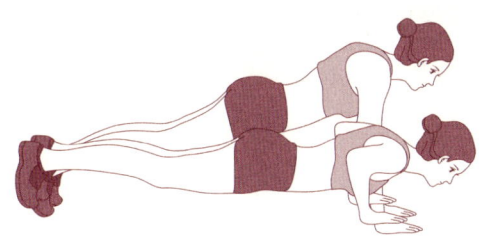

어깨 들어올리기

승모근을 강화시키는 운동이다. 무거운 배낭을 메거나 어깨 통증이 자주 일어나는 사람에게 필요한 운동이다.

어깨 들어올리기 자세

유연성 훈련

유연성이 부족하면 동작이 딱딱해져 부드러운 동작을 취하지 못하고 에너지 손실이 커진다. 또한 쉽게 피로해져 근육이나 관절에 장해가 발생하기 쉽다. 예를 들어 등산하는 사람에게 많이 발생하는 요통은 척추의 유연성이 부족하고, 무릎 관절통은 대퇴부의 유연성이 부족해서 발생한다. 유연성 훈련에 가장 좋은 방법은 스트레칭이다. 스트레칭을 할 때는 유연성을 높일 부위에 신경을 집중하면서 근육이 충분히 늘어날 때까지 천천히 자세를 유지한 상태로 20~30초간 정지한다. 이때 통증을 느낄 정도로 근육을 늘리거나 반동을 주지 않도록 주의한다. 또한 숨을 멈춘 상태에서 하면 혈압이 올라가기 때문에 천천히 호흡하면서 실시한다.

평형성 훈련

평형성은 나이가 들면서 급격히 떨어지기 때문에 중년층 이상이 등산할 때 사고가 나기 쉽다. 평형성은 매우 중요함에도 불구하고 이를 개선하기 위한 훈련 방법은 잘 알려져 있지 않다. 그 이유는 눈과 귀의 세반고리관, 피부 감각과 같은 신경계의 능력이 복잡하게 얽혀 있기 때문이다. 따라서 평형성을 기르기 위해서는 눈을 감고 위를 쳐다보며 걷는 연습을 하면 좋다.

스트레칭은 어떤 순서로 할까

산에 올라갔다 내려오자마자 집으로 가는 사람들이 많다. 이런 사람들은 급제동, 급출발하는 자동차와 비슷하다. 준비 운동 없이 산을 오르는 사람들은 몸에 무리가 오기 쉽고 체력 소모가 많다. 등산할 때는 관절이나 인대 손상, 허리 부상을 입기 쉬운데 증상이 겉으로 드러나지 않는 경우가 많아 적극적인 치료를 미루는 사람들이 많다. 하지만 시간이 갈수록 퇴행성관절염이나 허리 디스크 등 큰 질환으로 이어질 수 있다.

스트레칭은 몸이 강한 운동을 수행하기에 적합하도록 혈액 순환을 향상시켜 근육의 온도를 높여주고 장시간의 운동에 대한 적응도를 높여주는 역할을 한다. 신체가 차가운 상태에서 곧바로 산에 오르면 심장과 혈관 등이 압박을 받게 되며, 근육과 관절에 무리가 따른다. 또한 근육의 피로가 가중되어 흔히 '쥐가 난다'라고 표현하는 근육의 경직이 일어나기 쉽다. 하산할 때는 '다리가 풀렸다'라고 말하는 근육의 힘이 빠져 발을 잘못 딛기 쉬운 상태에 이르기도 한다.

등산은 스트레칭으로 시작해서 스트레칭으로 마무리해야 한다. 산행 전에 준비 운동과 산행 후에 정리 운동을 해주면 혈액 순환을 좋게 하고 혹사당한 근육을 풀어주고 근육통을 예방할 수 있다. 또한 체내에 쌓인 젖산이 축적되지 않고 원활하게 배출돼서 피로가 풀린다. 스트레칭은 절대 뛰거나 다리 근육에 반동을 주면 안 된다. 한 번 취한 자세를 계속 유지한 상태에서 서서히 근육과 인대를 늘려주는 것이 올바른 스트레칭 방법이다.

평소 우리 몸의 골격은 근육의 수축 운동이 적기 때문에 뼈 조직이 약해진 상태다. 근육 역시 운동 부족으로 약해져 있고 근육의 양도 감소돼 있는 반면, 피하지방은 많이 축적돼 체중이 늘어난 상태다. 이런 상황에서 무리하게 운동을 하게 되면 심장, 폐, 관절 등 몸의 여러 기관에 손상을 가져올 수 있다. 따라서 본격적인 운동에 앞서 스트레칭은 필수다. 심장에서 먼 쪽에서부터 심장 쪽으로 가볍게 스트레칭 해 준다. 손끝부터 손목, 팔목, 어깨를 비롯해 발끝부터 발목, 무릎, 고관절 순으로 근육의 긴장을 풀어 준다. 즉 스트레칭 순서는 손 → 가슴 → 등 → 목 → 허리 → 엉덩이 → 종아리 → 발목 → 발가락 등의 순서다. 등산 후 정리 운동도 같은 순서로 한다. 또한 앉았다 일어서기 등 맨손체조를 먼저 해 주고 지구력 강화 운동이나 근력 강화 운동에 들어간다. 특히 평소에 운동을 하지 않다가 갑자기 하는 경우는 운동 시작 뒤 복통, 가슴의 흉통, 다리 통증 등이 나타날 수 있다. 이때는 바로 운동을 중단하고 20분 이상 휴식을 취한 뒤 이전보다 가벼운 강도로 운동해 주는 것이 좋다.

등산 전후의 스트레칭은 항상 약한 강도로 하며 고통스럽지 않게 해야 한다. 스트레칭이 근육의 혈액 흐름을 증가시키고 우리 몸을 활성화시키는 반면, 굳어진 근육을 강제적으로 스트레칭하면 몸에 무리가 올 수도 있다. 결론적으로 스트레칭 전에 몇 분 동안 가벼운 유산소 운동을 하는 것이 좋다. 예를 들어 몇 분간 조깅을 하거나 가볍게 점프만 해도 심장 박동이 빨라지고 근육이 눈에 띄게 더워진다.

제3장
등산과 음식

음식은 등산에서 어떤 역할을 할까

 천천히 걷는 것은 자동차를 경제속도로 운전하는 것과 같다. 경제속도로 운전하면 엔진에 무리를 주지 않고 오랫동안 차를 사용할 수 있는 것처럼, 우리 몸도 등산할 때 오르막에서는 천천히, 내리막길에서는 조심조심 걷는 것이 필요하다. 자동차도 연료가 떨어지면 차가 멈추듯이 등산 도중 연료부족으로 신체를 움직일 수 없는 경우가 생긴다. 인간에게 있어 연료에 해당하는 것이 음식이다. 등산에서는 막대한 에너지가 사용되는데 음식을 먹지 않으면 지칠 뿐만 아니라 건강에 좋지 않은 영향을 주고 사고를 일으키는 계기가 된다. 등산할 때 우리 몸에서 주로 사용되는 연료는 탄수화물과 지방이다. 이들 영양소는 산소에 의해 분해되면서 발생하는 에너지로 근육을 움직인다.

 우리가 등산처럼 중간 강도로 운동할 때 탄수화물과 지방은 몇 시간 정도 사용할 수 있을까? 지방은 체내에 많이 저장할 수 있지만 탄수화물은 어느 정도 이상은 저장할 수 없다. 필요 이상의 탄수화물은 모두 지방으로 전환되어 저장되기 때문이다. 지방을 사용한다면 일주일 이상 운동할 수 있지만, 탄수화물은 단지 1시간 30분밖에 에너지를 생산할 수 없다. 따라서 3시간 정도 등산을 할 때 탄수화물과 지방을 절반씩 나누어 사용한다고 해도 탄수화물이 먼저 고갈되어 버린다. 그러면 탄수화물이 없어도 계속 걷는 데는 지장이 없을까? 만약 지방만 사용된다면 비만인 사람은 다이어트에 매우 유익하겠지만, 실제로는 그렇지 않다. 탄수화물은 그 자체로 연소되지만, 지방은 탄수화물이 없으면 연소되지 않는다. 따라서 탄수화물이 없다면 아무리 지방이 많이 남아 있어도 근육을 움직일 수 없다. 탄수화물은 지방을 연소시키기 위한 연소 촉진제 구실을 한다. 그래서 지방을 연소시키려면 오히려 탄수화물을 적극적으로 섭취해야만 한다. 등산할 때 아무것도 먹지 않고 계속 걷는다면 피로할 뿐만 아니라 지방도 연소되지 않으므로 극도로 지치게 된다.

　탄수화물과 지방의 성질을 연료적인 측면에서 비교해보자. 먼저 단백질과 탄수화물은 1그램당 4칼로리의 열량을 내는 데 비해 지방은 1그램당 9칼로리의 열량을 낸다. 탄수화물은 산소가 있든 없든 연소가 가능하지만, 지방은 산소가 없으면 연소되지 않는다. 또한 지방은 같은 양의 에너지를 생산하기 위해 탄수화물보다 약 10퍼센트의 산소가 더 필요하다. 탄수화물은 주로 근육, 뇌, 신경계의 에너지원으로 사용되지만, 지방은 오직 근육의 에너지원으로 사용된다. 탄수화물은 지방이 없어도 연소되며, 고강도로 운동할 때 주로 사용된다. 그리고 젖산이 생성되어도 에너지를 생산한다. 한편 지방은 탄수화물이 있어야만 연소되며, 고강도로 운동할 때는 사용할 수 없다. 또한 젖산이 생성되면 에너지를 생산할 수 없다. 한마디로 탄수화물은 적용 범위가 넓고 성능도 우수한 영양소라고 할 수 있다. 단 한 가지 결점은 지방에 비해 에너지 저장량이 적다는 것이다. 결론적으로 막대한 에너지를 사용하는 등산에서는 지방을 어떻게 원활하게 이용하는가에 달려 있다. 그리고 지방을 사용하기 위해서는 탄수화물을 어떻게 효율적으로 공급하는가에 달려 있다.

탄수화물과 지방의 성능 비교

성능	탄수화물	지방
파워	크다(지방의 약 2배)	작다(탄수화물의 약 1/2배)
산소	산소가 있든 없든 연소한다(무산소 운동과 유산소 운동 모두 이용 가능) 같은 양의 에너지를 생선하는 데 지방보다 적은 양의 산소가 필요(약 10%)	산소가 없으면 산화되지 않음(유산소 운동에만 이용 가능) 같은 양의 에너지를 생성하는 데 탄수화물보다 산소가 약 10% 더 필요함
사용 기관	근육, 뇌, 신경계의 에너지원	근육의 에너지원으로 사용되고 기아 상태에서는 뇌에서도 사용
가연성	지방이 없어도 연소된다 고강도 운동 시에 주로 연소된다 젖산이 생성되어도 연소된다	탄수화물이 있어야 연소된다 고강도 운동 시에는 연소되지 않는다 젖산이 생성되면 연소되지 않는다

만약 탄수화물을 섭취하지 않으면 어떻게 될까? 혈당은 혈액 중에 포도당이 얼마나 들어있는지를 나타내는 지표로서 체내에 탄수화물이 부족하면 떨어진다. 일반적으로 식사를 하지 않아도 1~2시간 정도 운동을 할 수 있기 때문에 식사의 중요성을 잊어버린다. 하지만 젖산에 의한 피로는 초보자들에게서 나타나는 반면, 연료 부족에 의한 피로는 숙련된 산악인의 경우에도 자주 나타난다. 등산 도중 지칠 때는 휴식을 취하면서 사탕이나 초콜릿 등의 당분을 섭취해주어야 한다.

탄수화물이 고갈되면 근육이 피로할 뿐 아니라 뇌 또한 피로해진다. 성인의 뇌는 평균 1.4킬로그램으로 인체의 2퍼센트에 불과하지만, 전체 산소량과 에너지의 20퍼센트를 소비한다. 인간에게 필수적인 3대 영양소는 탄수화물, 지방, 단백질인데, 뇌는 그중에서 당류인 포도당을 에너지원으로 사용한다. 뇌가 활동하기 위해서는 혈액 속의 포도당 농도를 적절하게 유지해야 한다. 뇌에 포도

당이 부족하면 뇌의 활동이 둔해지고 마치 목을 졸린 것처럼 혈액의 흐름이 멈춘다. 배가 고프면 머리가 잘 안 돌아가는 이유는 뇌가 활동하는 데 필요한 에너지가 부족하기 때문이다. 성인 남자의 뇌는 하루에 500칼로리의 에너지가 필요한데, 이것은 근육이 필요로 하는 에너지 소비량과 맞먹는다. 근육이 몸무게의 50퍼센트를 차지하는 것에 비하면 단지 2퍼센트밖에 차지하지 않는 뇌는 엄청난 대식가라고 할 수 있다.

뇌는 등산에서 보행을 원활하게 할 수 있는 사령부 역할을 담당한다. 즉 민첩성, 유연성, 평형성을 담당하는 운동 능력과 오감, 온도 감각 등의 감각 신경, 그리고 사고력, 판단력, 집중력, 의지력 등의 정신적인 능력을 담당하고 있다. 탄수화물이 떨어지면 이러한 능력이 모두 떨어진다. 이것은 근육이 피로해지는 것보다 더욱 심각한 등산 사고와 직결된다. 예를 들어 주의력이 산만해지면 감각 신경이나 운동 능력이 둔해지기 때문에 넘어지기 쉽다. 등산 중의 사고는 일반적으로 오전 11시와 오후 3시경에 자주 발생하는데, 아침 및 점심식사 이후 시간이 지나면서 탄수화물이 고갈되기 때문이다. 사고에 주의하는 것도 중요하지만 사전에 주의력이 떨어지지 않도록 정기적으로 연료를 공급하는 것이 더욱 중요하다.

탄수화물이 고갈되기 시작하면 근육 단백질이 탄수화물로 분해되어 에너지로 사용된다. 따라서 탄수화물을 공급하지 않고 등산을 계속하면 근육이 손상되거나 없어지게 된다. 연구 결과에 의하면 고탄수화물과 저탄수화물 식사 후에 운동했을 때 운동량이 3배나 차이가 났다. 즉 고탄수화물이 저탄수화물에 비해 3배나 많은 에너지를 낸다는 뜻이다. 고탄수화물 식사란 탄수화물 65퍼센트, 단백질 15퍼센트, 지방 20퍼센트의 칼로리를 섭취하는 것이며, 저탄수화물 식사란 탄수화물의 섭취를 하루 100그램 이내, 즉 하루 섭취 열량의 20퍼센트 이내로 제한하는 방법으로 흔히 황제다이어트로 알려졌다.

 근육 단백질에는 질소가 포함되어 있는데, 근육이 연소되면 질소화합물이란 노폐물이 생성된다. 신장은 우리 몸의 독소를 배출하여 소변으로 내보내는데, 매일 약 1.5톤의 혈액을 통과시켜 유해물질을 걸러내고 있다. 따라서 필요 이상의 단백질을 분해하면 신장에 과도한 부담이 걸리게 된다. 등산을 끝내고 집에 돌아오면 며칠 동안 손발이 붓는 경우가 생기는데, 이는 신장이 피로해서 수분 배출 기능이 약해졌기 때문이다.

산에서는 무엇을 먹을까

 산에서 맛있는 음식을 먹는 것은 등산에서 빼놓을 수 없는 즐거움이다. 하지만 무게와 영양소를 비교해서 가볍고 오래 보관할 수 있으며 고칼로리의 음식을 챙겨야 한다. 일반적으로 성인 남자의 경우 하루 칼로리 요구량은 2500칼로리지만, 등산에는 최대 6000칼로리를 필요할 정도로 체력 소모가 많은 운동이다. 따라서 충분한 식사를 해서 에너지를 보충해주어야 한다. 그러면 등산 전 식사는 어느 정도 하는 게 좋을까? 산행 전 가장 좋은 식사방법은 소화와 흡수를 고려하여 평소 식사량의 2/3정도로 운동 전 2~4시간 사이에 식사하는 것이 가장 적절하다. 영양소 비율로 볼 때 고탄수화물, 저지방, 저단백질 식사가 효과적이다. 지방은 소화, 흡수에 많은 시간이 소요되어 산행 중 위와 소장에 부담을 줄 수 있기 때문이다. 고단백질은 단백질의 대사 과정 중에 수분을 많이 필요로 하여 산행 중 갈증을 비롯한 탈수 현상을 일으킬 수 있다. 또한 고단백질을 섭취하면 열이 많이 발생하므로 특히 더운 날씨에는 산행에 나쁜 영향을 끼칠 수도 있다. 그러나 겨울철에는 찬 기온에 적응하기 위해 여름보다 10~15퍼센트의 에너지가 더 소모되므로 적당량의 고단백질 섭취가 도움이 된다.

우리 인체가 필요한 영양소는 탄수화물, 지방, 단백질, 비타민, 미네랄 등이 있는데, 이를 5대 영양소라고 한다. 장기간의 등산에서는 모든 영양소가 필요하지만 하루나 이틀 정도의 짧은 등산의 경우 탄수화물이 가장 중요하다. 탄수화물을 포함하고 있는 식품에는 사탕, 초콜릿, 주스 등의 당류와 밥, 떡, 면, 빵, 감자 등의 전분류가 있다.

당류

당류는 혈류를 급속하게 증가시키는 작용을 하기 때문에 지쳤을 때 섭취하면 효과적이다. 하지만 출발 전에 많은 양을 섭취하면 혈당이 많이 올라가서 우리 몸에서 혈당을 떨어뜨리므로 오히려 몸이 피로해지기 쉽다.

전분류

지속성 연료로서 혈당을 서서히 증가시키기 때문에 효과가 장시간 지속된다. 전분류 중에서도 빵이나 감자보다 밥이나 면이 더 효과적이다.

아침식사

아침식사를 하지 않으면 혈당치가 떨어져 빨리 지치므로 반드시 먹어야 한다. 탄수화물 위주로 식사하되 고단백, 고지방 음식은 피해야 한다. 고단백 음식은 탈수를 일으키고 고지방 음식은 소화하는 데 시간이 걸려 산행 중 소화 기관에 부담을 준다. 식사량은 평소보다 3분의 2 정도로 작게 하여 몸에 무리를 주지 않도록 한다. 탄수화물도 당류보다 전분류를 먹는 것이 바람직하다.

점심식사

탄수화물이 고갈되기 쉬운 점을 고려하여 점심때 한꺼번에 먹지 말고 중간에 조금씩 먹는 것이 좋다. 국제산악연맹(UIAA) 의료위원회에서는 최소 2시간마다 먹을 것을 권유하고 있다. 우리 몸은 운동할 때뿐 아니라 음식을 먹고 소화를 시킬 때도 산소를 필요로 한다. 그런데 음식을 많이 섭취하면 산소가 많이 필요한데다, 운동까지 하면 산소가 부족한 상황이 되어 평소보다 숨이 가빠져 걷기 힘들어진다. 쇠고기, 돼지고기 등 육류는 체내의 산소 소비량을 더욱 높여주므로 탄수화물 즉, 전분류와 당분을 고루 먹는 것이 좋다.

저녁식사

하루 종일 등산으로 인해 체내에 저장되었던 영양소가 많이 줄어들었기 때문에 다음 날의 등산에 대비하여 탄수화물, 지방, 단백질을 적극적으로 섭취해야 한다. 장기간 등산을 할 때는 비타민 섭취량이 부족해질 수밖에 없으므로 종합 비타민을 준비하는 것이 좋다. 하지만 과다하게 섭취하면 비타민 A, D 등의 지용성 비타민의 섭취가 늘어나므로 표준 복용량을 준수해야 한다.

그러면 어느 정도 먹는 것이 좋을까? 등산 도중 에너지 소비량을 정확하게 측정해야 되지만 현실적으로 불가능하며, 아직까지 이에 대한 정확한 자료도 없는 실정이다. 국제산악연맹 의료위원회의 간접적인 계산에 의하면 성인이 보통 속도로 등산할 때 1시간에 체중 1킬로그램당 에너지 소비량은 배낭을 메지 않았을 경우 6칼로리, 20킬로그램의 배낭을 짊어졌을 때는 9칼로리를 소모한다고 한다. 예를 들어 체중이 60킬로그램인 사람이 하루 8시간 등산을 했을 때, 배낭의 무게가 10킬로그램이라면 에너지 소비량은 60킬로그램×8시간×7.5칼로리=3600칼로리가 된다. 성인의 경우 하루에 소모되는 에너지는 약 2500칼로리 정도이므로, 등산을 하게 되면 평소보다 약 1000칼로리의 에너지가 더 필요하다.

하지만 등산 중에 사용되는 칼로리를 모두 섭취할 필요는 없다. 왜냐하면 에너지의 절반 이상은 체내에 저장된 지방으로 해결할 수 있기 때문이다. 따라서 산출된 에너지 소비량의 1/3인 1200칼로리 이상의 에너지를 섭취하면 된다. 이것을 밥 한 공기(약 250칼로리)로 환산하면 다섯 그릇에 해당한다. 이처럼 등산 중에 소비하는 에너지는 예상외로 많다. 또한 등산처럼 장시간 지구력 운동을 하면 식욕이 억제되는 현상이 나타난다. 그러므로 등산 중에는 너무 많이 먹는 것이 문제가 아니라 너무 못 먹는 경우가 문제가 된다. 정말 중요한 것은 배고프기 전에 먹어야 한다. 탈진할 상태에서는 음식을 먹어도 흡수가 잘 되지 않는다. 또한 음식을 소화시키는 것도 에너지가 필요한데, 이는 에너지가 남아 있을 때 먹어야 함을 뜻한다.

등산에 필요한 영양소의 비율은

 운동을 하면 체내에서 일어나는 각종 대사가 진행되고 섭취한 영양소에 따라 우리 몸도 달라진다. 따라서 운동 전·후에 올바른 영양을 섭취하는 것이 중요하다. 영양소는 크게 탄수화물, 지방, 단백질의 3대 영양소로 분류된다. 우리 몸은 운동, 영양, 휴식의 세 가지가 적절하게 조화를 이룰 때 최적의 몸 상태를 유지할 수 있다.

단백질
 단백질은 신체 조직을 만들고 재건하는 기능, 면역 체계의 주요 성분으로 작용하는 기능, 신체 내의 모든 반응을 촉진하는 효소를 만드는 기능 등 체내에서 많은 기능을 담당하고 있다. 건강한 성인은 상당한 양의 단백질을 가지고 있어서 체내의 다른 기능을 수행하도록 여러 번 재활용될 수 있다. 따라서 성인의 하루 단백질 요구량은 상당히 작으며, 이것은 근육량을 증가시키려고 훈련하는 사람에게도 마찬가지다. 대부분 운동선수에게는 체중 1킬로그램당 하루 1.2~1.5그램의 단백질이 적당하다. 즉 몸무게 60킬로그램의 경우에 매일 72~90그램 정도 섭취하면 된다. 이 수치는 미국식품의약국에서 주로 앉아서 일하는 사람에게 권고하는 양인

0.8~1.0그램보다 높은 수치이다. 탈지유나 요구르트 같은 저지방 유제품과 저칼로리의 닭고기, 생선, 육류 등은 칼로리에 비해서 좋은 단백질을 제공하고 있다. 예를 들어 저지방의 육류 85그램은 열량이 단지 180칼로리에 불과하지만, 질이 높은 완전 단백질 25그램을 보유하고 있다. 한 컵의 탈지유에는 10그램의 완전 단백질이 들어 있으며 지방은 거의 없다.

지방

대부분 선진국에서는 너무 많은 지방을 섭취하여 심장질환, 암, 고혈합, 비만 등의 발병률이 높다. 하지만 너무 적은 지방을 섭취해도 똑같이 심각한 영향을 미친다. 지방은 우리 몸에 필수적인 에너지 원천으로서 면역 체계 기능과 호르몬 생산과 같은 필수적인 생리 과정에도 관여하고 있다. 또한 우리 몸의 세포막은 대부분 인지질로 구성되어 있으며, 인지질이 없는 경우 근육 세포를 비롯해 새로운 세포를 만들 수 없다. 일반적으로 지방의 최소 요구량은 하루 15~25그램이다. 보통 지방섭취 권장량은 매일 소비되는 총 열량의 퍼센트로 표현된다. 일반 등산의 경우에는 총 열량의 15~30퍼센트를 지방에서 섭취해야 한다. 암벽등반과 볼더링에서는 체지방 비율이 낮은 쪽이 바람직하고, 주로 무산소 에너지가 요구되므로 지방의 섭취도 15~20퍼센트로 한정되어야 한다. 지방은 탄수화물과 단백질보다 칼로리 함유량(9칼로리)이 높으며, 긴 시간 동안 천천히 유산소 활동을 할 때 좋은 연료가 된다. 지방은 포화 지방, 단일불포화 지방, 다중불포화 지방, 트랜스 지방산으로 분류된다. 각각의 지방은 그램당 9칼로리의 같은 열량을 가지고 있지만, 등산과 관련

해서 똑같은 역할을 하지 않는다. 결론적으로 적정량의 지방을 섭취하는 것뿐만 아니라 각 지방산의 적절한 비율을 유지하는 것도 중요하다.

탄수화물

지방과 단백질도 에너지를 생산하긴 하지만, 탄수화물은 근육과 뇌를 위해 가장 효율적이고 효과적인 에너지원이 된다. 또한 고탄수화물 식사는 단백질 보충 효과 때문에 선수들에게 중요하다. 에너지 요구량만큼의 탄수화물을 충분히 섭취하지 않는다면, 에너지원으로 쓰이기 위해서 근육 단백질이 분해된다. 탄수화물에는 단순탄수화물(당)과 복합탄수화물(녹말)이라는 두 가지 형태가 있다. 단순 탄수화물은 혈당을 빠르게 올리고 에너지를 빨리 발생시키는 반면, 복합 탄수화물은 혈당을 느리게 하고 일정한 에너지를 낸다. 당 종류의 음식에는 과일, 설탕, 쨈, 꿀, 당밀과 같은 것이 있고, 녹말 종류는 빵, 쌀, 시리얼, 파스타 같은 식품이 있다.

탄수화물은 등산할 때 가장 중요한 연료지만 쉽게 고갈되는 경향이 있다. 또한 보행 속도를 빨리할수록 탄수화물이 빨리 소모된다. 특히 젖산이 발생할 정도로 빠른 속도에서는 지방이 에너지원으로 사용되지 않는다. 또한 지방은 운동을 시작할 때는 별로 사용되지 않으며 30분 정도 지난 다음에 사용된다. 같은 강도로 운동해도 지구력이 뛰어난 사람일수록 탄수화물보다 지방을 사용하는 비율이 높다. 예를 들어 일반인의 경우 지방과 탄수화물의 비율을 5:5로 사용한다면, 지구력이 뛰어난 사람들은 7:3의 비율로 지방을 더 많이 소모하는 경향이 있다. 그래서 지구력이 뛰어난 사람들은 등산 도중에 많이 먹지 않아도 지치지 않고 오래 걸을 수 있다.

매일 요구되는 열량의 3분의 2 정도는 탄수화물로 섭취해야 한다. 이것은 접시의 2/3가 파스타, 밥, 감자, 야채류와 같은 식품으로 채워져야 하며, 나머지 3분의 1은 지방이 적고 단백질이 풍부한 식품이 되어야 한다. 베이글이나 과일 같은 탄수화물은 탈지유나 요구르트와 같은 단백질과 함께 먹도록 한다. 단백질은 탄수화물의 소화를 느리게 하기 때문에 에너지를 더 오래 지속시켜 준다.

우리 몸은 운동할 때 체내의 간과 근육에 저장되어 있는 글리코겐을 에너지원으로 사용한다. 따라서 운동 전에는 에너지원으로 사용할 수 있는 탄수화물을 섭취해야 한다. 탄수화물의 섭취가 충분하지 않으면 혈당과 글리코겐의 빠른 손실로 인해 운동을 지속하기 어려워진다. 또한 식사 직후의 운동은 소화기관의 혈류량 감소로 인한 산소 부족으로 소화에 부담을 주고 배에 경련을 일으킬 수 있으므로 최소한 운동하기 2~3시간 전에 음식물을 섭취하는 것이 좋다.

운동 후 근육 내에 저장된 글리코겐이 소모됨으로써 근육의 피로가 증가하고 근육의 손상을 가져온다. 따라서 운동 후에는 몸의 빠른 회복과 고갈된 글리코겐을 보충하기 위해 탄수화물을 섭취해야 하며, 소화 흡수력이 좋은 단백질을 섭취하는 것이 손상된 근육의 치유에 좋다. 일반적으로 단백질은 운동 전보다 운동 후 회복 단계에서 섭취하는 것이 효과가 있다. 단백질은 음식을 통해 우리 몸에서 분해되어 합성되기도 하지만, 8종류의 아미노산은 음식에 포함된 단백질로 직접 섭취된다. 이는 우리가 흔히 말하는 필수 아미노산이다. 아미노산은 신체의 성장 발달과 근섬유의 치유, 단백질과 효소를 생산하는 데 중요한 역할을 한다.

산악인에게 이상적인 영양소의 비율은 등반 활동의 유형에 따라 다르다. 볼더링이나 자연 바위처럼 고강도의 단속적인 등반에서는 탄수화물, 단백질, 지방에 대해 65/15/20의 비율이 가장 좋다. 느리고 지속적인 등반을 하는 일반 산악인에게는 열량이 높고 지방이 약간 많은 55/15/30 비율이 더 적절하다.

등산에서 수분 섭취가 중요한 이유는

사람에 따라 다르겠지만 운동을 하면 땀을 흘리게 되는데, 이는 우리 몸의 대사가 정상적으로 이루어지고 있음을 의미한다. 땀을 흘리는 원인은 여러 가지가 있는데 운동의 지속 시간과 외부 환경, 온도, 습도, 그리고 개인에 따라 차이가 있다. 운동 중에 수분을 공급해야 하는 가장 중요한 이유는 심박출량을 유지시키고, 피부의 혈류량을 유지시켜 체온의 상승을 조절하기 위해서다. 수분은 체내에서 많은 기능을 하지만 그중에서도 미네랄, 비타민, 아미노산, 그리고 글루코스의 용해제 역할을 한다. 따라서 운동 중에는 다른 에너지를 보충하는 것보다 땀과 함께 손실되는 나트륨을 보충하기 위한 음료를 섭취하는 것이 좋다.

등산을 하다 보면 땀과 호흡 등을 통해 우리 몸속에서 수분이 빠져나간다. 여름에 탈수를 무시한 채 계속 등산을 하면 체온이 급격히 올라 의식이 흐려지고 운동 능력이 현격히 떨어지는 열사병에 걸릴 위험이 있다. 가을이나 겨울에도 수분이 부족하면 등산에 필요한 열량을 만들지 못하기 때문에 체온이 떨어지고 심하면 생명이 위험해질 수 있다. 저체온증이 발생했을 때 음식을 먹기 전에 보온과 수분 공급을 하는 이유가 여기에 있다. 그러므로 등산할 때 체내에 적절한 수분을 공급하는 것은 매우 중요하다. 물은 더위와 추위에 대한 위험을 줄여주고 육체적인 등산 수행 능력도 가능하게 해주기 때문이다.

물을 마시는 이유 중 가장 흔한 것은 바로 '갈증 해소'일 것이다. 날씨가 따뜻해지면 찬물을 마시는 사람이 더욱 늘어나지만, 찬물을 마시는 것이 건강에 유익하지만은 않다. 찬물은 소화력을 감퇴시켜 체내의 독소 배출을 방해하기 때문이다. 따라서 미지근하거나 따뜻한 물을 마시는 것이 좋은데, 맹물을 마시기 어렵다면 차나 허브를 우려 마시는 것도 방법이 될 수 있다. 허브는 피부 미용에도 효과적이며 심신을 안정시키는 데 도움이 되기 때문이다.

대부분 사람들은 하루에 마셔야 하는 물의 양이 2.5리터 정도로 알고 있다. 하지만 이는 모두에게 해당하는 것은 아니다. 왜냐하면 과일이나 채소에도 물이 많이 포함되어 있어, 이에 따라 섭취하는 물의 양도 달라지기 때문이다. 무엇보다 물을 섭취할 때 한꺼번에 마시기보다 여러 차례 나누어 마시는 것이 효과적이다. 특히 아침에 일어나서 밤사이에 부족해진 물을 보충하기 위해 큰 컵에 물을 가득 채워 마시는 것이 좋다. 이는 신장과 간의 해독에 도움을 줄 수 있기 때문이다.

물은 우리 몸의 약 3분의 2를 차지하는 중요한 구성 요소다. 물은 체내에서 세포를 구성하는 요소인 동시에 여러 대사물질을 운반하고, 전해질의 농도를 맞추며, 체온을 유지하는 역할을 한다. 우리가 마신 물은 30초 후면 혈액에 도달하고, 1분 후에는 뇌조직과 생식기에, 10분 후에는 피부, 20분 후에는 심장까지 도달하는 등 흡수가 매우 빠르다. 이렇게 흡수된 물은 대소변과 피부 또는 숨을 쉬면서 공기로 빠져나가기 때문에 수시로 보충해 밸런스를 맞춰주어야 한다.

과일음료나 탄산음료 등은 물 보충의 역할을 한다고 볼 수 없다. 당분 함량이 높고 인공적인 맛이 첨가된 음료는 세포나 혈액으로부터 물을 빼앗아 오히려 갈증을 일으킬 수 있기 때문이다. 따라서 카페인이 함유된 녹차, 당분이 함유된 가공 우유, 탄산음료는 되도록 멀리하는 것이 좋다. 사실 물은 색깔도 없고 아무런 맛도 없어 평소에 목이 마르지 않을 때는 물을 마실 생각이 나지 않는다. 그런 경우 차를 끓여서 물 대신 먹어도 좋은 방법이다. 열이 많은 사람은 시원한 보리차를, 잘 소화하지 못하거나 소변량이 적은 사람은 옥수수차를, 입이 자주 마르거나 기침이 잦은 사람은 둥굴레차를 먹으면 도움이 된다.

약한 탈수 증세의 초기 증상은 집중력이 떨어지고 피로감이 증가하는 현상이다. 물이 3퍼센트 부족하면 두통, 경련, 현기증이 일어난다. 또한 최근 연구에 의하면 체중에서 단 1.5퍼센트만 수분이 모자라도 근력에 심각한 저하현상이 일어난다고 한다. 또한 클라이밍처럼 스트레스가 심한 스포츠에서 탈수증상은 관절이나 건의 손상위험을 증가시킨다. 적절히 수분을 공급해 주어야만 세포에 영양소를 운반하는 과정을 촉진시키고 부상으로부터 조직을 보호하며 관절의 유연성을 유지시킬 수 있다. 따라서 훈련이나 등산 중의 부상 방지를 위해서는 적절한 수분 공급이 중요하다.

운동하면 근육에서 에너지가 발생한다. 그런데 실제로 운동에 사용되는 에너지는 적은 반면 대부분 열로 변해서 체온이 올라가며 쉽게 피로해진다. 이는 자동차를 비롯한 모든 내연기관에서 공통적으로 발생하는 현상이다. 아무리 좋은 내연기관이라도 효율이 40퍼센트를 넘지 못한다. 자동차의 엔진도 과열을 방지하기 위해 끊임없이 냉각수로 열을 식혀준다. 우리 몸도 체온 상승을 억제하기 위해 정기적으로 수분을 공급해줄 필요가 있다.

물이 부족하면 어떤 문제가 발생할까

피로

먼저 물을 마시지 않으면 지구력이 크게 떨어진다. 예를 들어 체중의 2퍼센트 정도가 탈수되면 혈액 속의 수분량이 떨어져서 혈압이 낮아지고, 연료나 산소가 근육으로 충분히 공급되지 않아 지구력 능력이 10퍼센트 떨어진다. 혈액 순환이 나빠지면 피로감, 권태감, 호흡 곤란, 두통, 어지러움, 저혈압 등의 증세가 나타난다. 또한 낮아진 혈압을 상승시키기 위해 심박수가 높아지기 때문에 심장에 부담을 주게 된다. 연구에 의하면 체중의 1퍼센트가 탈수되면 심박수는 5~10회 정도 증가하는 것으로 나타났다.

열사병

탈수를 무시하고 계속 운동하면 체온이 급격하게 올라가서 열사병을 일으킨다. 열사병에 걸리면 땀이 나지 않기 때문에 체온은 더욱 상승하게 되고, 결국 의식 혼란을 초래한다. 이런 경우 모든 수단을 동원하여 체온을 떨어뜨리지 않으면 사망하게 된다.

근육 경련

많은 땀으로 수분과 염분을 잃어버렸을 때 수분만 공급하고 염분을 공급하지 않으면 근육의 전해질 균형이 붕괴되어 경련을 일으킨다. 등산의 경우 장딴지 근육과 대퇴부 근육에서 주로 발생한다. 경련이 발생했을 때는 생리식염수나 스포츠음료를 마셔 염분을 보충해주어야 한다.

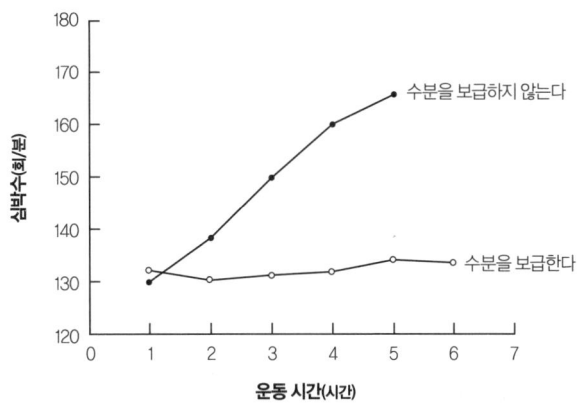

운동할 때 물의 섭취 여부에 따른 심박수의 반응

혈전

혈액 속의 수분이 감소하면 점성이 증가하여 혈액이 응고되기 쉽다. 그래서 등산 도중 동맥 경화로 혈관이 좁아진 중년층 이상에서 뇌경색이 자주 발생한다. 특히 고도가 높은 곳을 등산할 때는 탈수가 일어나기 쉬우므로 틈날 때마다 수분을 보충해주어야 한다.

부종

몸에서 탈수가 진행되면 우리 몸에서는 수분을 저장하기 위해 오줌 배설량을 감소시키는 항이뇨 호르몬이 증가한다. 이로 인해 운동 후 하루나 이틀간은 수분이 배출되지 않고 체내에 저장된다. 등산 후에 손발이나 얼굴이 붓는다면 등산 도중 탈수에 대비한 신체의 반응으로 볼 수 있다.

등산 중 건강한 수분섭취 방법

등산 도중 손실된 수분만큼 보충해주는 것이 가장 바람직하다. 그러기 위해서는 탈수량을 측정해야 한다. 보통 일반 사람들은 1시간에 체중 1킬로그램당 약 5그램의 탈수가 일어난다. 예를 들어 체중 60킬로그램인 사람이 8시간 동안 등산을 할 때 잃어버리는 수분은 5그램 × 60킬로그램 × 8시간 = 2400그램, 즉 2.4리터의 탈수가 일어난다고 예상할 수 있다. 따라서 8시간 운동이나 등산을 할 경우 최소한 2리터 이상의 수분을 보충해주어야 한다. 이것은 탈수량이 우리 몸의 2퍼센트가 넘지 않도록 계속 수분을 섭취해야 함을 의미한다.

　무더운 여름철 산행뿐만 아니라 추운 겨울철에도 수분 보급은 매우 중요하다. 땀을 별로 흘리지 않더라도 호흡에 의한 수분 상실은 생각보다 크기 때문이다. 보통 힘든 운동을 했을 때 시간당 0.1~0.3리터의 수분이 호흡을 통해 상실된다. 운동 시간이 짧으면 문제가 없지만 장시간에 걸쳐 등산하는 경우에는 무시할 수 없는 양이 된다. 특히 고소에서는 공기가 건조하여 탈수량이 더욱 증가한다.

　결국 등산할 때는 보통 때보다 훨씬 많은 양의 물을 마셔야 한다. 하지만 한꺼번에 많은 양의 물을 마시면 위장이 처진다. 따라서 양을 줄이고 횟수를 늘리는 것이 좋다. 더울 때는 적어도 30분마다 한 번씩 마시는 것이 좋다. 중요한 것은 반드시 갈증을 느끼기 전에 물을 마셔야 한다. 갈증을 느꼈을 때면 이미 탈수가 일어나 체내의 수분이 부족한 상태이다. 입이 마르거나 주기적으로 소변이 마렵지 않거나 비정상적으로 소변이 색깔이 진하고 냄새가 나는 것은 충분한 수분 공급이 이루어지지 않았음을 의미한다.

　우리 몸은 약 70퍼센트의 수분으로 이뤄졌다. 체내 수분은 1~2퍼센트만 부족해도 탈수가 초래돼 인체에 많은 이상을 가져온다. 운동 중 목이 마르면 이미 탈수가 시작된 것이다. 목이 마르다는 것은 체중의 2퍼센트 정도의 수분이 빠져나갔음을 의미한다. 이때 바로 수분을 공급하지 않으면 운동의 역효과가 나타난다. 탈수가 진행돼 3~4퍼센트의 수분이 빠져나가면 운동 기능이 급격히 떨어지고 구역질을 느끼게 된다. 몸에서 5~6퍼센트의 수분이 빠져나가면 체온 조절 능력이 상실되고 맥박과 호흡수가 늘어난다. 탈수로 인해 몸에 수분이 8~9퍼센트까지 소실되면 현기증을 비롯해 무력감에 빠지고, 탈수가 더 악화되면 사망할 수 있다.

　운동 시 땀 배출이 과도하면 인체는 피부로 공급되는 혈류를 감소시켜 땀 배출을 감소시킨다. 이때 적절한 수분을 보충하지 않고 운동을 계속하면 다시 체온이 증가하고 땀 배출이 늘어나는 악순환이 일어난다. 운동은 땀을 수반하기 때문에 운동 중 탈수현상을 예방하기 위해서는 건강한 수분섭취가 필요하다. 객관적인 탈수증과 우리 인체가 느끼는 갈증은 서로 일치하지 않는다. 목이 많이 마르지 않아도 탈수가 심할 수 있다. 따라서 운동 중 탈수현상을 방지하기 위해서는 목마름과 상관없이 충분한 양의 물을 마셔야 한다. 한편 땀을 많이 흘리면 운동 및 체중감량 효과가 클 것으로 생각해 통풍이 되지 않는 땀복을 입는 사람이 있는데, 이것은 일시적 탈수현상으로서 물을 마시면 원래 몸무게로 돌아온다. 오히려 땀이 잘 증발되지 않아 체온이 상승하고 탈수는 훨씬 심해진다.

　보통 이온음료가 물보다 체내 흡수속도가 빠르다고 생각하지만 물과 이온음료의 흡수속도는 비슷하다. 물을 마셔도 충분히 빠른 시간 내에 수분이 공급된다. 보통 한 시간 이내의 운동을 할 때는 물만 마셔도 된다. 하지만 한 시간 이상 운동을 하면 수분과 함께 전해질 및 칼로리 보충을 위해 이온음료를 마시는 게 조금 낫다. 반면 콜라나 주스처럼 당분 함량이 높은 음료는 체내 흡수가 느리기 때문에 가능하면 마시지 않는다. 땀을 흘리면 체내 염분이 부족해질 것으로 생각해 소금물을 먹기도 하는데, 이는 잘못된 행동이다. 땀을 흘리면 염분보다 더 많은 양의 수분이 빠져나가므로 체내 염분 농도는 오히려 평소보다 높아진다. 그런데 소금을 먹으면 염분 농도는 더욱 높아진다. 뿐만 아니라 섭취된 소금을 장에서 흡수하기 위해 더 많은 양의 수분이 위와 장으로 집중되므로 탈수 증세는 더 심해진다. 아무리 땀을 많이 흘리더라도 일부러 소금을 먹을 필요는 없다.

신체의 수분 비중이 늘 1~2퍼센트 부족한 만성탈수 상태는 변비를 비롯해 비만, 피로, 노화 등을 초래한다. 물 섭취가 줄어들면 대변이 굳어져 변비의 원인이 된다. 만성탈수 상태가 되면 갈증을 잘 느끼지 못해 배가 고픈 느낌과 혼동한다. 이 때문에 음식을 더 많이 먹게 된다. 또 탈수가 되면 신진대사가 잘 이뤄지지 않기 때문에 노폐물이 축적돼 피로감이 커지며, 피부의 수분이 빠져나가 피부 노화가 촉진된다. 등산 중 탈수를 막기 위해서는 등산 두 시간 전에 500밀리리터의 물을 마시고, 등산 15분 전에 500밀리리터의 수분을 다시 섭취한다. 등산 중에는 30분마다 120~150밀리리터의 물을 마시면 적어도 탈수량의 50퍼센트를 보충할 수 있다.

2부
겨울산행

제4장
겨울산행 환경

기후 변화의 원인

  과학자들은 기후 변화의 원인으로 태양 에너지의 변화와 온실가스의 두 가지를 거론한다. 첫째 지구 공전궤도의 변화와 자전축의 각도 변화, 그리고 세차운동에 의해 태양에너지의 분포가 달라져 기후가 변화한다. 그리고 수증기와 이산화탄소 같은 대기 중 온실가스의 영향으로 기후가 변화한다.

  태양은 대기를 구성하는 분자들에게 에너지를 준다. 그 결과 분자들은 서로 충돌하면서 열을 교환한다. 여름날 햇볕 때문에 등이 따갑게 느껴지는 것은 사실 피부에 충돌하는 분자 때문이다. 태양에서 오는 열은 균일하지 않기 때문에 대기압의 차이가 생긴다. 이러한 대기압의 차이가 바람, 구름, 비, 눈, 천둥, 번개 같은 날씨의 변화를 가져온다. 지구의 대기는 대부분 질소(78퍼센트)와 산소(21퍼센트) 그리고 여러 가지 미량의 기체를 포함하고 있다. 태양 에너지는 대기에서 반사되거나(30퍼센트) 흡수되고(20퍼센트), 나머지 50퍼센트만이 지표면에 도달한다. 그런데 이들 미량의 기체가 지표면에 도달해 다시 반사되는 적외선을 대류권에 가둔다. 이것을 지구 복사열이라고 하며, 지구 복사열을 붙잡는 미량의 기체를 '온실가스'라고 하며 수증기, 이산화탄소, 메탄, 아산화질소 등 30여 가지나 된다. 만약 온실가스가 없었다면 지구는 영하 18도로 떨어졌을 것이다.

  대기는 대류권, 성층권, 중간권, 열권의 네 부분으로 나누어진다. 대부분 사람들이 살고 있는 온대 지방의 경우 지면에서 대류권까지 두께는 10~11킬로미터 정도에 불과하다. 수분의 증발을 비롯한 모든 기후 변화가 이렇게 얇고 희박한 층에서 일어난다. 사람이 계속해서 살 수 있는 고도의 한계는 대략 에베레스트 베이스캠프 높이인 5500미터다. 이곳에서는 산소와 기압이 해수면의 반 정도밖에 안 된다. 산악인들에게 죽음의 영역으로 알려진 8000미터 이상에서는 신체장애가 심해진다. 에베레스트 정상 부근에서는 한 걸음을 옮기려면 어마어마한 의지력이 필요하다. 나른하고 죽을 것 같은 피로가 끊임없이 목숨을 위협한다.

공기는 아주 가벼워서 질량이 없는 것으로 생각하기 쉽다. 기압이 올라가더라도 우리 몸이 압력을 느끼지 못하는 이유는 신체의 대부분이 물로 구성되어 있기 때문이다. 파스칼의 원리에 의하면 내부와 외부의 압력이 같은 세기로 밀어낸다. 바닷물 속에서 우리 몸이 압착되지 않는 것과 같은 이유다. 그러나 조금 강한 바람이 불 때처럼 공기가 움직이기 시작하면 우리 몸은 바로 알아차린다. 지구에는 1제곱킬로미터당 1000만 톤에 해당하는 양의 공기가 있다. 수백만 톤의 공기가 시속 50~60킬로미터의 속도로 지나가면 팔다리가 부러지고 지붕이 날아가는 것은 조금도 놀랄 일이 아니다.

대기에서 공기가 움직이는 과정을 대류현상이라고 한다. 적도 지방에서 만들어진 습기가 많고 따뜻한 공기는 대류권까지 올라가 옆으로 퍼지게 된다. 적도 지방에서 멀어진 공기는 식어서 땅으로 떨어지고 저기압 지역으로 이동한 후 다시 적도로 움직이는 순환 과정을 거친다. 적도 지방에서는 대류 과정이 비교적 안정적이어서 대개 맑은 날씨가 형성된다. 그러나 온대 지방에서는 그 양상이 훨씬 복잡해서 고기압과 저기압 사이에 끊임없는 경쟁이 나타난다.

상승하는 공기에 의해 만들어진 저기압은 물 분자들을 하늘로 끌고 올라가서 구름을 만들고 결국 비가 내린다. 따뜻한 공기는 차가운 공기보다 더 많은 양의 수증기를 포함하여 열대 지방이나 여름에 더 많은 비를 쏟아 붓는다. 따라서 열대 지방의 저기압 지역은 구름과 비가 많고, 고기압 지역은 맑은 날씨가 된다. 저기압과 고기압이 만나면 구름이 만들어지는 경우가 많다. 예를 들어 아무런 특징도 없이 하늘을 두껍게 뒤덮는 층운은 습기를 머금은 상승기류가 그 위의 안정된 층을 뚫고 올라갈 힘이 없어서 천장에 닿은 담배연기처럼 옆으로 퍼지면서 만들어진다.

또한 북극의 차가운 공기는 적도를 향해 점점 남쪽으로 내려간다. 적도 부근의 강렬한 태양 에너지는 공기를 상승시켜 저기압 지역을 만든다. 하지만 북쪽에서 남쪽으로 이동한 공기와 적도에서 상승한 공기는 단순한 흐름을 만들지 않는다. 지구의 자전이 공기의 운동 방향을 편향시키기 때문이다. 적도에서 올라간 공기의 일부는 아열대 지방으로 내려오면서 고기압 지역을 만든다. 반대로 아열대 지방에서 이동한 공기는 북쪽으로 움직인다. 두 개의 다른 공기층이 움직이지 않을 때를 '정체 전선'이라고 부른다. 이런 경우 종종 폭풍우가 발생한다.

지구의 회전 속도는 적도에서 가장 빠르고 극지방으로 갈수록 점차 느려진다. 적도에서 똑같은 자리로 되돌아오려면 약 4만 킬로미터라는 먼 거리를 회전해야만 한다. 그러나 북극에서는 한 바퀴를 회전하더라도 몇 미터만 움직이면 된다. 따라서 적도에 가까울수록 지구의 자전 속도가 빨라진다. 지구가 자전하기 때문에 수평으로 움직이는 물체는 북반구에서 오른쪽으로 휘어지고 남반구에서 왼쪽으로 휘어진다. 이것을 '코리올리 효과'라고 부른다. 예를 들어 회전목마의 중심에서 바깥쪽에 있는 사람에게 공을 던지는 경우를 생각해보자. 공이 바깥쪽에 도달할 때가 되면 이미 회전목마가 움직였으므로 공을 받으려고 했던 사람의 입장에서는 마치 공이 휘어져서 지나간 것처럼 보일 것이다. 고기압이나 저기압이 비틀려지고 태풍이 팽이처럼 회전하는 것도 바로 코리올리 효과 때문이다.

차가운 공기가 따뜻한 공기를 대체하는 지역을 '한랭전선'이라고 하며, 따뜻한 공기가 차가운 공기를 대체하는 지역을 '온난전선'이라고 한다. 구름은 기본적으로 네 종류로 구분되는데, 구름이 계단처럼 층이 진 것을 층운(層雲), 굴뚝 모양처럼 쌓아올린 적운(積雲), 소용돌이처럼 얇은 깃털 모양의 권운(卷雲), 그리고 비구름을 뜻하는 난운(亂雲)이 있다. 모든 구름은 이들을 기본으로 서로 결합시켜 설명할 수 있다. 온대지방을 기준으로 5~13킬로미터의 제일 높은 고도에서 나타나는 구름은 새털구름이라 불리는 권운, 조개구름이라 불리는 권적운, 햇무리구름이라 불리는 권층운이 있다. 온대지방의 2~7킬로미터 상공에 나타나는 구름은 양떼구름이라 불리는 고적운, 온 하늘을 뒤덮는 연한 회색 구름의 고층운이 있다. 제일 낮은 고도에서는 비구름이라 불리는 난층운, 어두운 회색 덩어리 구름의 층적운, 안개구름이라 불리는 층운이 있다. 또한 수직으로 형성된 뭉게구름의 적운, 소나기구름의 적란운이 있다. 전선에 따라 독특한 구름이 형성되기도 한다. 한랭전선이 통과할 때 나타나는 구름은 적운, 고적운, 적란운, 층적운 등이 있다. 온난전선이 통과할 때 나타나는 구름은 햇무리나 달무리, 층운, 권적운, 권층

한랭 전선과 온난 전선

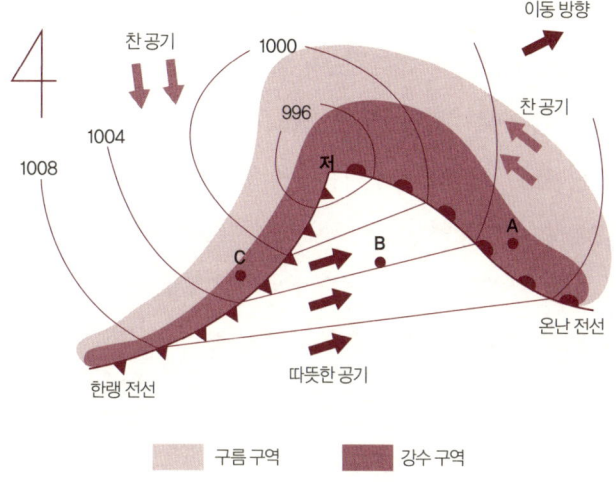

운, 고층운, 난층운 등이 있다.

우리나라 날씨에 영향을 주는 공기 덩어리, 즉 기단은 한랭 건조한 시베리아 기단과 한랭 다습한 오호츠크해 기단, 그리고 고온 다습한 북태평양 기단과 온난 건조한 양쯔강 기단, 그 밖에도 고온 다습한 적도기단이 있다. 시베리아 기단은 러시아 시베리아 지역에 있는 기단으로 육지의 추운 지역에서 생성되어 건조하고 차가운 한랭 건조의 특성을 지닌다. 우리나라 겨울의 삼한사온은 시베리아 기단의 세력이 심장 박동처럼 주기적으로 강해졌다 약해지는 현상 때문에 생긴다. 북태평양 기단은 북위 30도 부근 태평양에서 생성되는 기단으로 바다 위에서 생성되기 때문에 덥고 습한 성질을 가지고 있다. 따라서 우리나라 여름은 덥고 끈적끈적한 고온다습한 날씨가 이어진다. 시베리아 기단과 북태평양 기단은 그 규모가 엄청나서 시베리아 기단의 경우 대부분의 아시아와 유럽 지역에 영향을 주고, 북태평양 기단의 경우 동아시아, 서아메리카 지역에 영향을 준다.

반면 양쯔강 기단과 오호츠크해 기단은 그 규모와 세력이 비교적 약해서 양쯔강 기단은 봄과 가을철에 시베리아 기단과 북태평양 기단이 서로 교체될 때 우리나라에 영향을 준다. 양쯔강 기단은 저위도의 중국 대륙에서 생성되기 때문에 따뜻하고 건조한 온난 건조한 성질을 가진다. 봄철 고비사막의 모래가 양쯔강 기단과 편서풍을 타고 우리나라에 영향을 미치는 것이 황사다. 가을철에도

우리나라의 기단

양쯔강 기단은 우리나라에 영향을 주지만 여름철 내린 비로 인해 먼지 발생이 적어 황사 현상은 일어나지 않는다. 오호츠크해 기단은 일본 홋카이도 위쪽 바다에서 만들어지는데, 차갑고 습한 한랭다습한 성질을 가지고 있다. 봄이 지나 시베리아 기단과 양쯔강 기단이 물러나고 북태평양 기단이 올라올 때 우리나라에 잠깐 영향을 준다. 초여름은 오호츠크해 기단이 북태평양 기단에게 자리를 내주지 않고 버티게 되는데, 이렇게 습한 두 개의 기단이 부딪히게 되는 것을 바로 장마라고 한다. 결국 북태평양 기단의 세력이 더욱 강해지면 오호츠크해 기단을 밀어내고 무더운 여름이 시작된다.

겨울 산 날씨의 특징

산에서는 급격한 기상변화 외에 고도에 따른 기온하강이 있다. 일반적으로 높은 산은 태양이 가까워서 지상보다 따뜻할 것으로 생각하기 쉽다. 하지만 태양에서 오는 열은 먼저 지면을 덥힌 다음 지면의 열로 공기를 따뜻하게 해준다. 공기가 따뜻해지면 팽창해서 위로 올라가고 수증기가 포함되어 있는 공기덩어리는 상승할수록 압력이 낮아지면서 밀도가 작아진다. 따라서 분자끼리의 충돌이 줄어들어 온도가 내려가게 된다. 수증기가 포함되어 있는 공기는 높이 100미터를 오를 때마다 평균 0.6도씩 내려간다.

가을과 겨울이 공존하는 11월은 대륙성 고기압의 세력이 발달하면서 차가운 북서 계절풍이 불어오고, 하순에 접어들면서 서고동저형 기압 배치로 전국의 기온이 아주 빠르게 떨어진다. 첫눈이 내리는 평균 시작일은 대관령이 11월 1일이고, 서울은 11월 19일이다. 절기로는 11월 7일이 겨울이 시작된다는 입동이고, 22일은 첫눈이 내린다는 소설이다. 본격적인 겨울이 시작되는 12월은 차갑고 건조한 대륙성 고기압이 더욱 발달하면서, 주로 북서 계절풍이 불어 차갑고 건조한 날씨가 이어진다. 절기로는 12월 7일이 큰 눈이 온다는 대설이고, 21일이 일 년 중 밤이 가장 길고 낮이 가장 짧은 동지다. 일 년 중 가장 추운 1월은 시베리아 대륙의 차갑고 건조한 고기압의 영향을 받아 눈이 가장 많이 내린다. 절기로는 1월 6일이 소한이고, 21일이 대한이다. 그러나 우리나라에서는 소한이 대한보다 더 춥다. 그 이유는 소한이 동지에서 겨우 15일밖에 안 지나서 낮의 길이가 대한보다 더 짧기 때문이다. 적설량이 가장 많은 2월은 대륙성 고기압의 세력이 차츰 약해지면서 기온이 조금씩 올라간다. 그러나 상층의 차가운 공기는 계속 머물러 있기 때문에 강한 바람이 불면서 체감온도가 낮은 경우가 많다. 또한 북서 계절풍이 강하게 불고 남쪽에서 저기압이 올라오면서 영동 지방에는 많은 눈이 내린다. 절기로는 2월 4일이 봄이 시작된다는 입춘이고, 19일은 눈이 녹아서 물이 된다는 우수다. 겨울철에는 폭풍과 폭설, 한파 등 기상악화에 대비해 보온할 수 있는 옷가지와 비상식량, 등산장비를 철저히 준비해야 한다. 또한 겨울철에는 해가 일찍 지기 때문에 오후 5시 이전에는 하산할 수 있도록 여유 있게 등산 계획을 잡아야 한다.

바람의 변화

따뜻한 공기와 찬 공기가 만나면 대류를 일으키고 이렇게 형성된 기압의 차이에 의해 바람이 만들어진다. 다시 말해 바람은 대기의 밀도가 높은 쪽에서 낮은 쪽으로 흐른다. 우리나라는 겨울에 북서풍, 여름에는 남서풍이 많이 분다. 계절에 따른 바람의 특성이 각각 다른데, 9월과 10월은 바람이 비교적 약하다. 바람의 속도, 즉 풍속은 지수 함수적으로 증가한다. 그래서 단순히 시속 300킬로미터로 부는 바람은 시속 30킬로미터로 부는 바람보다 단순히 10배 더 강한 것이 아니라 100배나 더 강하게 느껴지며, 피해도 그만큼 더 커진다. 수백만 톤의 공기에 의해 나타나는 가속 효과는 엄청난 에너지를 갖고 있다. 예를 들어 적도 지방의 태풍은 하루 동안 우리나라에서 1년 동안 쓸 수 있는 에너지를 방출한다.

산곡풍

산은 항상 바람이 부는데 이는 지면의 온도가 상승하거나 냉각할 때 생긴다. 따뜻한 낮에는 계곡의 찬바람이 산정으로 불고, 서늘한 밤에는 산정의 찬바람이 계곡으로 분다. 곡풍은 이른 오후에 최고 속도가 되었다가 일몰 직전에 없어진다. 산풍은 자정에 최고 속도로 불다가 일출 직전에 사라진다. 따라서 절벽 아래에서 캠핑하면 저녁때 바람의 영향을 많이 받을 수 있다.

푄 현상(Föhn, 높새바람)

바람이 산맥을 넘어갈 때 산 사면을 따라 올라가는 바람은 고도가 높을수록 온도가 낮아지고 습도가 떨어진다. 그러나 산을 넘어 경사면을 내려가는 바람은 고도가 낮을수록 온도가 높아지고 건조해진다. 산의 기온은 고도가 높을수록 100미터당 영하 0.6도가 내려가는 반면 산에서 100미터를 내려올 때마다 0.6도가 높아져서 고온, 건조한 바람이 되는데 이런 바람을 푄 바람이라 한다. 따라서 높은 산과 산맥이 있는 지역에서는 산과 산맥을 사이에 두고 한쪽은 비나 눈이 오고 다른 쪽은 날이 맑은 모습을 종종 볼 수 있다.

요즘에는 기압과 고도를 나타내주는 시계나 스마트폰이 많이 나와 있는데, 기압을 이용해 날씨를 예측할 수 있다.

- 기압이 몇 시간 내에 급히 올라가면 맑은 날씨는 오래가지 않는다.
- 기압이 일정한 속도로 이틀 동안 계속해서 오르면 오랜 기간 맑은 날씨가 예상된다.
- 기압이 갑자기 오르내리면 불안정한 날씨가 된다.
- 기압이 장시간 계속 내려가면 오랜 기간 비가 예상된다.
- 오전에 기압이 내려가면 얼마 후에 비가 온다.
- 오후에 기압이 올라가면 맑은 날씨가 되지만 오래 지속되지는 않는다.
- 오후에 기압이 내려가면 날씨는 변하지 않는다.

산에서 고도가 증가함에 따라 기온이 감소하는 비율을 '기온 체감률'이라고 한다. 이 비율은 지형과 계절에 따라 다소 차이를 보이는데, 겨울보다 여름철에 더 큰 경우가 많다. 한편 어제의 기온이 영하 10도, 오늘 기온이 영하 5도라고 할 때, 기온은 어제보다 높아졌는데, 이상하게 오늘 날씨가 어제보다 더 매섭고 춥게 느껴질 때가 있다. 왜 그럴까? 추위를 느끼는 요소에는 기온만 있는 것이 아니기 때문이다. 바람이나 습도, 햇볕에 따라 추위를 느끼는 정도가 달라진다. 그래서 덥거나 춥다고 느끼는 정도를 숫자로 나타낸 온도를 만들었는데, 이런 온도가 바로 '체감온도'다. 예를 들어 영하 10도에서 바람이 초속 10미터로 불 때 체감온도는 영하 30도가 된다. 즉 바람이 초속 1미터 강해질 때마다 약 2도씩 온도가 떨어진다.

겨울산행 요령

산을 좋아하는 사람들이 사계절의 산 중에서 가장 좋아하는 산은 눈이 내린 겨울산이다. 흰 눈이 쌓인 산을 오른다는 것은 가슴 설레는 일이지만 철저한 준비가 없다면 매우 위험하다. 초겨울 산행은 환절기 산행과 비슷한 준비만으로 가능하지만 연중 적설량이 가장 많은 1월 말부터 2월 말까지의 등산은 전혀 다른 준비를 해야 한다. 먼저 완벽한 복장을 갖춘다. 눈이 올 때는 대체로 기온이 상승한다. 그리고 눈의 성분 중 99퍼센트는 수분이다. 우리나라에서 내리는 눈은 대부분 습설이기 때문에 옷에 닿으면 젖는다. 따라서 습기를 막기 위한 방수의류가 필요하다. 이런 목적에 알맞은 의류로는 방수방풍인 윈드재킷과 오버트라우져가 있다. 그리고 발목으로 들어오는 눈을 막을 스패츠와 동상을 예방하기 위해 손을 보호할 장갑이 필요하다.

신체 중에서 손만큼 움직임이 많은 부위는 드물다. 방수, 방풍 기능이 있고 보온력이 뛰어난 벙어리장갑과 움직임이 섬세하고 편리한 손가락장갑을 사용하는 것이 좋다. 심설산행에서는 덧장갑의 손목부분이 긴 것이 좋으며 손바닥 부분이 두꺼운 천이나 가죽 등으로 덧대어 있는 것이 튼튼하다. 털실로 짠 장갑은 신축성과 보온성 등 여러 장점이 있는 반면, 눈이 녹아 얼어붙을 때는 착용감이 떨어지고 물기가 있는 경우에는 미끄러워서 불편하다. 이런 경우 플리스 재질로 만든 장갑을 털실로 만든 장갑과 같이 사용하면 좋다. 일반용 내의는 면으로 되어 있어 땀에 젖으면 마르지 않아 체온을 떨어뜨리므로 가능하면 땀을 발산하는 스포츠용 내의를 입는 것이 좋다. 등산화는 방수성, 보온성, 견고성이 겸비된 것을 준비한다.

아이젠과 스키폴을 준비한다. 눈이 내려 쌓인 뒤 처음 갈 경우에는 아이젠이 필요 없다. 오히려 일반 등산화가 편하다. 그러나 많은 사람들이 앞서 간 경우에는 눈이 다져서 미끄럽기 때문에 아이젠이 필요하다. 아이젠은 4발이나 10발짜리 중에서 자신의 등산화에 맞는 튼튼한 것을 선택한다. 이때 등산화에 아이젠을 부착시키는 밴드에 주의해야 한다. 밴드의 조임이 시원치 않으면 아이젠의 분실뿐만 아니라 자칫 사용자가 몸의 중심을 잃어 사고를 일으킬 수 있기 때문이다. 이를 막기 위해서는 목이 길고 바닥이 딱딱한 등산화가 있어야 한다. 밴드를 착용할 때 묶는 고리는 절대로 발 안쪽에 두지 말고 바깥쪽에 위치하도록 해야 한다. 이와 함께 등산 스틱을 지팡이 대용으로 사용하면 좋다.

일기예보를 확인한다. 산행할 산의 현재 적설량과 함께 대설과 한파 등에 대비할 수 있도록 일기예보를 알아본다. 장기산행의 경우 기상청의 주간 일기예보를 알아보고 산행 중에는 소형라디오를 휴대하여 날씨변화에 대비한다. 만약 산행 중에 폭설을 만나 고립되었다면 눈이 그친 직후에 출발하지 말고 최소한 24시간 이후에 출발해야 눈사태를 사전에 예방할 수 있다. 폭설 이후 계곡을 통과할 때는 눈사태에 대비하여 조용히 신속하게 통과한다.

체력안배를 잘해야 한다. 눈길을 만들기 위해서는 인원이 많은 것이 좋고 각자가 체력안배를 잘해야 한다. 눈길은 폭을 너무 넓게 만들지 않는다. 몸을 많이 움직일수록 힘이 들므로 동작을 작게 하고 보폭도 평소보다 좁게 하여 체력소모를 줄인다. 그리고 한사람이 오랜 시간 선두에 서지 말고 교대로 전원이 돌아가면서 선두에 서는 것이 체력안배의 요령이다. 눈이 무릎 이상 차있을 때는 무릎으로 눈을 다지면서 오른다. 가파른 경사면일 경우 지그재그로 오르면 힘이 덜 소모된다. 허벅지까지 빠지면 선두는 배낭을 벗고 눈길을 내는 데 전력하고, 뒤따르는 사람들이 교대로 배낭을 운반한다. 만약 눈이 허리 이상으로 빠진다면 전진이 어려우므로 목적지까지 거리가 멀면 산행계획을 바꾸는 것이 현명하다.

능력에 맞는 산행을 한다. 폭설이 계속되는데 V자형 협곡이나 깔때기형 계곡을 통과하는 산행을 계획했다면 산행계획을 변경하거나 포기하는 것이 현명하다. 이와 함께 폭설이 내릴 때 주의할 사항은 환상방황(Ringwanderung)이다. 백시현상(white out)으로 인해 한 장소를 중심으로 뱅뱅 돌다가 지쳐 조난사한 경우가 자주 있으므로 폭설이 시작되면 주의 깊은 관찰과 함께 현명한 판단을 내리는 것이 중요하다. 다른 계절과 달리 겨울산은 추위와 강풍으로 인해 저체온증과 동상에 걸리기 쉽다. 등산화 끈을 지나치게 꽉 조이면 혈액순환이 잘되지 않아 동상에 걸릴 수 있으므로 주의한다. 동상이 걸린 경우 갑자기 모닥불이나 버너에 직접 불을 쬐거나 심하게 비비면 피부 세포에 손상을 줄 수 있으므로 절대로 해서는 안 된다. 38~42도 정도의 더운 물에 20~30분간 환부를 담그는 방법으로 치료한다.

　겨울철 산에서는 불고기나 돼지고기 같은 육류가 먹고 싶어진다. 육류에는 몸을 덥혀주는 기능이 있다. 북극권에 사는 에스키모인들이 육식을 하는 이유다. 겨울철에 고지방 식품을 섭취하면 다른 식품보다 에너지 생산량이 증가해서 우리 몸이 더욱 따뜻해진다. 단백질은 다른 영양소에 비해서 열 발생량이 크기 때문에 몸이 따뜻해진다. 또한 각종 비타민(A,B,C,E 등)도 체열 생산에 직접 또는 간접적으로 관여하고 있다. 그리고 식품 자체의 칼로리는 낮지만 자율신경계 등에 작용하여 체열을 발생시키는 식품들이 있다. 무, 당근, 파, 양파 등이 대표적인 식품이며 아울러 고춧가루, 참기름 등의 향신료도 체열을 발생시키는 데 효과적이다.

제5장
겨울산행 장비

피켈

피켈(pickel(독), piolet(프), ice axe(영))은 크램폰과 더불어 가장 오랜 역사를 가진 등산 장비이다. 눈과 얼음이 덮인 유럽 알프스의 높은 산들을 등정하기 위해서는 눈과 얼음에서 몸을 지탱할 장비가 필요했다. 처음에는 나무를 벨 때 쓰는 도끼로 얼음을 깎아 발판을 만들었고, 몸을 지탱하고 빙하의 크레바스를 탐색하기 위해 지팡이를 사용하기 시작했다. 도끼와 지팡이가 별개의 장비로 쓰이던 시대는 오랫동안 지속되었으며, 이 두 가지 장비를 하나로 결합하려는 착상이 피켈을 탄생시켰다.

처음으로 지팡이에 도끼가 부착된 것은 1854년 영국의 알프레드 윌스가 베터호른을 초등정할 때였다. 당시 윌스가 고용한 한 가이드가 도끼와 결합된 새로운 장비를 가지고 등산에 참여한 것이 그 시초였다. 이 장비는 약 120센티미터 길이의 튼튼한 나무로 만들어졌으며, 한쪽 끝에는 강철로 된 피크가 붙어 있고 다른 쪽 끝에는 역시 강철로 만든 도끼날이 붙어 있었다. 베터호른 등정은 알프스 황금시대의 개막을 알리는 역사적인 등반이었다. 알프스 황금시대란 베터호른 등정부터 알프스 4000미터급 중 최후의 난봉으로 남아 있던 마터호른이 1865년 에드워드 윔퍼에 의해 초등정될 때까지 10년간의 기간을 말한다.

피켈은 단순하지만 다양한 기능을 갖고 있다. 눈길을 올라갈 때는 지팡이로 쓰이고, 내려갈 때는 제동을 돕는 도구로 사용된다. 특히 눈과 얼음에서 추락을 멈추고 균형을 잡는 데 훌륭한 보조 도

피켈 각 부분의 이름

구다. 피켈은 기능과 사용 목적에 따라 종류가 다양하다. 일반적으로 자루(shaft(영), manche(프))가 70센티미터 이상의 긴 피켈은 워킹 산행에서 지팡이로 쓰이거나 경사가 낮은 설벽을 오를 때 균형을 잡아준다. 경사가 급한 빙벽에서는 자루가 45~55센티미터의 짧은 피켈을 사용하며 피크의 각도와 톱니의 모양, 블레이드의 형태 등 다양한 기능이 추가된다.

피켈은 빙설벽에서 가장 필수적인 장비이므로 각 부분의 기능에 대해 알아보자. 먼저 머리 부분에 해당하는 헤드(head)는 등반자가 자신의 몸을 제동하거나 손잡이처럼 잡고 다니는 날(pick)과 발디딤을 만들 때 쓰는 괭이(adze(영), panne(프))로 나뉜다. 가운데에는 손목걸이나 카라비너를 끼울 수 있는 구멍이 뚫려 있다. 일반적인 등산용 피켈의 피크는 자루에 대해 65~70도 각도로 적당히 휘어져 있으며, 피크의 끝 부분에만 톱니가 몰려 있다. 반면에 기술적인 빙벽용 피크는 55~60도 각도로 심하게 구부러져 있으며, 피크의 모든 부분에 톱니가 나 있다.

피크 앞날의 각도는 양각, 중립각, 음각의 세 가지 형태로 나뉘는데, 이 각도는 피크의 앞날이 얼음을 타격할 때 호를 그리며 들어가

피켈 피크의 각도와 톱니

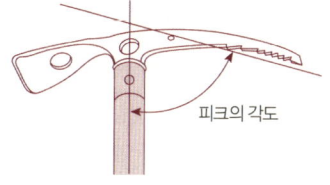

피크의 각도란 자루에 대한 피크의 각도를 말한다.

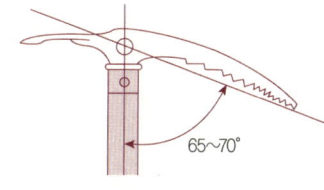

일반 등산용 피크의 각도는 65~70도이다.

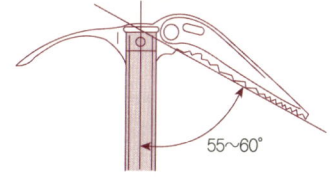

빙벽 등반용 피크의 각도는 55~60도이고 피크 전체에 톱니가 있다.

는 각도로 결정된다. 양각 피크는 얼음에서 제동할 때 잘 박히지만, 빙벽에서 타격할 때 얼음이 깨지는 단점이 있다. 반면에 음각 피크는 빙벽에서 타격할 때 잘 박히지만, 빙면에서 제동할 때 미끄러지기 쉽다.

피켈 손목고리(wrist leash)는 피켈을 손목이나 안전벨트에 연결해준다. 자기 제동 기술이 요구되는 설벽 등반 도중 손목고리를 사용하는 것은 각각 장단점이 있다. 손목고리를 사용하면 피켈을 분실할 염려가 없어 안전을 지켜주는 중요한 수단이 될 수도 있지만, 추락할 때 자루를 놓치면 피켈이 손목에 매달려 도리깨질하듯 자

피크 앞날의 각도

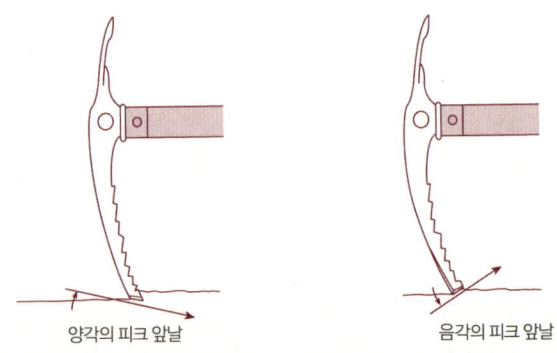

양각의 피크 앞날   음각의 피크 앞날

신을 해치는 잠재적인 위협이 될 수도 있다. 실제로 1973년 설악산 죽음의 계곡에서 크로니산악회 회원 한 명이 글리세이딩 훈련 도중 자기 피켈에 찔려 사망한 적이 있다. 피켈 손목고리가 짧은 것은 일반적으로 설벽이나 빙하를 운행하는 사람들이 추락할 때 피켈을 재빨리 잡아서 통제할 수 있게 해준다. 하지만 대부분 사람들은 긴

피켈 손목고리의 길이

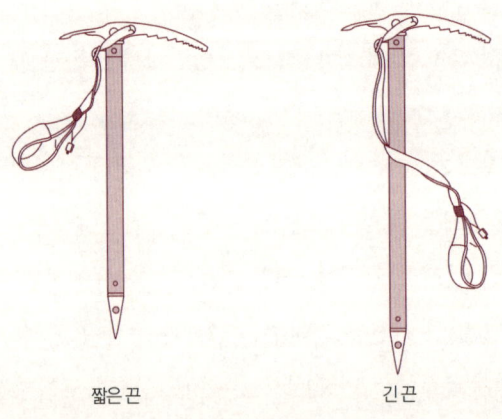

짧은 끈   긴 끈

손목고리를 선호하는 데, 설사면을 올라가다 방향을 손쉽게 전환할 수 있고 안전벨트에 연결하여 자기 확보물로 사용할 수 있다.

크램폰

크램폰(crampon(영), eisen(독))은 등산화에 부착하여 눈과 얼음을 뚫기 위해 금속제의 발톱이 달린 장비이다. 처음 크램폰을 신고 생활한 사람들은 중세 시대에 알프스에서 양치기나 수렵으로 생업을 이어온 사람들이라고 전해진다. 이들은 끝이 뾰족한 발톱이 3개 달린 쇠붙이를 신고 눈비탈을 넘어다녔다. 등산 역사상 가장 오래된 등산 기술서인 1574년 요지아스 짐러(Josias Simler)가 쓴 『설벽에서 산악 여행 기술』에 쇠발톱이 처음으로 등장했는데, 이것이 크램폰의 효시라고 할 수 있다.

크램폰은 피켈과 더불어 가장 대표적인 빙설벽 등반 장비였지만, 피켈의 뛰어난 기능에 가려져 실용성을 훨씬 늦게 인정받았다. 알프스의 4000미터급 산이 모두 등정된 1865년 황금시대가 끝난 무렵부터 1882년 당뒤제앙(Dent de Geant, 4013m) 등정으로 은의 시대가 끝날 때까지 크램폰의 개량이나 진보는 전혀 없었다. 등산 장비를 사용하여 산을 오르는 일은 스포츠 정신에 위배된다는 이유로 영국 빅토리아 왕조 시대의 보수적인 등산가들로부터 배척당했기 때문이다.

1908년 영국의 오스카 에켄슈타인(Oscar Eckenstein)은 발톱이 10개인 현재와 같은 모습의 실용적인 크램폰을 만들었다. 그 후

1931년 독일대가 알프스 3대 북벽의 하나인 마터호른 북벽을 초등할 때 사용하면서 위력을 발휘했다. 1932년에는 이탈리아의 로랑 그리벨(Laurent Grivel)은 크램폰의 대혁명이라 할 수 있는 12발톱짜리 크램폰을 만들었다. 현대적인 의미의 크램폰은 1967년 미국의 이븐 취나드(Yvon Chouinard)가 몸체가 하나로 고정되는 일체형 리지드식 크램폰을 처음 고안했다. 이것은 빙벽에서 프런트 포인팅으로 서 있기 좋으며, 등산화에 꼭 맞도록 크기를 조절할 수 있었다.

1980년대 초에는 제프 로우(Jeff Lowe)가 20개의 발톱과 프런트 포인팅에 톱니를 채용한 풋팡(footfang)이라는 크램폰을 선보였다. 이 크램폰은 바닥을 넓게 만든 일체형으로 장딴지 근육의 피로감을 덜어주며, 탈착이 손쉽도록 바인딩을 장착한 최초의 크램폰이기도 했다. 1980년 후반에는 발톱을 자유롭게 교환할 수 있는 모듈러 시스템 크램폰이 개발되어 오늘날까지 사용되고 있다. 우리가 흔히 부르는 아이젠이란 말은 '슈타이크 아이젠(Steig Eisen)'의 약자로서 독일어의 슈타이크는 '오르다'라는 뜻이며, 아이젠은 '쇠'를 뜻한다. 즉 빙설벽을 오르는 쇠붙이라는 의미다.

크램폰의 앞발톱의 각도와 모양에 따라 일반 등산용과 빙벽용으로 구분된다. 일반 등산용은 앞발톱이 수평으로 되어 있고 두 번째 발톱이 아래로 향해서 부드러운 눈에서 더욱 안정적이다. 빙벽용은 앞발톱이 수직으로 되어 있고 두 번째 발톱이 등산화의 앞부리 쪽으로 들려 있어서 프런트 포인팅에 적합하다.

또한 바닥의 형태에 따라 분리형(hinged), 준고정형(semi-rigid), 고정형(rigid)의 세 가지 종류로 나뉜다. 분리형은 일반 등산용으

크램폰 발톱의 각도와 모양

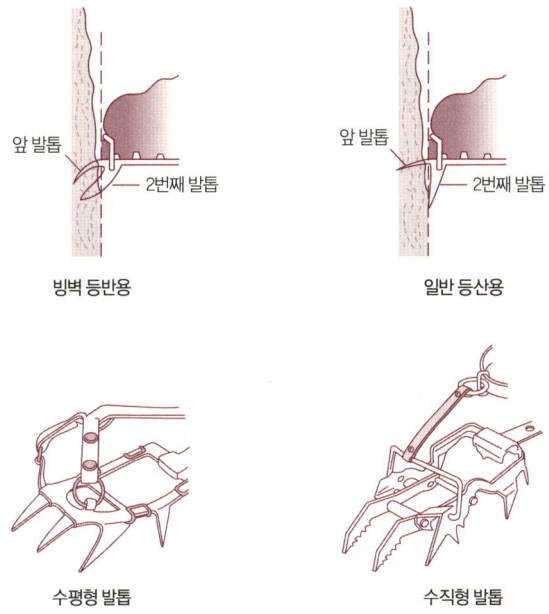

로 다양한 종류의 등산화에 맞고 가벼우며 설벽의 모양에 따라 자연적으로 구부러진다. 준고정형은 일반 등산용과 빙벽용의 두 가지 요구를 충족시켜준다. 바닥이 딱딱한 등산화에도 어느 정도 구부러지며, 중간의 연결 부분을 조절해서 워킹과 프런트 포인팅 모두에 사용할 수 있도록 고안되었다. 고정형은 빙벽용으로 크램폰의 바닥이 뻣뻣해서 프런트 포인팅을 할 때 균형을 유지하기 쉽고 힘이 덜 든다.

오늘날 크램폰을 착용하는 방식은 스트랩 방식, 바인딩 방식, 혼합 방식의 세 가지가 있다. 일반적으로 분리형 크램폰은 구부러지는 등산화에 스트랩 방식을 묶는 것이 제일 좋다. 고정형 크램폰은

크램폰의 종류

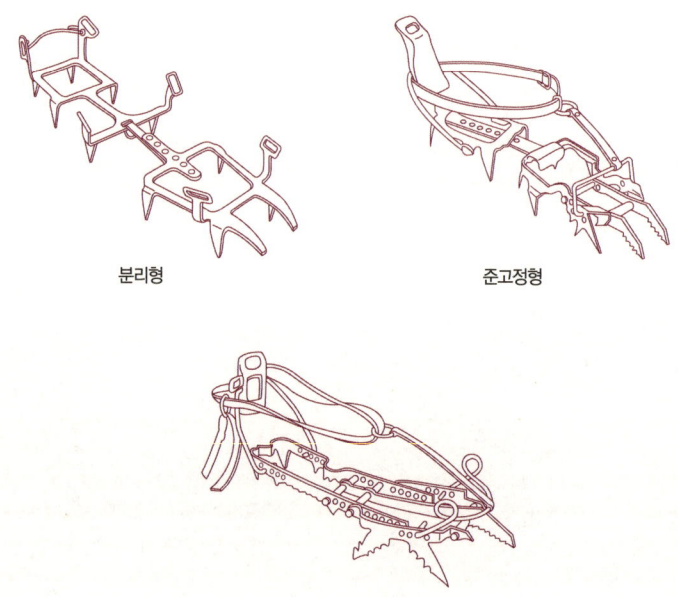

분리형

준고정형

고정형(앞 발톱이 하나인 모노 포인트)

뻣뻣한 등산화에 착용하는 바인딩 방식이 적합하다. 혼합 방식은 등산화의 앞쪽은 스트랩으로 묶고 뒤쪽은 클립으로 거는 것을 합친 방식인데, 준고정형 크램폰을 착용할 때 적당하다.

 등산화에 잘 맞는 크램폰을 착용하는 것이 가장 중요하다. 크램폰의 앞뒤 스트랩 고리 기둥에 등산화가 딱 맞게 들어가야 한다. 크램폰을 착용한 채로 등산화를 들어 올렸을 때 스트랩을 묶지 않아도 부착되어 있어야 한다. 바인딩 방식의 크램폰을 착용할 때는 등산화의 앞쪽과 뒤쪽에 깊은 홈이 있어야 한다. 등산화에 크램폰을 맞추었을 때 크램폰의 앞 발톱이 등산화 앞쪽으로 2-2.5센티미터 뻗어 나와야 한다. 크램폰을 장착한 상태에서 등산화를 들어 올렸

크램폰 발톱의 날 세우기

앞 발톱

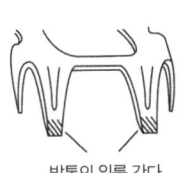

발톱의 위를 간다.

다른 발톱

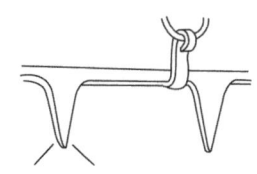

발톱의 양쪽 옆을 간다.

을 때 스트랩 없이도 크램폰이 부착되어 있어야 한다. 크램폰을 최상의 상태로 사용하기 위해서는 정기적인 관리가 필요하다. 매번 사용하고 나면 물기를 잘 닦고 닳은 곳은 없는지 확인한다. 발톱의 날이 무뎌졌을 때는 줄로 갈아서 날카롭게 해준다.

　부드러운 습설의 경우 크램폰 밑에 눈덩이가 뭉쳐 달라붙는다. 이런 스노우 볼(snow ball)은 크램폰 발톱이 안 박혀서 운행에 지장을 주고 심지어 위험해질 수 있다. 이런 위험을 최소화하기 위해 크램폰 밑에 부착하는 '스노우 볼 방지판'을 이용하거나 크램폰 바닥을 덕트 테이프로 감아주면 좋다.

등산화

　피켈이 겨울산행의 상징이라면 좋은 등산화는 등산의 기초가 된다. 겨울철 산행에 있어 등산화의 가장 중요한 특성은 보온성, 방수성, 내구성이며 밑창이 딱딱해야 한다. 일반적으로 겨울철 등산화는 가죽 등산화와 플라스틱 등산화의 두 가지가 있다. 가죽 등산화는 투박하고 무거우며 밑창 전체가 구부러지지 않지만 플라스틱 등산화보다 걷기에 편하다. 가죽 등산화를 고를 때 고려할 점은 다음과 같다. 발목을 보호하기에 충분할 만큼 높고 뻣뻣한가? 앞부리와 뒤꿈치 사이에 성형물이 들어 있는가? 쉽게 닳는 부분이 보강되어 있는가? 밑창이 크램폰 착용에 적합할 정도로 딱딱한가? 플라스틱 등산화는 딱딱한 플라스틱 외피와 보온성 내피로 이루어져 있다. 바닥이 뻣뻣한 외피 덕분에 크램폰을 착용해도 혈액 순환을 방해하지 않지만 휘어지지 않기 때문에 가죽 등산화보다 걷기에 불편하다. 또한 방수가 완벽하므로 발이 눈에 젖지 않는다는 점에서 좋지만 바로 그런 이유 때문에 땀 배출이 잘되지 않는 단점도 있다.

등산화의 재질이나 디자인에 상관없이 가장 중요한 점은 발에 잘 맞아야 한다. 좋은 등산화란 발이 앞으로 쏠리더라도 뒤꿈치가 안정되고 발가락이 충분히 움직일 수 있어야 한다. 겨울에 발이 어는 것은 등산화가 작거나 양말을 많이 신어 피가 잘 통하지 않기 때문이다. 등산화가 너무 작거나 크면 발에 물집이 생기기 쉽다. 따라서 가죽 등산화를 고를 때는 신발 사이즈가 약간 큰 것을 고른다. 약간 헐거운 것은 양말이나 깔창을 덧대는 것으로 해결할 수 있다.

플라스틱 등산화는 양말을 신고 딱 맞는 사이즈를 고르는 것이 중요하다. 회사마다 각 사이즈 사이에 반 사이즈가 나와 있지만 그 차이는 외피가 아니라 내피의 두께뿐이다. 다시 말해 사이즈가 1/2 차이라고 해도 외피 사이즈는 똑같다. 일반적으로 내피는 보온성이 좋아서 양말 두 켤레를 신을 필요가 없다. 자기에게 맞는 신발 사이즈를 고르는 요령은 다음과 같다. 먼저 저녁 시간대에 새 등산화를 신어보는 것이 가장 좋다. 종일 서 있었기 때문에 발이 약간 부어 있는 상태이기 때문이다. 다리를 펴고 일어섰을 때 내피 앞부분에 발가락이 닿는 것이 좋으며, 발목을 구부렸을 때 내피 앞부분이 별로 의식되지 않아야 한다. 발꿈치와 외피 뒷부분 사이에 손가락 두 개를 겹쳐 놓을 정도의 공간이 있어야 한다. 반면에 가죽 등산화는 신발 끈을 묶지 않고 발가락이 앞에 닿은 상태에서 뒤꿈치와 신발 사이에 가운뎃손가락 하나가 들어갈 정도의 여유가 있는 것이 좋다.

알파인 스틱

요즘 등산을 즐기는 많은 사람이 알파인 스틱을 사용한다. 하지만 스틱의 사용법을 제대로 알고 쓰는 사람은 많지 않다. 오히려 잘못 사용하여 손목 관절과 무릎 관절을 상하게 하는 경우가 많다. 산길은 평지와 다르게 경사가 있고 요철이 있으므로 걸음걸이도 다르게 해야 한다. 산길에서 가장 나쁜 걸음은 보폭이 넓은 팔자걸음이다. 가장 이상적인 걸음은 일자 걸음인데, 모델 워킹처럼 발을 몸 가운데로 모아주며 걸을 때 가장 적은 에너지로 가장 큰 힘을 낼 수 있다. 그러나 불규칙적인 장애물이 많은 산에서 계속 일자 걸음을 고수한다는 건 쉽지 않다. 이때 균형을 잡아주는 보조 장비가 스틱이다.

스틱은 균형을 잡아주고 바른 걸음을 걷게 만들어서 과도한 에너지 낭비를 막아준다. 스틱은 스키의 활주기술에서 시작되었지만, 단순한 지팡이의 역할을 넘어 중요한 등반 도구로 발전하고 있다.

알파인 스틱 사용법

팔꿈치 각도가 직각이 되도록 길이를 조절한다.

내리막에서는 올라갈 때보다 10센티미터 정도 더 길게 사용한다.

위쪽에 짚은 스틱에 상체를 의지해 오른다.

　스틱은 발목과 무릎에 실리는 무게의 30퍼센트 정도를 팔로 분산시켜 무릎 관절에 실리는 부담을 줄여준다. 또한 몸의 균형을 잡고 체력 소모를 줄여서 보행속도를 빠르게 해준다.
　배낭을 메고 경사를 오를 때 직선으로 오르기보다 지그재그로 오르면 일은 많이 하지만 에너지 소비가 감소한다. 마찬가지로 스틱을 사용하면 일은 많이 하지만 에너지가 절약된다. 다시 말해 스틱을 사용하면 팔을 좌우로 사용해서 일은 많이 하지만 힘은 덜 소모되는 결과를 가져온다. 따라서 스틱을 사용하면 전체 에너지의 15퍼센트를 줄이고 보행 속도는 높여준다. 또한 하산 중 무릎에 가해지는 충격을 줄일 수 있다.

스틱 사용법의 핵심은 스틱이 늘 무릎 앞에 있도록 하는 것이다. 내리막에서는 중력에 의해 저절로 발이 아래쪽으로 움직이며 관성에 의해 속도가 붙게 된다. 하지만 내리막에서 속도를 내는 것은 치명적인 관절 손상으로 이어진다. 따라서 내리막길에서는 스틱을 브레이크로 이용한다. 스틱으로 속도를 제어하고, 무릎관절에 걸리는 하중을 분산시키는 것이다. 또한 내리막에서 발의 모양을 11자로 하고 보폭을 좁히고 걷는다. 발을 약간 벌리는 이유는 가속도가 붙는 것을 막고 몸의 균형을 잡아주기 위해서다. 상체는 앞으로 살짝 숙이는데, 이때 머리가 약간 숙여져야 한다. 스틱은 두 개를 동시에 앞으로 내밀어 어깨보다 약간 넓은 위치에 찍는다. 스틱을 앞으로 내밀 때, 손목의 각도를 약간 죽이고 팔목을 들면서 살짝 앞으로 밀어줘야 자연스럽다.

경사에 따라 스틱에 힘을 주는 강도가 다르지만, 스틱을 손으로만 밀기보다 상체를 앞으로 숙여 몸을 스틱에 약간 기댄다는 느낌을 주는 것이 좋다. 몸이 앞으로 나갈 때는 팔이 펴진 상태에서 스틱을 밀면 안 된다. 스틱을 찍은 각도로 몸을 앞으로 기운 상태에서 자연스럽게 팔꿈치를 구부리면 팔이 몸의 충격을 흡수하게 된다. 몸과 스틱이 가까워지면 저절로 몸이 일어서게 되는데, 이때 스틱

손목 고리를 올바르게 착용한 방법

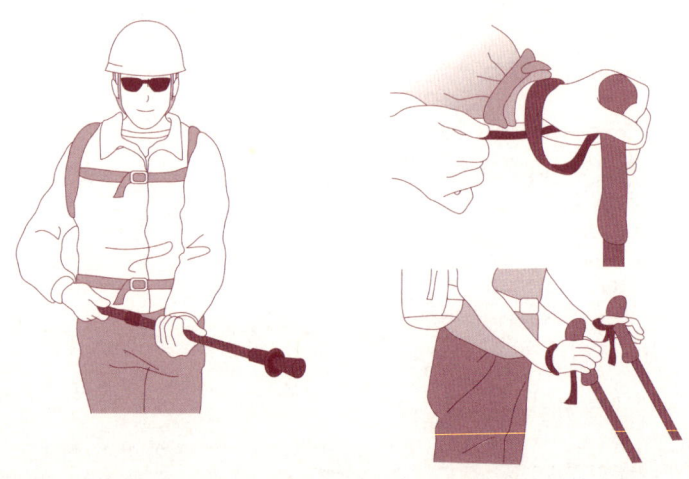

을 들어 다시 몸 앞으로 던져준다. 스틱을 너무 멀리 던지지 말아야 부드러운 보행이 가능하다. 가장 중요한 점은 몸이 스틱을 지나치게 되면 무릎에 하중이 걸리므로 꼭 스틱을 몸 앞에 둬야 한다. 산행 시에는 스틱 손잡이를 꽉 잡지 말고 날달걀 쥐듯 가볍게 감싸야 한다. 고리에 손을 넣을 때 고리 밑에서 위로 손을 넣어 손바닥 안으로 손잡이를 감싸며 줄과 함께 거머쥔다. 이때 체중이나 힘의 방향은 손잡이가 아니라 고리로 오도록 한다.

제6장
겨울산행 의류

원단 고르기

 요즘 장비점에 가면 기능성을 내세운 최첨단 의류를 다양하게 만날 수 있다. 그러나 어느 한 가지 원단이나 의류가 모든 계절의 등산이나 상황에 맞는 것은 아니다. 일반적으로 원단은 천연섬유와 합성섬유, 혼방섬유로 나눌 수 있다.

천연섬유
 면(cotton)은 일상생활에서 가장 많이 입는 옷으로 착용감이 좋고 땀을 잘 흡수하며 가격도 싸 속옷이나 티셔츠, 바지 등에 다양하게 사용되고 있다. 그러나 젖으면 좀처럼 마르지 않기 때문에 등산용으로 적합하지 않다. 이런 특성 때문에 보온성을 기대하는 것은 위험하고 저체온증 사고에는 어김없이 면제품이 등장한다. 하지만 더운 날씨에는 바람이 잘 통하고 태양을 효과적으로 차단해 준다.

 모(wool)는 보온력이 뛰어나고 물에 젖어도 어느 정도 보온력을 유지하는 장점 때문에 예전에는 겨울산행에 널리 쓰였다. 그러나 조직이 치밀하지 못해서 겨울바람에 약하고 배낭 무게 때문에 어깨와 등 부분이 짓눌려 부분적으로 보온력이 떨어진다. 따라서 최근에는 합성섬유로 많이 대체되고 있다.

 우모(down)는 거위털이나 오리털 같은 솜털과 깃털을 혼합해서 만든 제품으로 보온력과 복원력이 뛰어나서 겉옷이나 침낭의 소재로 사용된다. 우모의 성능은 솜털과 깃털의 혼합비율에 따라 복원력(fill power)의 차이가 크다.

합성섬유

천연섬유에 비해 가볍고 마찰력과 인장강도가 강하다. 하지만 열에 약하고 모에 비해 보온력이 떨어지며 물기를 잘 빨아들이지 못한다. 먼저 나일론(nylon)은 세상에서 가장 다재다능한 물질이다. 내구성이 뛰어나서 등산 장비와 의류용으로 널리 사용된다. 그러나 열과 자외선에 약한 단점을 갖고 있다. 폴리에스터와 폴리프로필렌은 땀을 배출하는 투습성이 뛰어나서 속옷으로 많이 사용된다. 그러나 방풍 기능이 떨어지고 오랫동안 입으면 옷에서 악취가 나는 경향이 있다.

혼방섬유

나일론과 면 또는 폴리에스터와 모 같은 것들을 일정 비율로 섞어 가공한 섬유로 화학섬유의 장점인 마찰력과 내구성을 가지면서 천연섬유처럼 따뜻하고 상쾌한 느낌을 준다. 먼저 플리스(fleece)는 폴리에스터계 제품으로 파일(pile)이라고도 하며 천연섬유보다 가볍고 뛰어난 보온력을 갖고 있다. 또한 물기를 잘 빨아들이지 않고 빨리 마르기 때문에 보온력이 강해서 등산 의류에 많이 사용된다. 그러나 바람과 열에 약하기 때문에 항상 겉옷을 가지고 다녀야 한다. 플리스는 폴라 플리스, 폴라 플러스, 폴라 라이트, 폴라 텍 등 용도에 따라 원단 종류가 다양하다. 최근에는 플리스의 약점인 방풍 기능을 개선한 윈드 스토퍼라는 원단을 개발하여 등산 의류에 사용하고 있다. 스판덱스(spandex)는 나일론을 비롯한 두 가지 이상의 섬유를 혼합하여 신축성이 뛰어난 섬유로서 활동성이 좋고 내구성, 발한성이 뛰어나다. 마지막으로 고어텍스(Gore-Tex)는 물방울이나 바람은 들어오지 못하면서 땀 같은 수증기는 내보내기 때문에 등산 의류에 많이 사용되지만 값이 비싸다는 단점이 있다.

속옷

등산을 하는 도중 장시간 땀을 흘리게 되는 경우가 많다. 면이나 나일론 등의 일반 직물은 격렬한 활동 후 신체로부터 발산되는 땀에 젖은 채 피부에 달라붙게 된다. 따라서 여름에는 체온이 상승하게 되고 반대로 겨울에는 체온을 떨어뜨리게 된다. 특히 속옷은 땀이나 눈, 비에 젖었을 때 바람을 맞게 되면 체온을 급속하게 저하시킨다. 젖은 옷을 입고 있을 때는 마른 옷을 입고 있을 때보다 240배나 빨리 체온을 빼앗긴다는 연구 결과가 있다. 젖은 옷의 경우 보온효과는 90퍼센트 정도 떨어진다.

속옷은 무엇보다 땀이 잘 마르고 보온성이 좋아야 한다. 면제품은 한번 젖으면 좀처럼 마르지 않기 때문에 산에서는 적합하지 않다. 모제품은 보온력과 발수성은 좋지만, 무거우며 세탁을 자주 하면 줄어든다는 단점이 있다. 겨울용 속옷으로는 폴리에스터나 폴리프로필렌 같은 합성섬유 소재가 좋다. 보온력이 우수할 뿐만 아니라 신속하게 건조되어 땀이 잘 마르고 가볍다는 장점이 있다.

겉옷

겉옷은 폴리에스터로 된 플리스 제품이 좋다. 상의의 경우 앞부분에 지퍼가 달린 점퍼 스타일과 목 부분에만 지퍼나 버튼이 달린 네크 스타일이 있는데, 점퍼스타일은 온도변화에 신속히 대응할 수 있어 편리하다. 그러나 바깥옷과 함께 입었을 경우 활동성이 떨어진다. 네크 스타일은 밑단 부분과 소매 부분에 얇고 신축성이 좋은 원단으로 단 끝을 처리하여 바깥옷을 입거나 안전벨트를 착용해도 활동성이 뛰어나며, 바람에도 강하고, 가벼운 장점이 있다. 바지 또한 신축성이 뛰어나며 보온력이 우수한 플리스 제품이 많이 사용되고 있다.

바깥옷

현재 바깥옷은 대부분 고어텍스와 같은 방수·투습 원단을 사용한 제품이 주로 사용되고 있다. 상의는 스타일에 따라 아노락, 파카, 윈드브레이커 등으로 분류한다. 아노락(anorak)은 앞쪽에 지퍼가 없이 머리부터 뒤집어쓰는 방풍의로 불편하지만 바람에 강하다. 파카(parka)는 본래 에스키모들이 입던 옷에서 유래했으며, 모자가 달려 있고 엉덩이까지 내려오는 옷으로 보온용으로 적합하다. 윈드브레이커(wind breaker) 남자용 캐주얼 셔츠에서 유래했으며, 일반적으로 비바람을 막을 수 있는 얇은 방풍의를 말한다.

모자

"발이 시리면 모자를 써라"는 오래된 격언이 있다. 몸이 추워지면 머리같이 생명에 관계되는 중요한 부분을 따뜻하게 보호하기 위해 팔이나 다리로 피를 덜 보내게 된다. 연구에 의하면 우리 몸에 있는 열의 절반은 머리로부터 빠져나간다고 한다. 모자를 쓰면 중풍 예방에 확실한 효과가 있다. 나이가 젊더라도 평소 피로하고 뒷목이 뻐근하다면 모자를 써야 한다. 추운 날씨에 야외 활동을 할 경우에는 반드시 모자를 쓰는 것이 좋다. 보온용 모자 두 개를 가지고 다니는 것이 좋다. 모자가 하나 더 있는 것이 스웨터 하나 더 입는 것만큼이나 따뜻하지만 무게는 훨씬 덜 나가기 때문이다. 바라클라바(balaclava)는 얼굴과 목을 덮을 수 있고 빙벽 등반할 때 낙빙으로부터 얼굴을 보호할 수 있다. 챙이 있는 테두리 모자는 한여름의 햇볕으로부터 얼굴을 보호해주고 겨울에는 비나 눈을 막아준다.

장갑

날씨가 추워지면 피가 말초 혈관까지 도달하기 어려우므로 손이나 발에 동상이 걸리기 쉽다. 일반적으로 부피가 큰 벙어리장갑은 따뜻하지만 민첩성이 떨어진다. 따라서 얇은 손가락장갑, 벙어리장갑, 마지막으로 오버미턴을 겹쳐 끼면 필요할 때마다 한 겹씩 벗어서 사용할 수 있다. 벙어리장갑과 오버미턴에 안전 끈을 달아놓으면 바위를 오르거나 선크림을 바를 때 도움이 된다. 영하 18도 정도 되는 추위에는 금속을 잡을 때 맨살이 들러붙게 되므로 반드시 장갑을 끼고 움직여야 한다.

양말

사실 등산에서 가장 중요한 역할을 하는 신체 부위는 발이지만, 가장 괄시받고 신경을 덜 쓰는 부분 또한 발이기도 하다. 양말은 발을 따뜻하게 해주고 등산화와 발의 마찰을 줄여준다. 합성섬유나 모로 만든 양말은 이런 기능을 발휘하지만, 면제품은 금세 축축해지고 발에 잘 붙어서 피부에 물집이 생기게 한다. 등산화는 통기성이 없으므로 양말은 땀을 잘 흡수해야 한다. 합성섬유는 모로 만든 양말보다 빨리 마른다. 여름에는 흡습성이 좋은 소재를 선택하고 겨울에는 땀이 덜 차고 보온력이 우수한 양말을 신는 것이 좋다. 최근에는 아크릴섬유, 드랄론, 나일론과 폴리에스터 혼방섬유, 쿨맥스, 써맥스 등의 소재로 된 양말들이 많이 나와 있다.

아크릴섬유로 짠 양말은 가볍고 울에 가까운 감촉이 있어서 사계절 모두 이용할 수 있다. 쿨맥스 소재는 표면적이 일반섬유보다 20퍼센트 정도 더 커서 피부로부터 수분을 빨아들여 증발시키기 때문에 여름에 사용하는 것이 좋다. 미국 듀폰사가 개발한 써맥스는 발 주위에 따뜻한 공기층을 형성해 열 손실을 막아주기 때문에 겨울용 양말에 적합하다. 독일 바이엘사가 개발한 드랄론은 땀이 차지 않아 보온성이 우수하고 가볍지만 보푸라기가 발생하는 단점이 있다.

겨울산행에서는 보통 두 켤레의 양말을 신는다. 맨살에 닿는 속양말은 땀을 배출시켜 발을 건조하게 만드는 제품을 신는다. 실크 양말은 내구성이 약하지만 단열 효과가 좋고 가벼워서 속 양말로 신기에 적합하다. 겉 양말은 속 양말에서 나온 땀을 흡수하고 신발 사이의 완충 작용을 하도록 두꺼운 제품을 신는다. 이때 중요한 것은 어떤 상황이든 발가락을 충분히 꼬물거릴 수 있도록 여유가 있어야 한다. 앞발가락에 여유가 없으면 피가 잘 통하지 않아 동상에 걸리기 쉽다. 양말을 선택할 때는 소재도 중요하지만 발목 부위의 밴드 처리와 앞꿈치의 박음질, 뒤꿈치의 충격 흡수 기능을 꼼꼼하게 살펴야 한다. 밴드는 흘러내림을 방지하지만 너무 조이는 것은 피해야 한다. 또한 뒤꿈치 부분을 두껍게 짠 양말은 내려올 때 충격을 줄여준다.

겹쳐 입기

옷을 겹쳐 입는 방식을 레이어링 시스템(layering system)이라고 하며 원단의 효율성과 옷의 다양성을 극대화한 것이다. 세 겹으로 옷을 겹쳐 입기가 가장 보편적이다. 첫 번째는 맨살 위에 입어서 땀을 잘 배출시키는 속옷, 두 번째는 몸 바깥에 따뜻한 공기를 가둬 보온력을 유지시키는 겉옷, 마지막으로 비와 바람, 눈으로부터 인체를 보호하는 바깥옷을 들 수 있다. 속옷은 먼저 한기를 막아줄 수 있어야 한다. 폴리프로필렌 속옷은 보온성이 좋지만 다소 까칠

하고 오래 입으면 악취가 나는 경향이 있다. 따라서 최근에는 더 보드랍고 냄새가 덜 나는 폴리에스터 소재를 속옷으로 사용하고 있다. 겉옷 상의는 젖어도 따뜻함을 유지해주는 소재가 좋으며 하의는 동작이 자유롭고 신축성 있는 소재가 좋다. 따라서 겉옷 상의는 울이나 폴리에스터나 폴리프로필렌 같은 합성섬유로 된 재킷이 좋으며, 하의로는 울이나 플리스로 된 소재가 적당하다.

바깥옷은 단열성은 떨어져도 방풍, 방수, 통기성을 지닌 것이 이상적이지만 아직 모든 기능을 충족시키는 소재는 없는 형편이다. 기적의 섬유라 불리는 고어텍스도 방풍, 방수, 통기성은 우수하지만 땀을 완전히 배출시키지는 못한다. 바깥옷을 구입할 때는 겉옷을 껴입어도 동작에 지장이 없을 정도로 여유가 있는 사이즈를 골라야 한다. 옷에 부착된 후드는 시야를 가리지 않아야 하며 목과 얼굴에 빗물이 떨어지지 않는 제품을 골라야 한다. 또한 통기성을 돕기 위해 겨드랑이 부분에 지퍼가 달려 개폐가 용이하도록 되어 있어야 하며, 재봉선은 물이 새지 않도록 방수 봉합처리가 되어 있어야 한다. 상의는 엉덩이를 덮을 수 있을 만큼 길어야 하고, 소매 길이도 팔을 높이 올렸을 때 손등을 덮을 정도로 길어야 한다. 또한 끝단은 벨크로 테이프가 부착되어 있어 눈이나 바람을 막을 수 있는 제품이 좋다.

등산은 활동량이 많은 운동이다. 따라서 온몸이 땀으로 흠뻑 젖기도 한다. 평지와 산은 기온 차이가 크게 나기 때문에 한여름에도 추위에 대비해야 한다. 특히 겨울철은 눈과 바람, 기온에 의해 등산의류에 더욱 신경을 많이 써야 한다. 그럼 등산에 적합한 옷은 어떤 조건을 갖추어야 할까? 첫째 보온이 잘 돼야 한다. 둘째 활동하기에 편하고 가벼워야 한다. 셋째 비와 눈, 바람을 막아 줄 수 있어야 한다. 넷째 땀을 잘 흡수하고 밖으로 쉽게 내보낼 수 있어야 한다. 또한 물에 잘 젖지 않고 젖은 다음에도 쉽게 말라야 한다. 다섯째 바느질한 부분이 튼튼하고 마찰에 강해야 한다. 여섯째 부피가 작고 입고 벗기에 편해야 한다.

제7장
설벽등반 기술

피켈 사용법

피켈 휴대 방법

피켈은 흉기라는 점을 명심하고 항상 조심해서 가지고 다녀야 한다. 스파이크나 피크의 날카로운 부분이 자신이나 다른 사람에게 치명적인 상처를 줄 수도 있기 때문이다. 피크, 애쯔, 스파이크에 보호대를 끼운다. 피켈을 사용하지 않을 때는 배낭에 달아맨다. 배낭의 가운데 있는 피켈 고리에 끼워 샤프트를 위로 올리고 배낭의 스트랩으로 묶어둔다. 눈이나 바위, 경사진 관목 지대를 번갈아 오를 때는 두 손을 자유롭게 사용해야 한다. 이런 경우 피켈을 등과 배낭 사이에 대각선으로 찔러 넣으면 된다. 이때 스파이크가 아래쪽으로 향하게 하고 헤드가 목에 닿지 않도록 배낭의 두 어깨 멜빵 사이에 비스듬하게 꽂으면 된다. 그리고 필요할 때마다 재빨리

피켈 휴대 방법

배낭의 피켈 고리에
피켈을 끼운 모습

손에 들고 다닐 때
샤프트를 잡은 모습

등과 배낭 사이에
대각선으로 찔러 넣은 모습

꺼내 사용한 후 본래의 위치대로 다시 넣는다. 손에 들고 다닐 때는 스파이크가 앞쪽으로 향하고 피크를 약간 아래쪽으로 내린 다음 샤프트를 손으로 잡아 뒤에 오는 사람을 찌르지 않도록 한다.

피켈 잡는 방법

피켈을 잡는 방법에는 세 가지가 있다. 먼저 감싸 잡기는 엄지손가락을 애쯔 아래쪽에 놓고 손바닥과 나머지 손가락들은 샤프트와 만나는 피크위에 놓는다. 애쯔는 앞쪽을 향하도록 하면 추락할 때 곧바로 제동 동작을 취할 수 있다. 그래서 영어로는 자기 제동(self-arrest)이라고 한다. 다음으로 지팡이 잡기는 피켈의 날을 앞으로 향하도록 한 다음 손바닥을 애쯔 위에 올려놓고 엄지와 검지 사이에 날을 둔 채 나머지 세 손가락으로 애쯔를 감싸 잡는다. 이를 프랑스 기술로 '삐올레 깐느(pilot canne)'라고 하는데 삐올레는 피켈, 깐느는 지팡이를 뜻한다. 영어로는 자기 확보(self-belay)라고 한다. 지팡이 잡기로 피켈을 쥐고 있다가 미끄러지면 즉시 샤프트를 움켜잡고 순간적으로 헤드를 180도로 돌려 감싸 잡기로 전환해야 한다. 마지막으로 경사가 급한 곳에서는 두 손 잡기를 한다. 한

피켈 잡기

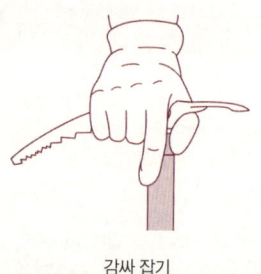

감싸 잡기

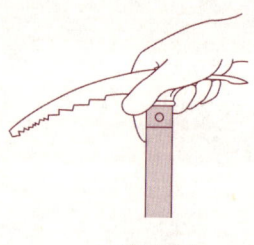

지팡이 잡기

손으로 피켈의 헤드 부분을 잡고 다른 손으로 자루 끝 부분을 잡아 피켈이 가슴 앞에 가로로 놓이도록 한다. 경사가 더욱 급한 곳에서는 두 손으로 피켈의 헤드와 애쯔 부분을 동시에 잡고 샤프트를 눈 속에 박으면서 오르기도 한다.

기본적인 보행기술

균형 잡기

설사면에서 가장 안정된 자세는 체중을 앞발은 발의 앞꿈치 부분에 두고 뒷발은 뒤꿈치 부분에 두는 것이다. 균형을 잡고 오른다는 것은 이 상태에서 체중을 한 지점에서 다른 지점으로 이동하는 것이다. 설사면 보행은 두 단계의 연속 동작으로 이루어진다. 안정된 자세에서 불안정한 자세로, 그리고 다시 안정된 자세로 돌아오

균형 잡고 오르기

안정된 자세에서 피켈을 짚는다.

피켈로 몸의 균형을 잡으면서 한 단계 진행한다.

다시 한 단계 나가면서 아래쪽에 있던 피켈을 위쪽에 꽂는다.

는 것이다. 이때 피켈을 설사면 위쪽에 두고 두 걸음을 옮긴 다음, 다시 위쪽에 피켈을 꼽는다. 체중은 다리에 실어야 하며 설사면에 기대는 자세는 피해야 한다.

킥 스텝

킥 스텝(kick step)은 최소의 에너지를 이용해 등산화로 눈을 걷어차 발디딤을 만들면서 오르는 기술이다. 가장 효율적인 발차기 기술은 움직이지 않는 발의 무릎을 곧게 편 상태에서 다른 쪽 다리의 근육을 이용하지 않고 신발의 무게를 이용해 그네처럼 흔들어 그 반동으로 걷어차는 것이다. 이때 발뒤꿈치가 위로 들리거나 아래로 처지면 미끄러지기 쉬우므로 발을 수평으로 차야 한다. 눈이 단단하게 굳은 곳에서는 한 곳을 여러 번 걷어차 확실한 발디딤을 만들어야 한다. 일반적으로 똑바로 올라갈 때는 발의 볼이 충분히 들어갈 정도의 계단을, 비스듬히 올라갈 때는 발의 반 정도가 들어갈 계단을 만들어야 한다. 계단은 수평으로 만드는 것이 좋지만, 계단의 면적이 작을수록 설사면 쪽으로 기울어져야 한다. 킥 스텝은 간격이 일정하고 좁아야 뒤에서 올라오는 사람들이 편하다. 또한 뒤에서 올라오는 사람도 킥 스텝으로 눈을 다져서 발디딤을 보강해준다.

레스트 스텝

레스트 스텝(rest step)이란 경사진 산길을 오를 때 피로해진 다리 근육을 잠시나마 쉬게 하고 가쁜 숨을 진정시키기 위해 발걸음을 내디딜 때마다 한쪽 다리를 쉬게 하면서 걷는 방법이다(1장의 등산과 걷기 참조). 산행 도중 다리와 허파를 조금이라도 회복시키려면 레스트 스텝을 이용해야 한다.

크램폰 차고 걷기

겨울산행에서 사용하는 크램폰은 대부분 발톱이 4개로 발바닥의 움푹 들어간 부분에 체중이 실리기 때문에 오랫동안 걸으면 발바닥이 쉽게 피로해진다. 따라서 겨울철 등산화는 가능하면 밑창이 두껍고 딱딱한 것을 신는다. 먼저 무릎의 충격을 줄이기 위해 자세를 낮추고 크램폰 발톱이 모두 박히도록 발바닥 전체로 딛는다. 특히 얼음 위를 걸을 때는 두 발 사이를 약간 벌리고 발을 옮길 때도 끌지 말고 들었다 놓는 것처럼 걸어야 한다. 그 이유는 발을 옮길 때 반대편 발의 크램폰에 걸리지 않고 발톱이 얼음에 잘 박히도록 해주기 때문이다.

눈길 헤쳐나가기

겨울산행을 하다 보면 갑자기 눈이 많이 내려 그대로 쌓이기도 하는데, 이럴 때 깊은 눈을 헤치고 다지면서 길을 만드는 것을 러셀(russel)이라고 한다. 허벅지 이상 빠지는 깊은 눈에서는 가슴과 손으로 상체를 이용해 앞에 있는 눈을 다진다. 그리고 뒤로 약간 넘어지면서 뒤쪽 눈을 다져 발과 무릎을 최대한 올려 딛는다. 이때 발을 한 번에 빼는 것이 아니라 무릎을 구부려 딛고 몸이 눈 밖으로 어느 정도 빠져 나왔을 때 반대쪽 발을 빼서 무릎으로 기듯 눈을 다진다. 그런 다음 뒷발을 빼면서 올려 딛는다. 눈이 깊을 경우 알파인 스틱을 이용해 체중을 분산시키는 것도 좋은 방법이다. 스틱의 끝 부분인 바스켓에 넓은 스노우링을 사용하면 깊이 빠지는 일이 약간 줄어든다.

발디딤 만들기

경사가 급한 눈길에서는 아무리 허우적거려도 발판이 없으면 절대 앞으로 나아갈 수 없다. 발판을 만드는 방법은 먼저 앞쪽에 있는 눈을 손이나 피켈로 긁어내려 무릎을 들어 올리기 쉽게 만든 다음 긁어내린 눈을 발로 잘 다진다. 그런 다음 조심스럽게 발판 위로 올라서서 다시 앞의 눈을 긁어내리고 같은 동작을 되풀이한다.

설사면 오르기

설사면 등반에서 고려해야 할 점은 속도와 균형, 그리고 체력 안배다. 악천후, 눈사태, 낙석, 낙빙의 위험 등의 위험한 상황에서 가장 중요한 것은 크램폰과 피켈을 이용하여 적절한 기술을 사용하여 난관을 돌파해야 한다. 일반적으로 사면의 경사도와 얼음과 눈의 조건, 자신의 능력에 따라 프랑스식 기술과 독일식 기술을 사용한다. 두 기술의 차이점은 사면의 경사도와 크램폰을 어떤 형태로 사용하느냐에 달려 있다.

기본적으로 프랑스식 기술은 완만한 경사에서 크램폰의 발톱을 모두 사용하는 플랫 푸팅 자세를 말하고, 독일식 기술은 가파른 경사에서 크램폰의 앞발톱을 이용하는 프런트 포인팅 자세를 말한다. 먼저 경사도에 따라 크램폰과 피켈을 사용하는 기술은 다음과 같다. 여기서 프랑스어로 '삐에'는 발, '삐올레'는 피켈을 의미한다.

경사도에 따른 크램폰과 피켈의 사용방법

장비	기술	경사도
크램폰	걷기(삐에 마르쉐)	완만함(0~15도)
	오리걸음(삐에 당 까나르)	완만함(15~30도)
	플랫 푸팅(삐에 다 쁠라)	중간 경사(30~60도)
	휴식 자세(삐에 다시)	가파름(60도 이상)
	3시 방향 자세(삐에 뜨루아지엠)	가파름(60도 이상)
	프런트 포인팅(독일식 기술)	수직 이상(90도 이상)
피켈	지팡이 자세(삐올레 깐느)	완만함(0~45도)
	대각선 자세(삐올레 라마스)	중간 경사(30~45도)
	말뚝 자세(삐올레 망쉐)	중간 경사(45~60도)
	수평 자세(삐올레 보레)	가파름(45도 이상)
	낮은 대거 자세(삐올레 빤느)	가파름(45~55도)
	높은 대거 자세(삐올레 뽀야나르)	가파름(50~60도)
	앵커 자세(삐올레 앙끄르)	매우 가파름(60도 이상)
	트랙션 자세(삐올레 뜨락시옹)	매우 가파름(60도 이상)
	뒷받침 자세(삐올레 아쀼)	내려가기
	난간 자세(삐올레 람쁘)	내려가기

크램폰을 사용해 자세를 취하는 방법에는 걷기, 오리걸음, 플랫 푸팅, 휴식 자세, 3시 방향 자세, 프런트 포인팅이 있다.

걷기

일반적으로 설벽에서 발로 걷는 자세를 말하며 크램폰을 11자로 하고 크램폰 발톱이 모두 박히도록 발바닥 전체로 딛는다. 프랑스식 기술로는 '삐에 마르쉐(pied marche)'라고 한다.

삐에 마르쉐	삐에 당 까나르
	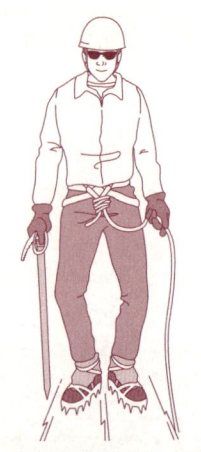
직선으로 걷는다.	피켈을 지팡이 자세로 잡고 오리걸음으로 걷는다.

오리걸음

경사가 더 급해지면 발을 11자로 나란하게 해서 오르기가 어려워진다. 이런 경우 오리걸음처럼 발 앞부분을 바깥쪽으로 벌려서 걸으면 더 편하다. 프랑스식 기술로는 '삐에 당 까나르(piet en canard)'라고 한다.

플랫 푸팅

이것은 크램폰의 발톱을 모두 사면에 박는 기술로 완만한 경사의 빙설벽을 오르기 위한 방법이다. 이것은 가장 쉽고 효율적인 방법이지만 균형과 리듬, 관절의 유연성, 그리고 크램폰과 피켈을 잘 사용해야 한다. 때로 발목을 잘 구부리는 동작이 필요한데 발목이 나긋나긋한 등산화가 플랫 푸팅 동작을 하기에 쉽다. 경사면이 가팔라질수록 등산화를 산 아래쪽으로 향하도록 한다. 이때 발의 바

삐에 다 쁠라

피켈을 지팡이 자세로 잡고 크램폰을
사면에 따라 평평하게 딛는다.

끝쪽이나 안쪽의 발톱이 먼저 경사면에 닿지 않도록 주의한다. 프랑스식 기술로는 '삐에 다 쁠라(piet a plat)'라고 한다. 플랫 푸팅 기술은 얼어붙은 눈, 눈 위에 얇게 덮인 얼음, 연하거나 썩은 얼음에서 더 안전하다. 크램폰 발톱이 많이 박히기 때문이다.

휴식 자세

가파른 경사면을 삐올레 앙끄르나 삐올레 뜨락시옹 같은 자세로 올라가다 보면 허벅지에 대부분 체중이 실린다. 이때 다리 근육을 쉬게 해주는 프랑스식 기술로 '삐에 다시(piet assis)'라고 한다. 균형을 잡은 상태에서 산 아래쪽 발을 직각으로 구부리고 다른 쪽 발을 엉덩이 밑으로 오게 한 다음 뒤꿈치에 앉아서 체중을 지탱하도록 한다.

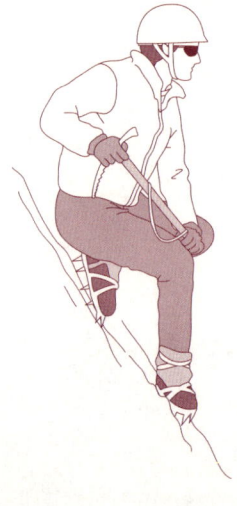

삐에 다시

균형을 잡은 상태에서 휴식 자세를 취한다.

3시 방향 자세

이것은 플랫 푸팅과 프런트 포인팅을 혼합한 강력한 기술로 한 발은 프런트 포인팅을 하면서 다른 발은 플랫 푸팅으로 옆을 향하게 한다. 흔히 3시 방향 자세(오른쪽 발이면 3시 방향이고 왼쪽 발

삐에 뜨루아지엥

플랫 푸팅(오른발)과 프런트 포인팅(왼발)을 같이 사용한다.

이면 9시 방향)라고 하며, 프랑스식 기술로 '삐에 뜨루아지엥(pied troisieme)'이라고 한다. 3시 방향 기술은 발을 바꿔 가면서 오르는 방법으로 프런트 포인팅만 하는 것보다 근육의 피로를 줄여주고 체중을 분산시킨다. 연한 눈이 얼음이나 굳은 눈을 덮고 있는 곳에서는 3시 방향 기술이나 프런트 포인팅 기술을 사용하면 크램폰 발톱이 표면을 뚫고 들어가 안쪽의 굳은 곳에 박히게 할 수 있다.

프런트 포인팅

이 기술은 1932년 이탈리아의 로랑 그리벨이 크램폰의 대혁명이라 할 수 있는 12발톱짜리 크램폰을 만든 이후에 독일과 오스트리아의 산악인들에 의해 발전되었다. 프런트 포인팅(front-pointing)은 설사면을 킥 스텝으로 오르는 것과 유사하다. 그러나 킥 스텝이 등산화를 눈 속으로 차는 것에 비해 프런트 포인팅은 크램폰의 앞 발톱을 얼음 안으로 차서 박히게 하는 것이다. 프랑스식 기술과 마찬가지로 크램폰 위에 체중을 잘 안배해 균형된 자세를 잡아야 한다. 플랫 푸팅 기술에서는 허벅지 근육에 대부분의 하중이 걸리는 반면, 프런트 포인팅 기술에서는 주로 종아리 근육에 의지한다. 하지만 종아리 근육은 훨씬 빨리 피로해진다.

프런트 포인팅은 크램폰의 앞발톱뿐만 아니라 두 번째 발톱도 사용한다. 등산화 바닥이 얼음 표면과 직각인 상태에서 뒤꿈치를 약간 아래로 내림으로써 두 번째 발톱이 얼음에 잘 박히도록 한다. 이때 종아리 근육의 부담을 줄이기 위해 무릎을 약간 구부린다. 프런트 포인팅에서 가장 중요한 점은 뒤꿈치를 올리고 싶은 유혹을 이겨내는 것이다. 뒤꿈치는 보통 실제보다 낮다고 여겨지기 때문에

올바른 프런트 포인팅 자세

뒤꿈치를 올리면 두 번째 발톱이 얼음에서 빠지게 되고, 첫 번째 발톱도 위태롭게 만들어 종아리의 피로를 촉진시킨다. 특히 가파른 얼음의 꼭대기를 넘어서 완만한 사면으로 넘어갈 때 더욱 조심해야 한다. 이때 긴장을 풀고 서둘러 뒤꿈치를 올리는 경향이 있는데, 크램폰의 앞 발톱이 미끄러지면서 추락하는 사고가 발생하기 때문이다. 크램폰을 사용하는 기술과 발의 위치를 알 수 있는 가장 좋은 방법은 톱 로핑으로 연습하며 경험 많은 산악인에게 조언을 얻는 것이다.

일반적으로 두 가지 흔한 실수를 주의해야 한다. 크램폰을 얼음에 너무 세게 차는 것과 한 지점을 계속해서 차는 것이다. 그렇게 되면 종아리가 너무 피로해지고 얼음을 부수어서 좋은 발홀드를 찾기 힘들어진다. 일단 크램폰을 얼음 속에 박으면 발톱이 얼음에서 빠져 나오지 못하도록 발을 움직이지 않는 것이 중요하다.

피켈을 사용하여 빙설벽을 오르는 방법에는 지팡이 자세, 대각선 자세, 말뚝 자세, 수평 자세, 낮은 대거 자세, 높은 대거 자세, 앵커 자세, 트랙션 자세, 그리고 마지막으로 내려갈 때 사용하는 뒷받침 자세와 난간 자세가 있다.

지팡이 자세

경사가 낮거나 완만한 곳에서는 피켈의 헤드를 지팡이를 잡듯이 하고 발은 플랫 푸팅 자세로 올라가는 방식을 말한다. 매번 이동하기 전에 피켈을 확실하게 잡아서 자기 확보 자세가 되도록 한다. 프랑스식 기술로 '삐올레 깐느(pilot canne)'라고 한다.

삐올레 깐느

피켈을 지팡이 자세로 잡고 오른다.

대각선 자세

경사가 약간 가파른 곳에서는 곧장 오르는 것보다 비스듬하게 대각선으로 오르는 것이 편리하다. 한 손으로 피켈의 헤드 부분을 잡고 다른 손은 샤프트 부분을 잡은 상태에서 스파이크를 사면에 찔러 넣는다. 이때 피켈은 사면과 직각으로 만들고 등반자의 몸 앞을 사선으로 가로지른다. 발은 등산화의 옆모서리를 이용해 굳은 눈을 차 발디딤을 만들면서 올라간다. 비스듬하게 올라갈 때는 앞쪽의 발을 디디면 체중이 두 발에 같이 실려 균형 있는 자세가 되

삐올레 라마스

대각선 자세로 피켈을 잡고 오른다.

지만, 뒤쪽 발을 디딜 때는 체중이 한쪽 다리에만 걸려 균형을 잃기 쉽다. 따라서 앞쪽 발을 옮긴 다음 안정된 자세에서 피켈을 이동해야 하고 뒤쪽 발을 옮길 때는 체중을 피켈에 의지하는 것이 좋다. 이때 주의해야 할 점은 피켈의 피크가 몸쪽을 향하지 않아야 한다. 프랑스식 기술로는 '삐올레 라마스(pilot ramasse)'라고 한다.

말뚝 자세

경사가 45도 이상 되는 곳에서는 두 손으로 피켈의 헤드와 애쯔 부분을 잡고 샤프트를 눈 속에 깊이 찔러 넣으며 말뚝을 꽂는 자세로 오르기도 한다. 이때 발은 보통 걷는 방법(삐에 마르쉐)이나 굳은 눈을 차고 오르는 킥 스텝 자세를 취한다. 프랑스식 기술로는 '삐올레 망쉐(pilot manche)'라고 한다.

삐올레 망쉐

말뚝 자세로 피켈을 잡고 오른다.

수평 자세

이것은 부드러운 눈이 굳은 눈을 덮고 있는 사면에서 효과적인 기술이다. 한 손은 피켈의 헤드 부분을 잡고 다른 손은 샤프트의 끝을 잡는다. 위쪽의 눈에 피켈을 수평으로 넣으면서 피크는 아래쪽을 찍고 샤프트는 몸과 직각을 이루게 한다. 그러면 피크는 아래쪽의 굳은 눈을 찍고 샤프트는 표면의 부드러운 눈을 잡아준다. 프랑스식 기술로는 '삐올레 보레(pilot borre)'라고 한다.

삐올레 보레

수평 자세로 피켈을 잡고 오른다.

낮은 대거 자세

대거(dagger) 자세는 굳은 눈이나 비교적 연한 얼음에서 사용하는 기술이다. 단단한 얼음에서는 잘 되지 않는데, 그 이유는 피크를 찔러 넣는 동작에 그다지 힘이 들어가지 못해서 잘 박히지 않기 때문이다. 피켈의 애쯔를 지팡이 자세로 잡고 피크를 허리 높이 정도로 찔러 넣는다. 이 자세는 간단한 프런트 포인팅 동작이 필요한 짧고 경

삐올레 빤느

낮은 대거 자세와 프런트 포인팅으로 오른다.

사진 구간을 통과할 때 이용한다. 프랑스식 기술로는 '삐올레 빤느(pilot panne)'라고 한다.

높은 대거 자세

이 기술은 낮은 대거 자세와 같지만 피크를 찔러 넣는 부분이 어깨 높이로 다르다. 낮은 대거 자세로 피크를 찔러 넣기에는 사면의 경사가 너무 섰을 때 이용한다. 프랑스식 기술로는 '삐올레 뽀야나르(pilot poignard)'라고 한다.

높은 대거 자세와 프런트 포인팅으로 오른다.

앵커 자세

단단한 얼음이나 가파른 사면에서 크램폰의 앞발톱으로 서서 피켈의 샤프트를 스파이크 부분에 잡고 가능하면 높게 휘둘러 피크를 박는다. 샤프트를 조금씩 위로 잡으며 크램폰의 앞발톱을 이용

삐올레 앙끄르

피켈을 박는다.

피켈의 애쯔 부분을 감싸잡기로 잡는다.

손을 바꿔 애쯔에 얹은 손을 낮은 대거 자세로 바꾼다.

해 위로 올라간다. 어느 정도 올라가면 다른 손으로 피켈의 애쯔 부분을 감싸잡기로 잡는다. 마지막으로 애쯔가 허리 높이에 오면 애쯔에 얹은 손을 낮은 대거 자세로 바꾼 다음 피켈을 빼서 더 높은 곳에 박는다. 프랑스식 기술로는 '삐올레 앙끄르(pilot ancre)'라고 한다.

트랙션 자세

매우 경사가 심하고 단단한 얼음에서 사용하는 기술이다. 피켈의 스파이크 부분을 잡고 얼음 위에 높이 박는다. 피켈을 아래로 가

삐올레 뜨락시옹

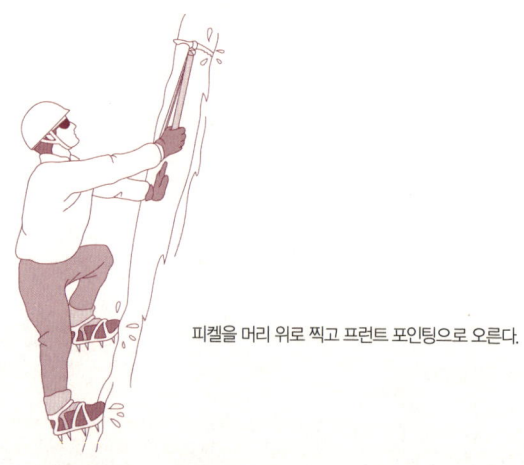

피켈을 머리 위로 찍고 프런트 포인팅으로 오른다.

볍게 당기며 프런트 포인팅으로 올라간다. 이때 샤프트를 움직이지 않도록 주의해야 한다. 프랑스식 기술로는 '삐올레 뜨락시옹(pilot traction)'이라고 한다.

일반적으로 앵커 자세를 제외하면 프런트 포인팅을 하면서 오르는 모든 피켈 기술은 동시에 두 개의 피켈을 사용한다. 양손은 피켈로 같은 자세를 취하거나 다른 자세를 취할 수도 있다. 예를 들어 양손 모두 낮은 대거 자세로 오를 수도 있고, 한 손은 높은 대거 자세로 다른 손은 트랙션 자세로 피켈을 잡을 수도 있다.

설사면 내려가기

험한 산길이나 바위에서도 내려가기란 항상 위험하고 불안하다. 경사가 심한 눈길이나 경사가 완만한 빙벽에서는 균형을 잡기가 더

삐올레 뜨락시옹

두 개의 피켈로 낮은 대거 자세를 취하며 프런트 포인팅으로 오르기

왼손은 트랙션 자세, 오른손은 높은 대거 자세를 취하며 프런트 포인팅으로 오르기

힘들다. 피켈을 아래로 꽂아야 하고 올라갈 때보다 불편한 스탠스와 손홀드에 의지해야한 한다. 따라서 내려가기 기술을 잘 익혀야 안전하고 재미있는 겨울산행을 즐길 수 있다. 설사면에서 사용하는 기술로는 플런지 스텝이나 글리세이딩 방법이 있다. 완만한 경사의 빙벽을 내려오기 위해서는 지팡이 자세, 대각선 자세, 뒷받침 자세, 난간 자세, 앵커 자세 등의 프랑스식 기술과 다운 클라이밍의 독일식 기술이 있다.

플런지 스텝(찍어 딛기)

내려가기 기술도 올라갈 때와 마찬가지로 눈의 굳기와 경사도에 의해 결정된다. 중간 이하의 경사를 가진 부드러운 눈에서는 그저 아래를 보고 걸어 내려가면 된다. 설사면이 단단하거나 경사가 심

설사면을 플런지 스텝으로 내려가기

완경사의 사면을 플런지 스텝으로 내려가는 자세

급경사의 사면을 자기 확보를 하면서 내려가는 자세

해지면 발을 찍어서 내려가는 플런지 스텝(plunge step)을 이용한다. 몸을 아래로 향한 채 사면에서 발을 떼어 다리를 수직으로 내리며 발뒤꿈치를 힘차게 내딛는다. 이때 체중을 다음 위치로 과감하게 옮기고 사면으로 눕는 자세를 피해야 한다. 불안정한 스텝이나 사면에 기대는 듯한 자세는 미끄러지기 십상이다. 무릎을 얼마나 구부리느냐는 경사면의 각도와 눈 표면의 굳은 정도에 따라 달라진다. 플런지 스텝을 할 때는 일정한 리듬을 유지하는 것이 균형을 잡는 데 도움이 된다. 피켈은 지팡이 잡기나 감싸 잡기로 쥐고 스파이크를 눈 표면에 가까이 들고 있다가 언제든지 뻗어서 짚을 태세를 갖추어야 한다. 가장 중요한 점은 자신 있게 걸어야 스텝이 깊이 파인다는 것이다. 반면 연하고 깊은 눈에서는 너무 깊게 파이면 다리가 빠져 앞으로 고꾸라질 염려가 있다. 경사가 더욱 심한 경우에는 피켈을 아래쪽에 박아서 웅크리는 자세로 내려가야 한다.

글리세이딩

　설사면에서 속도를 통제할 수 있다면 글리세이딩(glissading)이 제일 쉽고 빠르게 내려올 수 있는 방법이다. 그러나 통제력을 잃는다면 매우 위험한 방법이라는 것을 명심해야 한다. 글리세이딩 전에 크램폰을 벗고 방수가 되는 오버 트라우저와 장갑을 착용한다. 내려오는 도중 피켈을 잘 통제해야만 한다. 피켈을 끈으로 연결하고 있으면 손에서 놓쳤을 때 피켈에 부상당할 위험이 있으며, 끈을 사용하지 않으면 눈 속에서 피켈을 잃어버릴 염려가 있다.

　글리세이딩을 효과적으로 하기 위해서는 몇 가지 기술을 익혀야 한다. 즉 스키를 타고 내려올 때처럼 턴을 하거나 경사가 심한 곳에서는 속도를 조절하기 위해 플런지 스텝으로 잠깐 멈춘다거나 또는 플런지 스텝을 이용하여 다른 방향으로 몸을 돌려서 다시 글리세이딩을 하는 것 등이다. 때로 부드러운 눈 속에서 글리세이딩을 하다보면 설사면 표층의 눈더미와 함께 미끄러져 내리는 경우가 있다. 이것을 '눈사태 쿠션'이라고 하는 작은 눈사태인데, 이때 중요한 점은 계속 내려가도 안전한지를 판단하는 것이다. 움직이는 눈더미의 경우 10센티미터 깊이만 되어도 피켈의 스파이크를 찔러 넣어도 자기 제동은 통하지 않는다. 작은 눈사태가 안전하지 못하고 판단하거나 속도를 제어하지 못하면 즉시 빠져나와야 한다.

　글리세이딩에는 세 가지 방법이 있다. 즉 앉아서 하는 글리세이딩, 서서 하는 글리세이딩, 구부린 상태에서 하는 글리세이딩 방법이 있다. 어떤 방법을 사용할지는 눈과 경사면의 상태, 그리고 자신의 기술 수준에 달려 있다. 앉은 자세는 눈 속에 빠질 위험이 큰 부드러운 설사면에 적합하다. 눈 위에 똑바로 앉아 무릎을 구부리고 등산화의 바닥을 표면에 붙인 다음 피켈을 감싸 잡기 자세로 한다. 속도를 조절하기 위해서는 피켈의 스파이크를 한쪽 옆의 눈에 박고 눌러주면서 속도를 조절한다. 이때 피켈의 헤드가 아래로 수그러지지 않도록 한다. 정지할 때는 스파이크를 써서 속도를 줄이면서 발뒤꿈치로 눈을 파고 들어 간다. 비상 정지를 하려면 몸을 돌려 자기 제동 자세를 취한다. 앉은 자세로 방향을 트는 것은 거의 불가능하다. 장애물을 통과하는 최선의 방법은 일단 정지한 다음, 장애물을 비켜난 곳에서 다시 글리세이딩을 하는 것이다.

서서 하는 자세는 굳은 눈 위에 부드러운 눈이 덮인 곳에서 가장 효과적이다. 옷이 젖지 않고 기동성이 가장 뛰어난데, 이는 스키 활강과 비슷하기 때문이다. 서서 상체를 약간 웅크린 상태에서 무릎을 구부리고 팔을 벌린다. 이때 발바닥으로 균형을 잡는데, 안정감을 높이기 위해 한 발을 다른 발보다 약간 앞으로 놓는다. 속도를 줄이거나 정지하기 위해서는 몸을 세우고 발뒤꿈치로 파고 들어

글리세이딩

앉은 자세   선 자세   구부린 자세

가면서 발을 옆으로 돌려 모서리가 눈 속에 파묻혀야 한다. 특히 눈의 성질이 달라지는 곳에서는 조심해야 한다. 갑자기 눈이 부드러워지거나 경사가 완만한 곳에서는 머리와 상체가 다리를 앞질러 가기 때문에 한 발을 내밀면서 균형을 잡아주어야 한다. 반대로 갑자기 눈이 굳어지는 곳이나 얼음층이 드러난 곳을 만나면 몸을 앞으로 숙여 미끄러지지 않도록 한다.

 구부린 상태에서 하는 글리세이딩은 등을 구부리고 앞을 향해 약간 대각선 자세를 취한 다음 피켈을 감싸 잡기로 쥔 채 스파이크를 눈에 박으면서 내려간다. 손과 발이 설사면과 3지점 형태를 유지해 안정성은 높지만, 방향을 틀거나 속도를 통제하기 어렵다.

지팡이 자세

 완만한 빙벽에서 산 아래쪽을 향한 채 무릎을 약간 구부리고 크램폰 발톱이 모두 박히도록 걸어 내려온다. 이때 피켈을 지팡이 자세로 잡고 발 앞쪽에 스파이크를 찍는다.

지팡이 자세와 플랫 푸팅으로 내려가기

대각선 자세

 안정성을 높이기 위해 몸을 약간 옆으로 비튼 다음 피켈을 사면에

대각선 자세와 플랫 푸팅으로 내려가기

직각으로 찍고 발은 플랫 푸팅으로 내려간다.

뒷받침 자세

이것은 몸의 균형을 잡으면서 안정성 있게 내려가는 방법이다. 샤프트의 가운데를 잡고 뒤로 들고 플랫 푸팅 자세를 취한다. 이때 피켈의 헤드는 산 위쪽, 피크는 사면 쪽, 스파이크는 산 아래쪽을 향한다. 프랑스식 기술로는 '삐올레 아쀼(pilot appui)'라고 한다. 여기서 아쀼는 영어의 'support'로서 뒷받침, 지원을 뜻한다.

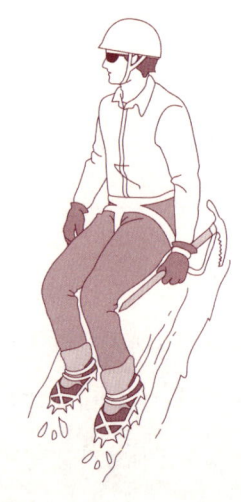

삐올레 아쀼

뒷받침 자세와 플랫 푸팅으로 내려가기

난간 자세

사면이 급해지면 피켈을 적극적으로 이용한다. 먼저 피켈의 스파이크 근처를 잡고 가능하면 아래쪽을 찍는다. 플랫 푸팅으로 발을 옮기면서 손으로 샤프트를 훑으면서 헤드 쪽으로 밀고 내려간다. 피크가 얼음 속에서 빠지지 않도록 샤프트를 자기 몸쪽으로 약간 당겨준다. 피켈의 헤드 밑까지 계속 밀고 내려간다. 그런 다음 피크를 빼서 아래쪽으로 피켈을 찍는다. 프랑스식 기술로는 '삐올레 람쁘(pilot rampe)'라고 하는데, 람쁘는 계단의 난간을 뜻한다.

삐올레 라쁘

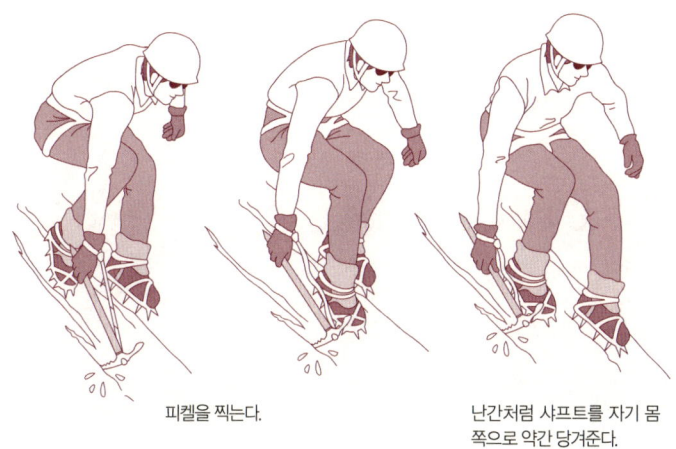

피켈을 찍는다.

난간처럼 샤프트를 자기 몸 쪽으로 약간 당겨준다.

피켈의 헤드 밑까지 계속 밀고 내려간다.

피크를 빼서 아래쪽으로 피켈을 찍는다.

앵커 자세

사면을 등진 채 내려가기에 경사가 너무 급하면 몸을 옆으로 돌려 비스듬히 내려간다. 그리고 대각선 자세로 오르기처럼 플랫 푸팅으로 발을 옮긴다. 피켈은 앵커 자세로 몸을 돌려 피켈을 얼음에 박고 다른 손으로 헤드를 감싸 잡기로 쥔다.

앵커 자세로 피켈을 사용하여 플랫 푸팅으로 내려가기

다운 클라이밍

경사가 더욱 급해지면 프런트 포인팅 방식으로 올라갈 때와 마찬가지로 내려간다. 이때 주의할 점은 발을 너무 아래로 내려딛는데, 그렇게 되면 뒤꿈치가 들려서 크램폰의 앞발톱들이 제대로 박히지 않아 미끄러지기 쉽다. 내려갈 때는 시야를 확보하기 힘들고 피켈을 몸 가까이 박아야 하기 때문에 힘 있게 스윙을 할 수도 없다. 내려갈 때 피켈을 튼튼하게 박는 유일한 방법은 올라갈 때 만들었던 구멍에 끼워 넣는 것이다.

자기 제동

경사진 빙설벽에서 스스로 멈추는 기술을 자기 제동(self-arrest)이라 하는데, 피켈을 사용하여 안전하게 추락을 정지시키는 것이

위로 누운 자세에서 올바른 자기 제동

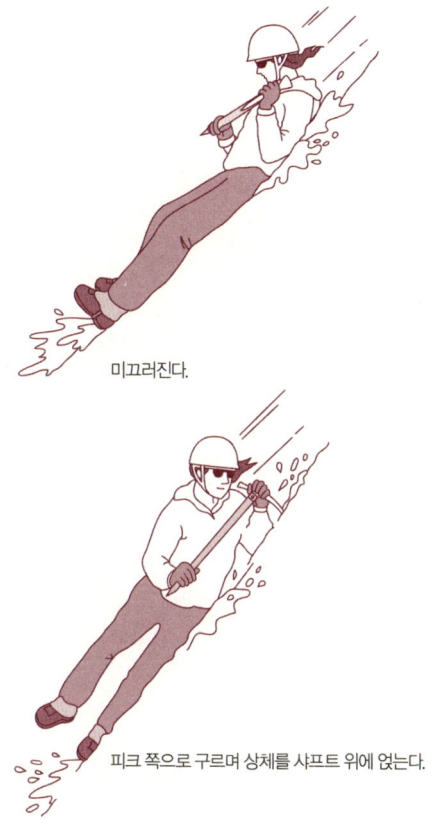

미끄러진다.

피크 쪽으로 구르며 상체를 샤프트 위에 얹는다.

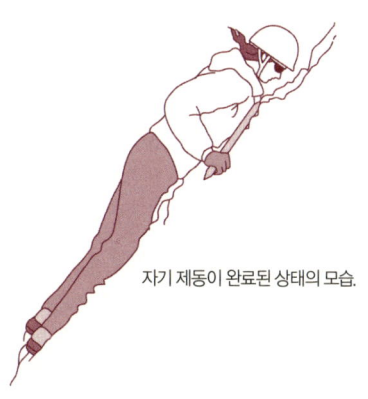

자기 제동이 완료된 상태의 모습.

위로 누운 자세에서 잘못된 자기 제동

미끄러진다.

스파이크를 먼저 찍는다.

내려오는 중력에 의해 피켈이 달아난다.

아래로 엎드린 상태에서 자기 제동을 하는 자세

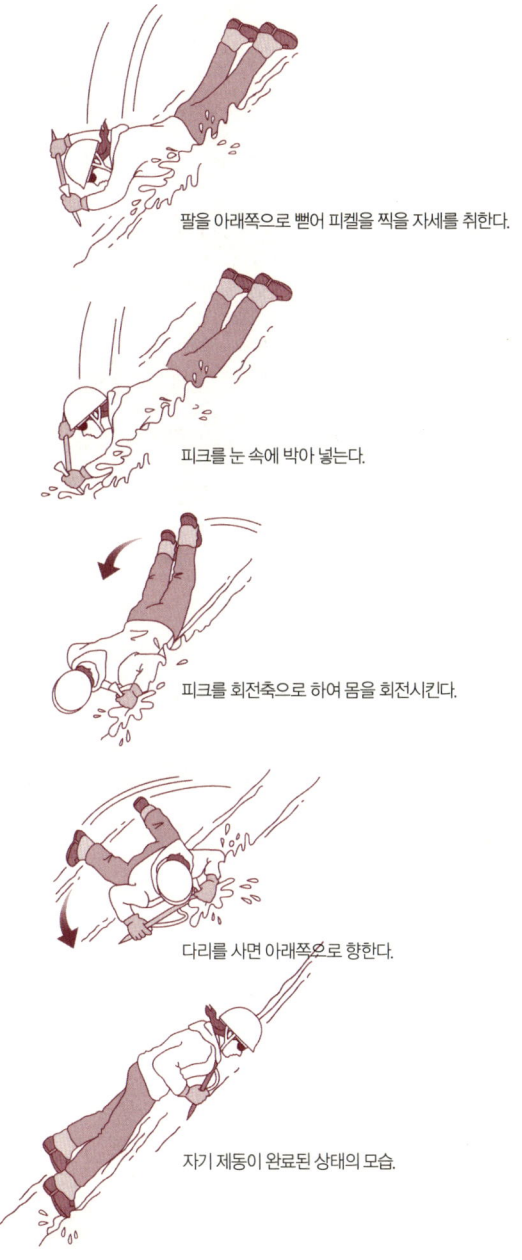

팔을 아래쪽으로 뻗어 피켈을 찍을 자세를 취한다.

피크를 눈 속에 박아 넣는다.

피크를 회전축으로 하여 몸을 회전시킨다.

다리를 사면 아래쪽으로 향한다.

자기 제동이 완료된 상태의 모습.

아래로 누운 상태에서 자기 제동을 하는 자세

피켈을 상체 위에 가로질러 피크를 박는다.

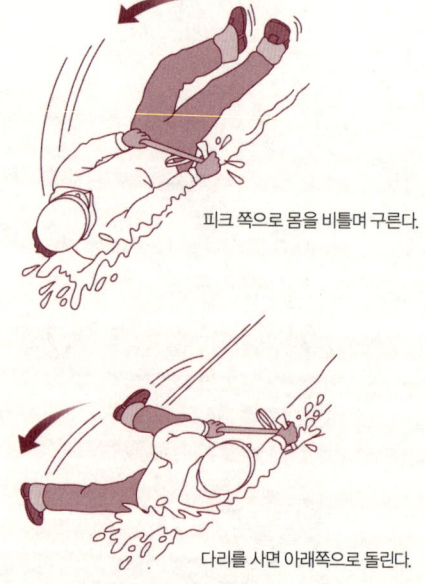

피크 쪽으로 몸을 비틀며 구른다.

다리를 사면 아래쪽으로 돌린다.

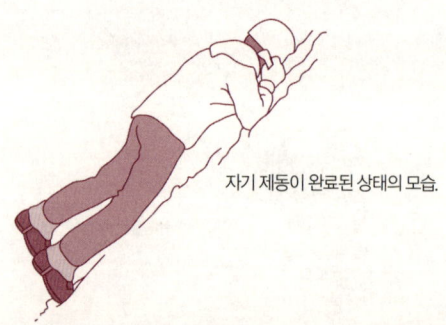

자기 제동이 완료된 상태의 모습.

다. 어느 자세로 미끄러지든 머리는 산 위쪽을 보고 발은 산 아래쪽을 향하고 얼굴은 사면을 마주 보는 모습을 취해야 한다. 이때 어떤 상태에서도 피켈을 놓쳐서는 안 된다. 한 손은 피켈의 헤드를 감싸 잡기로 거머쥐고 다른 손은 샤프트의 아랫부분을 잡아야 한다. 그 다음 동작은 미끄러질 때의 자세, 즉 위로 엎드린 자세, 위로 누운 자세, 아래로 엎드린 자세, 아래로 누운 자세에 따라 달라진다.

위로 엎드린 자세는 이미 자기 제동 자세로서 피크를 눈 속에 박아 넣고 샤프트 위에 상체를 실어 안전하게 제동한다. 위로 누운 자세로 미끄러질 때는 피크의 헤드 방향으로 구르면서 피크를 옆의 눈 속에 찍는 동시에 상체를 샤프트 위에 얹는다. 이때 피크보다 스파이크가 먼저 눈을 찍게 되면 내려오는 중력에 의해 피켈을 잃어버릴 수 있다.

머리가 아래로 엎드린 자세로 미끄러질 때는 팔을 아래쪽으로 뻗어 피크를 눈 속에 찍어서 피켈을 축으로 삼아 몸을 회전시킨다. 이때 다리가 아래로 향하도록 몸을 움직인다. 절대로 회전축을 스파이크로 삼아서는 안 된다. 피켈의 피크와 애쯔가 미끄러지는 쪽에 놓이게 되어 가슴과 얼굴에 부딪히기 때문이다.

아래로 누운 자세로 미끄러질 때는 피켈을 상체 위에 가로지른 다음 피크를 찍어 넣고 몸을 비틀어 피크 쪽을 향해 구른다. 피크를 회전축으로 삼아 다리를 돌려 아래쪽으로 향하도록 몸을 돌린다.

설벽에서 확보하기

로프와 확보물을 이용한 확보는 대체로 굳은 눈에서 경사가 심하거나 부상자가 있는 경우에 사용한다. 눈이나 얼음에서는 바위와는 달리 확실한 확보물과 확보지점이 없다. 확보 지점이 얼마나 튼튼한지는 눈의 강도와 사면의 경사에 따라 달라진다. 눈이 굳고 면적이 넓을수록 확보물은 튼튼한데, 대표적인 설벽 확보물은 스노우 바, 데드맨, 스노우 볼라드가 있다.

스노우 바

스노우 바(snow-bar)는 알루미늄이나 두랄루민으로 만든 45~90센티미터 길이의 막대로서 타원형 튜브형, 앵글형, T자형 등이 있다. 스노우 바를 설치하는 각도는 사면의 경사에 따라 다르지만 힘을 지탱하는 눈의 면적이 가능하면 넓어야 한다. 경사가 심한 경우 스노우 바의 설치 각도는 당겨지는 방향과 45도를 이루어야 한다. 피켈이나 아이스 툴을 스노우 바로 이용할 수도 있다.

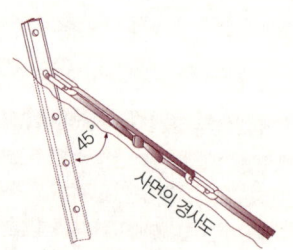

스노우 바의 설치 각도는 사면의 경사도에 따라 달라진다.

데드맨

데드맨(deadman)은 알루미늄판에 금속 케이블을 연결한 것이다. 케이블이 가능하면 일직선으로 당겨지도록 눈에 홈을 파고 당

데드맨

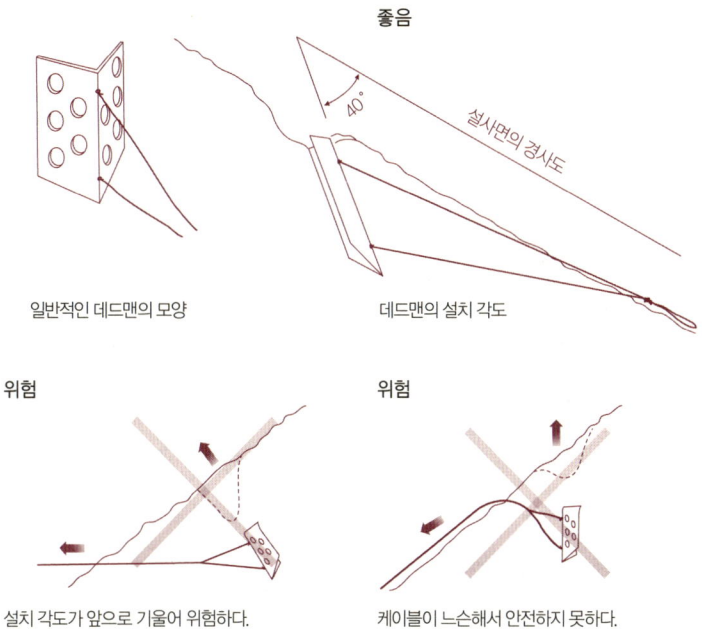

일반적인 데드맨의 모양

데드맨의 설치 각도

설치 각도가 앞으로 기울어 위험하다.

케이블이 느슨해서 안전하지 못하다.

피켈이나 스노우 바를 이용하여 데드맨처럼 확보물로 사용하기

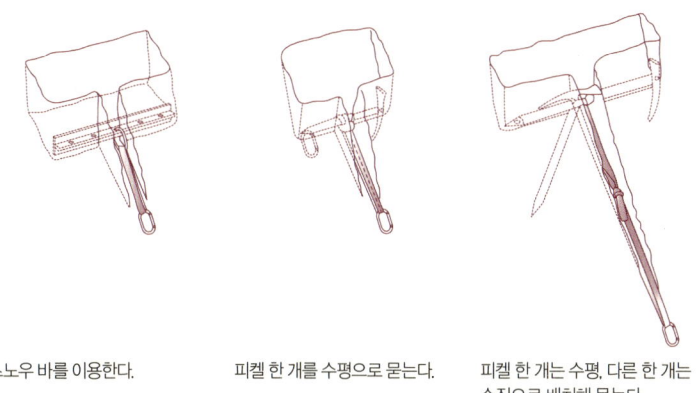

스노우 바를 이용한다.

피켈 한 개를 수평으로 묻는다.

피켈 한 개는 수평, 다른 한 개는 수직으로 배치해 묻는다.

기는 힘과 40도의 각도가 되도록 눈 속에 파묻는다. 데드맨은 습하고 무거운 눈에서 가장 좋은 확보물이며 밀도가 고르지 않은 눈에서는 미덥지 못하다. 그 외에도 피켈이나 아이스 툴, 스노우 바 등을 이용해 데드맨처럼 확보물로 사용할 수 있다. 눈이 부드러울 때 확보물의 강도를 높이는 방법은 힘을 받는 눈의 면적을 늘리는 것이다. 즉 배낭, 스키, 눈을 채워 단단히 묶은 주머니 등을 이용한다.

스노우 볼라드

스노우 볼라드(snow bollard)는 눈을 깎아서 만든 작은 턱으로 로프나 웨빙을 걸어주면 튼튼한 설벽 확보물이 된다. 먼저 타원형의 눈물방울 모양으로 도랑을 파서 턱을 만든다. 이때 도랑의 아래쪽 두 끝이 맞닿아서는 안 된다. 산 아래쪽에 있는 설사면이 받쳐주는 이점을 이용할 수 없어 확보물이 약해지기 때문이다. 굳은 눈

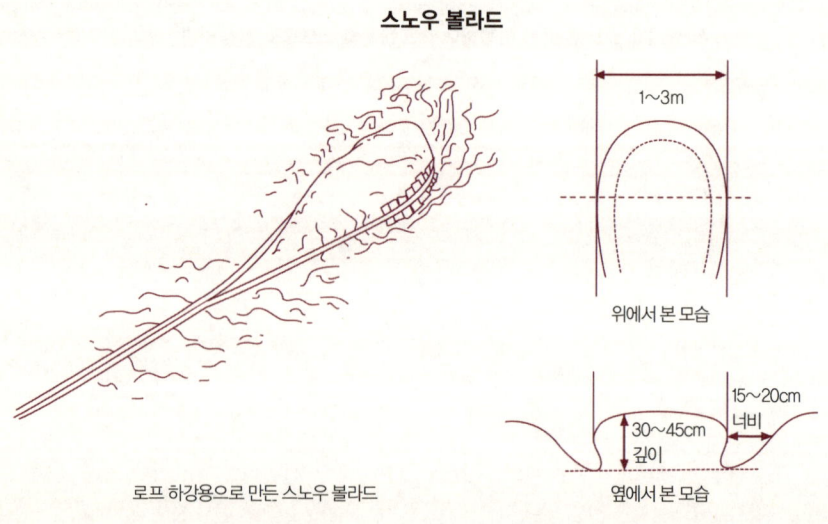

스노우 볼라드

로프 하강용으로 만든 스노우 볼라드

위에서 본 모습

옆에서 본 모습

에서는 피켈의 애쯔를 이용해 눈을 깎아내고, 연한 눈에서는 눈을 밟거나 파낸다. 도랑은 너비 15~20센티미터, 깊이 30~45센티미터 정도로 판다. 턱의 지름은 굳은 눈에서는 1미터, 연한 눈에서는 3미터 정도가 되어야 한다. 도랑에 로프나 웨빙을 건 다음에 당기지 말고, 턱과 로프 사이에 매트리스를 받쳐둔다.

등산화-피켈 확보

스노우 바나 데드맨 같은 확보물이 없는 경우 등산화와 피켈을 이용하여 확보를 볼 수 있지만, 높은 곳에서 추락하는 등반자를 잡아주지 못한다. 이 방법은 로프를 묶고 커니스나 크레바스를 통과하거나 후등자를 확보하는 기술이다. 먼저 자기 발아래 쪽의 눈을 밟아서 견고하게 다진다. 피켈의 샤프트를 가능하면 깊게 박아 넣는다. 이때 샤프트의 각도는 약간 산 위쪽으로 하고 피크와 애쯔는 추락하는 방향에 직각이 되어야 한다. 확보자는 추락하는 방향에 직각이 되도록 피켈의 아래에 선다. 등산화가 피켈을 지탱하도록

등산화-피켈 확보법

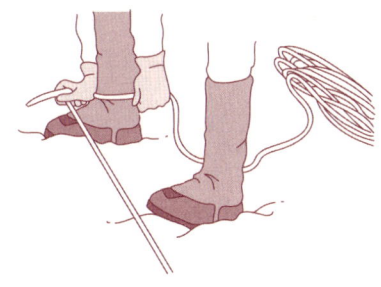

손과 발의 자세

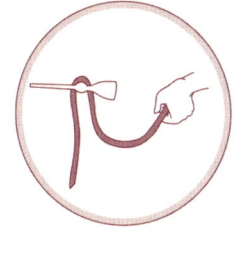

피켈과 발에 S자 형으로 로프를 감는다.

샤프트와 맞닿게 딛는다. 로프를 피켈에 돌려 감는다. 산 아래쪽의 제동 손으로 로프를 잡아 발뒤꿈치로 해서 S자 형으로 구부러지게 한다. 위쪽 손은 헤드를 감싸 쥔다.

카라비너-피켈 확보

이 방법은 등산화-피켈 확보와 비슷하지만 로프 조작이 더 쉽다. 먼저 피크를 추락하는 방향에 직각으로 향하면서 피켈을 가능하면 깊이 박는다. 샤프트와 헤드가 만나는 부분에 짧은 슬링을 거스히치로 묶고 슬링에 카라비너를 건다. 확보자는 등반자에 직각이 되도록 선다. 카라비너가 드러나게끔 등산화로 슬링을 밟는다. 이때 크램폰의 발톱이 슬링을 찍지 않도록 주의해야 한다.

카라비너-피켈 확보법

피켈을 박고 슬링을 밟은 다음 로프를 카라비너에 통과시켜 위로 올린다. 동그라미 안은 피켈에 슬링과 카라비너를 건 모습이다.

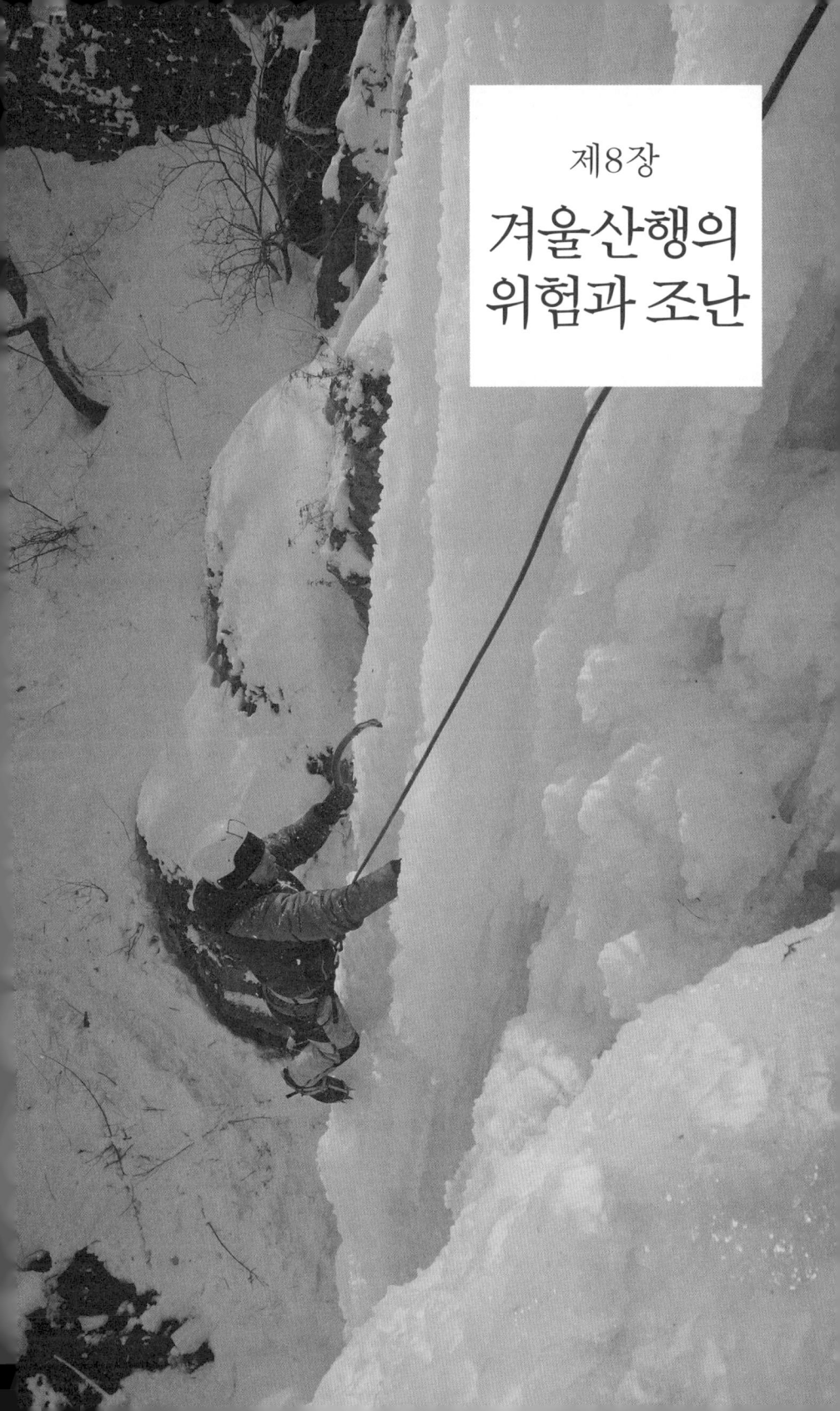

제8장
겨울산행의 위험과 조난

저체온증

저체온증은 방광이나 직장에서 측정한 중심체온이 35도 미만일 경우를 말한다. 영어로 하이포서미아(hypothermia)라고 하며 몸에서 생산하는 열보다 몸 밖으로 빠져나가는 열이 더 많을 때 발생한다. 저체온증의 원인은 눈이나 강풍 또는 비에 오랫동안 노출됐을 때 체력이 떨어져 극심하게 피로를 느끼는 경우에 나타난다. 추위에 노출될 경우 몸이 떨리는 현상이 생겨 기초대사량을 5배까지 증가시킴으로써 일정한 체온을 유지하나, 몸 떨림에는 한계가 있어서 일반적으로 수 시간 후에는 미미해진다. 결국 신체는 온도조절 기능을 상실하여 심장이 비정상적으로 뛰면서 심장마비로 사망한다.

체온에 영향을 미치는 세 가지 요인은 온도, 습도, 바람이다. 기온이 낮고 습도가 낮을수록 바람이 강할수록 체감온도는 낮아진다. 온도가 같은 경우에도 습도에 따라 체감온도가 달라진다. 예를 들어 습기가 없는 건식 사우나의 경우 100도 정도까지 견딜 수 있지만, 습식 사우나는 70도 정도만 되어도 견디기 힘들다. 일반적으로 영하의 기온에서 바람이 초속 1미터 빨라지면 체감온도는 2도 정도 떨어진다. 체력이 소모되면 저체온증에 걸릴 확률도 높아지므로 초콜릿, 사탕, 건포도 등 열량이 높은 비상식을 자주 먹는다. 하지만 알코올은 추위에 대한 몸의 반응을 둔하게 하기 때문에 저체온증에 쉽게 빠진다. 술은 혈액순환을 촉진시켜 일시적으로 열이 올라가는 느낌이 들게 하지만, 시간이 흐르면 오히려 체내의 수분을 배출시키기 때문에 체온을 떨어뜨려 상태를 더욱 악화시킨다.

  체온이 내려가면서 나타나는 증상은 4단계로 구분할 수 있다. 1단계 증상은 심한 오한이 들면서 몸을 떨게 된다. 이는 혈관 수축이 잘 안되면서 몸이 떨리는 근육 운동을 통해 체온을 올리려는 신체의 자발적 반응이다. 2단계 증상은 말이 또박또박 나오지 않고 무력감과 권태감에 의해 졸음이 온다. 3단계 증상은 체온이 32도 이하로 내려가면서 기억력이 저하되고 헛소리를 하며 의식이 흐려지고 손과 발이 차가워진다. 4단계 증상은 맥박과 호흡이 현저하게 약해지며, 정신착란이나 혼수상태에 빠지고 결국 사망한다. 저체온증은 즉시 치료하지 않으면 사망에 이를 수 있는 긴급 상황이다. 최초의 증세가 나타난 다음 근육과 신경 기능이 현저히 떨어지는 시간은 불과 1시간 정도이며, 사망에 이르기까지 2시간도 채 걸리지 않는다. 신체 적응력이 떨어지는 노약자의 경우 저체온증은 협심증과 심장마비, 뇌졸중을 초래하기도 한다.

  저체온증 환자는 이해할 수 없는 감정의 변화와 짜증을 나타내며, 의사결정을 제대로 하지 못할 뿐 아니라 권태감, 피로 등을 호소한다. 또한 추운 날씨에도 불구하고 갑작스럽게 옷을 벗거나 몸을 반복적으로 흔드는 이상한 행동을 한다. 이때는 환자가 더 이상 체온을 잃지 않게 해주어야 하며, 중심체온을 올리는 것이 중요하다. 따뜻한 침낭 속에 들어가게 하고 뜨거운 음료를 주며, 젖은 의복을 벗기는 등 보온을 해준다. 하지만 따뜻한 음료는 수분 공급 이상의 역할을 하지 못한다. 예를 들어 얼음물 한 컵에 따뜻한 물 한 스푼을 넣는다면 얼음물을 녹이는 데 별로 효과가 없는

저체온증의 증상 및 처치

중심체온	증상 및 징후	처치
37.5℃	정상	
36℃	추위를 느낌	마른 피난처를 찾고 젖은 옷가지를 제거하고 머리를 포함한 온몸을 마른 것으로 갈아입힌다. 운동을 시키되 땀이 날 정도의 운동은 피한다. 따뜻한 물과 모닥불 등으로 외부 가온을 한다. 고열량의 따뜻한 물과 음식을 먹인다.
35℃	몸 떨림 발생	
중심체온 35℃ 미만 = 저체온증 = 병원으로 이송		
34℃	비정상적인 행동 (술 취한 듯한 행동)	운동 금지, 부드럽게 다루고 쉬게 한다. 외부 가온금지(단 흉부, 몸통은 시행), 따뜻한 음료와 열량 제공, 가습된 고온(40℃~42℃)의 호흡 제공을 통한 내부가온
33℃	근육 강직	맥박 및 호흡 감시. 모든 행동 제한하고 눕힌다.
32℃ 몸떨림 정지, 심신 허탈, 응급병원 이송		
31℃	의식 장애	금식, 기도 확보
30℃	무의식 (통증 자극에 무반응)	기도(숨길) 유지기 삽입. 회복 자세를 취한다. 맥박 및 호흡 감시
29℃	맥박 및 호흡 저하	환자의 호흡 속도에 맞춰 천천히 인공 호흡 실시
28℃	심폐 정지(동공 확장, 무호흡, 맥박 촉지불가)	기도 감시, 심폐 소생술 시행, 정상적인 흉부 압박 및 인공 호흡을 가능한 오래 실시하도록 한다.
28℃ 미만의 활력 징후(vital sign)가 없는 환자에게도 치료를 포기하지 않아야 한다.		

※ 주의 : 체온이 정상화 될 때까지는 사망으로 판단하지 않는다. 급속한 가온은 피하고 항상 부드럽게 환자를 다룬다. 피부의 온도가 올라가도 중심 체온은 뒤늦게 올라가거나 오히려 떨어지므로 계속 모니터를 한다.

것처럼 따뜻한 물은 몸을 데우는 데 별로 효과가 없다. 오히려 체온을 회복시키기 위해서는 벙어리장갑이나 양말에 싼 뜨거운 물을 신체의 큰 혈관이 위치한 환자의 목, 겨드랑이, 가랑이 사이 같은 곳에 끼워 넣는 것이 좋다. 젖은 옷은 마른 옷에 비해 20배나 빠르게 몸의 열을 빼앗아 가므로 신속하게 건조한 옷으로 갈아입힌다. 사람이 직접 껴안는 것도 효과적이다. 담요로 덮어주는 방법은 시간당 0.5도에서 2도의 체온을 상승시키는 효과를 가지므로 경증의 경우 이 정도의 처치로도 충분하다. 신체의 손이나 발부터 온도를 올리면 오히려 중심체온이 더 저하될 수 있으므로 흉부나 복부 온도를 올려주어야 한다. 또한 저체온증에서는 작은 충격에도 심장이 심실세동과 같은 부정맥이 쉽게 발생하여 생명에 치명적인 결과를 가져올 수 있으므로 환자를 다룰 때에는 매우 조심스럽게 최소한의 자극을 주어야 한다. 환자의 체온이 35도 미만으로 판단되면 병원으로 이송하여 치료를 받게 한다.

동상

동상이란 신체 조직의 일부가 얼은 상태를 말하며, 심장으로부터 거리가 먼 손과 발 그리고 노출이 심한 얼굴과 귀 등이 추위로 인해 혈관이 수축하면서 일어난다. 겨울산에서는 누구나 손발의 시림을 경험한다. 하지만 시린 정도를 넘어서 통증을 느낄 때쯤이면 동상에 대한 위험 신호로 받아들여야 한다. 동상에 대한 원인은 피로, 수면부족, 영양부족, 탈수, 무리한 등반 등의 내부 요인과 기온, 노출시간, 바람 등의 외부 요인을 들 수 있다. 예를 들어, 체감온도가 영하 30도 이하가 되면 노출된 피부는 1분 안에 동상에 걸릴 위험이 있다.

우리 몸은 피부 온도가 10도 이하로 떨어지면 모든 촉각과 통각에 마비가 오며, 온도가 계속 떨어지면 피의 흐름이 멈추어 동상이 생긴다. 이때 세포 내부의 수분이 얼면서 미세혈관들이 서로 뭉쳐

동상의 분류 및 증상

분류	증상
1도: 부분적인 피부의 통결, 부종, 수포나 괴사는 없으며 때로는 손상 발생 5~10일 후에 피부 박탈은 있을 수 있다.	일시적인 화끈거림, 통증, 땀이 많이 날 수 있음.
2도: 피부전층의 손상, 부종, 맑은 액체가 들어있는 작은 수포, 피부박탈 및 흉터를 일으키는 수포	감각 저하, 쑤시는 통증.
3도: 피부전층의 손상 및 피하층의 동결, 자주빛 혹은 출혈성 수포, 피부괴사, 청회색으로 변색	처음엔 손상부위가 나무 조각과 같이 무감각하다가 화끈거리고 쑤시는 듯한 통증
4도: 피부전층, 피하층, 근육, 인대뼈의 동결, 부종은 거의 없음. 초기에 얼룩덜룩한 반점, 진한 빨강, 혹은 청색증, 이후 점차적으로 건조되면서 검은색으로 변함	관절의 쑤시는 듯한 통증을 호소할 수 있음

서 영구적인 덩어리로 변하며 조직이 파괴된다. 가벼운 동상의 경우, 손과 발의 감각이 무디어졌을 때는 그 부분을 계속 움직여주어야 한다. 하지만 심한 동상의 경우, 동상 부위를 문지르면 세포 사이의 얼음 조각에 의해 손상이 더욱 심해지므로 절대 문지르지 말아야 한다. 체온과 비슷한 정도의 따뜻한 물(38~40도)에 환부를 담근다. 이때 물의 온도를 더 높여 뜨거운 물을 사용하면 안 된다. 또한 동상 부위에 갑자기 모닥불이나 버너에 직접 불을 쬐는 방법은 세포 손상을 가져올 수 있으므로 피해야 한다. 동상 부위는 온도에 지극히 민감하기 때문이다.

설맹

　설산에서는 자외선에 의한 피부 화상뿐만 아니라 눈에 의한 반사광을 조심해야 한다. 일반적으로 잔디밭의 반사율이 1~2퍼센트이고 콘크리트의 반사율이 5~6퍼센트인데 반해, 눈 표면의 반사율은 무려 80~95퍼센트이다. 설맹은 눈의 각막이 자외선에 화상을 입어서 생기는 안질환이다. 가벼운 증상일 때는 빛의 자극을 피하고 하룻밤만 자고 나면 저절로 회복되지만, 심한 경우 표면이 울퉁불퉁해지고 물집이 생기고 밤에 잠을 잘 수 없을 정도로 바늘로 찌르듯이 고통스러우며 눈이 빨갛게 되며 눈물이 나기도 한다. 이런 증상은 자외선에 노출된 지 6~12시간 후에 나타난다. 치료 방법은 진통제를 복용하면서 눈을 비비지 말고, 눈꺼풀이 움직이지 않도록 소독한 드레싱과 패딩으로 눈을 가려준다. 고산에서뿐만 아니라 겨울철 국내산에서도 눈 속에서 장시간 운행할 때는 반드시 선글라스를 써야 한다.

눈사태

　눈은 영하의 온도에서 미세한 먼지 같은 물질을 핵으로 하여 그 주위로 대기 속의 수증기가 알갱이 얼음으로 변한 뒤 지면에 떨어지는 현상이다. 눈의 밀도는 일반적으로 기상 조건에 달려 있지만 온도가 높을수록 더 무겁고 습해진다. 바람도 눈에 영향을 미치는

데, 바람이 강할수록 눈은 더 무거워진다.

눈의 종류는 분설(가루눈), 습설(젖은 눈), 굳은 눈(오래된 눈), 진눈깨비, 싸라기눈, 우박 등으로 나눌 수 있다. 분설은 기온이 낮을 때 내리는 눈으로 푸석푸석하고 끈기가 없기 때문에 손으로 잘 뭉쳐지지 않으며 옷에도 잘 묻지 않는다. 분설이 많이 쌓인 곳은 발이 잘 빠져 보행이 어렵고, 기온이 높아지면 눈사태의 위험이 커진다. 습설은 기온이 높을 때 내리는 눈으로 수분이 많고 응집력이 커서 잘 뭉쳐지는 성질을 갖고 있다. 습설이 쌓인 곳은 걷기가 편하지만, 등산화나 옷 등이 젖기 쉽고 등산화 밑창에 눈덩이가 뭉쳐지는 스노우 볼이 생겨 미끄러지기 쉽다.

굳은 눈은 기온, 햇빛, 바람의 영향으로 표면이 굳어진 상태의 눈을 말하는데, 이를 크러스트(crust)라고 한다. 굳은 눈은 생성 과정에 따라 선 크러스트, 윈드 크러스트, 레인 크러스트로 나눌 수 있다. 선 크러스트는 햇빛에 녹았다가 다시 얼어붙은 눈으로 얇은 막을 형성하며, 봄산에서 흔히 볼 수 있다. 윈드 크러스트는 겨울철 건조한 눈이 강한 바람에 의해 굳은 상태이며, 레인 크러스트는 비가 온 후 얼어붙은 눈인데, 표면이 몹시 단단하기 때문에 대리석과 비슷해서 마블 크러스트라고도 한다. 굳은 눈은 등산할 때 발이 잘 빠지지 않기 때문에 걷기에 편하지만, 녹았다가 다시 언 경우 유리판처럼 미끄러워 조심해야 한다. 한번 쌓인 눈이 굳게 되면 보통 눈사태의 위험이 줄어들지만, 그 위에 신설이 쌓이면 아래층의 굳은 눈이 미끄럼 작용을 하여 눈사태가 일어나기 쉽다. 바람에 휘날린 눈의 입자가 한곳에 쌓인 상태를 설판이라고 하는데, 이런 상태도 눈사태의 위험이 있으므로 주의해야 한다.

진눈깨비는 빗방울이나 녹았던 눈이 다시 언 것으로 따뜻한 공기층이 영하의 찬 공기층 위에 놓일 때 만들어지며 초겨울이나 늦겨울에 내리는 경우가 많다. 싸라기눈은 눈 결정체가 물방울을 함유하고 있는 공기 위로 떨어질 때 물방울이 눈에 얼어붙어 형성된다. 눈 결정체가 구름의 아래위로 층을 바꾸며 오르락내리락하면서 광택층과 얼음층이 겹쳐진 상태를 우박이라고 한다.

눈사태는 대개 V자형 계곡을 이루고 있거나 완만한 경사를 이룬 암반, 바람받이 사면, 협곡이 이어지는 좁은 도랑에서 발생한다. 통계에 의하면 적설량이 가장 많은 때는 1월이지만 눈사태가 가장 많이 발생하는 시기는 2월이다. 대부분의 눈사태는 매년 같은 장소에서 반복된다. 또한 사면의 경사가 30~45도일 때 눈사태의 위험이 가장 크다. 눈사태는 표층 눈사태(신설 눈사태)와 판상 눈사태로 분류할 수 있다. 표층 눈사태는 급경사에서 신설이 내린 다음 발생하는데, 어느 한 지점에서 시작한다. 판상 눈사태는 표면의 슬랩층과 종종 표면에서 감지가 불가능한 아래층으로 이루어져 있어 둘 사이의 마찰력이 감소하면서 발생한다.

눈사태의 위험에 대비하기 위해서는 다음 사항에 유의해야 한다. 먼저 신설이 내린 다음 날 기온이 상승하거나 비가 오면 눈사태의 위험이 커진다. 또한 급속한 기온 저하도 눈을 수축시켜 설사면에 틈이 생겨 눈사태를 불러온다. 우리나라에서는 햇빛에 노출된 바람받이 경사면에 표면이 얼어 있는 구설 위에 신설이 쌓인 눈사태가 가장 많이 발생한다. 특히 신설이 내린 다음 날 오후에 눈은 응집력이 떨어져 사람의 발자국 소리나 비행기 소음과 같은 진동에 민감하다. 실제로 1987년 1월에 설악산 죽음의 계곡에서 비행기의

눈사태의 3요소

사면의 각도에 따른 눈사태 발생 빈도

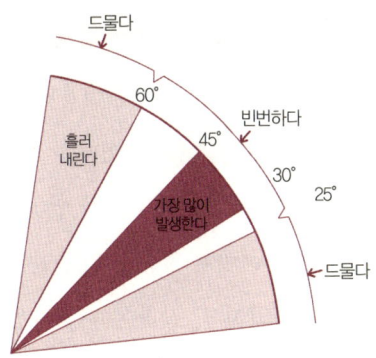

제8장 겨울산행의 위험과 조난

소음으로 인해 눈사태가 일어나 여러 명이 희생된 적도 있다.

눈사태에 휩쓸렸을 때는 가만히 있지 말고 필사적으로 움직여 눈 속에 파묻히지 말아야 한다. 그리고 눈사태는 가운데 부분일수록 속도가 빠르므로 될 수 있는 한 가장자리로 탈출을 시도해야 한다. 중요한 것은 눈사태에 휩쓸려가다 눈사태가 멎기 직전에 양손을 가슴과 얼굴 쪽으로 엇갈리게 감싸 숨 쉴 수 있는 공간을 확보해야 한다. 또한 눈 속에 매몰되었을 때는 느긋한 자세로 구조를 기다리는 것이 생존 확률이 높아진다.

염좌와 골절

염좌는 관절을 싸고 있는 인대나 근육의 힘줄, 혈관 등이 찢어지거나 늘어나는 현상으로 보통 부분적인 출혈이 생기며 부상 주위가 부어오른다. 다시 말해 관절을 지탱하는 뼈가 정상 운동 범위를 벗어나 심한 부하를 받을 때 발생한다. 관절은 2개 이상의 뼈가 모이는 곳으로 뼈끝은 연골로 싸여 있으며 관절의 둘레에는 인대라고 하는 힘 있고 질긴 흰 띠로 이어져 있다.

발의 크기는 몸에서 차지하는 비중이 얼마 되지 않는다. 26개의 뼈와 33개의 관절로 이뤄진 정교한 기관인 발은 여간해서는 탈이 나지 않는다. 그래서인지 발 질환은 치료해야 하는 것으로 인식하지 못하는 경우가 많다. 사실 발은 몸의 시작이라고 해도 과언이 아니다. 발에 문제가 생기면 무릎과 허리에도 변형이 오고 통증을 일으키기 때문에 주의 깊게 살펴야 한다. 모든 발목 염좌의 80퍼센트 이상은 지면이 불안정한 곳이나 미끄러지는 경우에 많이 발생한다.

발이 갑자기 안쪽으로 접질릴 때 발생하는 경우가 대부분이며, 발목의 전방 외측에 날카로운 통증이 발생한다. 흔히 '발목이 삐었다'라고 하는 것은 발목 인대가 손상된 것으로 발목의 인대 중 가장 잘 다치는 부위는 바깥쪽의 복사뼈 아랫부분이다. 인대는 탄성이 없는 고무줄처럼 늘어나기는 하지만 다시 원 상태로 돌아가지 않는다. 따라서 인대를 다쳤을 때 가장 중요하고 긴급한 처치는 다친 부위를 고정시키는 것이다. 그런 다음 발을 심장보다 높이 들고 얼음찜질을 통해 통증을 줄이고 부기를 가라앉힌다. 무릎 통증은 하산할 때 무릎관절에 부담이 많이 증가하면서 무릎인대나 반월판이 상해를 입어 발생한다. 중요한 증상으로는 계단이나 언덕을 내려갈 때, 무릎을 90도로 한 채 오래 앉아 있을 때 통증을 느낀다.

좌상이란 근육이나 건 섬유가 비정상적으로 늘어나거나 찢어진 것을 말한다. 이것은 근염좌를 뜻하는 것으로 흔히 '근육이 늘어나거나 찢어졌다'고 표현한다. 좌상은 목, 등, 대퇴부의 앞 뒤, 종아리 등의 근육 자체나 건과 근육의 연결 부위가 파열되며 심한 통증을 유발한다. 요즘 널리 보급되고 있는 발목이 짧은 리지화 종류보다 발목이 긴 등산화가 발목 부상을 예방할 수 있다.

이에 비해 골절은 뼈가 부러지거나 파괴된 상태를 말하는데, 개방성과 폐쇄성으로 분류된다. 개방성 골절은 뼈가 부러지면서 주변의 연부 조직이나 피부를 뚫고 튀어나오는 것을 말한다. 일단 골절이 의심되면 무조건 안정시키고 부위를 고정시킨다. 환부에 부목을 대고 테이핑을 하는데, 이때 환부만을 고정시키지 말고 부위를 포함한 뼈의 양쪽 관절까지 고정시키는 것이 중요하다. 산행에서 가장 잦은 사고는 골절이다. 단순한 골절은 큰 문제가 되지 않지만, 초기에 제대로 대응하지 못해 골절로 인한 2차 감염이 이뤄지면 위험한 상태에 빠지기 쉽다. 골절을 잘못 처치할 경우, 쇼크 등으로 사망하거나 평생 장애가 남을 수 있으므로 각별히 주의를 기울여야 한다. 등반 중 골절상을 입었다면 복합 골절이 되지 않도록 예방하는 일이 가장 중요하다. 다친 곳을 건드리거나 환자를 함부로 옮기다가는 부러진 뼈끝이 신경이나 혈관, 근육을 손상시키거나 피부를 뚫는 복합 골절이 될 수 있다. 충격에 대한 예방 처치가 가장 최우선이고 운반 전에는 뼈가 부러진 부위를 움직이지 않도록 해야 한다. 골절 환자를 이송할 경우에는 서두르지 말아야 한다. 골절 환자는 시간을 다투지는 않는다. 병원으로 옮기기 전에 골절 부위에 부목을 대는 것이 우선이다. 부러진 뼈를 맞추려고 하는 것은 절대 금물이다.

요통

세계보건기구(WHO)는 요통을 예방하고 치료하는 데 등산만큼 좋은 운동은 없다고 추천하고 있다. 등산을 생활화하는 히말라야 지역의 주민들은 요통이 거의 없다는 조사도 있다. 등산을 하면 몸의 무게와 중력이 허리에 실리면서 척추뼈의 골밀도를 높여주고 척추 주변의 근육을 강화시키기 때문이다. 하지만 평소 전혀 운동을 하지 않던 사람, 특히 오랫동안 앉아서 일하는 사람들은 허리가 약해져 있는 상태이다. 이런 상태에서 무리하게 등산을 했다가 허리 통증이 생길 수 있다.

대부분은 허리 주변의 근육에서 생기는 통증이지만, 다리의 근력이 약해지거나 감각이 둔화되는 증상도 생길 수 있다. 이런 경우 추간판(디스크)이 빠져나와 신경을 압박하는 추간판 탈출증이 생길 수 있다. 특히 고도가 높고 기온이 낮은 산에서는 쉽게 근육이 굳어 조금만 자세를 잘못 취하거나 비정상적인 힘이 가해져도 허리를 삐끗할 수 있다. 급성 허리 통증은 대개 2~3주 후까지 지속되는 경우가 많다. 이때는 누워서 무릎과 다리를 약 30센티미터 높이 올려 등과 허리가 편안한 상태를 취한다. 허리 통증과 그에 따른 좌골신경통에 대해 가장 쉬운 치료 방법은 온찜질을 해주는 것이다. 통증 부위를 마사지하거나 주무르는 것은 절대 금물이다.

허리 부상을 막기 위한 최선의 방법은 허리에 무리를 주는 생활 습관을 교정하고 평소 꾸준한 운동으로 허리 근육을 단련시키는 것이다. 그리고 물건을 들 때는 허리를 펴고 무릎을 굽히면서 든다. 허리 건강을 위해서는 걷거나 누워 있는 것이 좋고 비스듬히 앉아 있는 것이 가장 나쁘다. 앉은 자세는 허리 근육에 과도한 긴장을 주고 배의 압력을 증가시켜 디스크 내의 압력이 높아진다. 장시간 앉아 있을 때는 허리를 꼿꼿하게 펴고, 이 자세가 힘들 때는 일어서서 허리를 구부리고 펴기를 수차례하고 2~3분간 걸은 후 다시 바른 자세로 앉는다.

온찜질과 냉찜질의 차이는?

평소 관절염이 있거나 운동을 하다 통증이 생기면 응급처치로 찜질을 한다. 그러나 찜질을 아무렇게나 하다 증상이 더 악화될 수 있다. 20~30대 젊은이들에게는 운동 후 무릎 통증이 잦은 편이다. 운동 중 점프나 급정거, 갑작스러운 방향의 전환이나 미끄러짐 등으로 발생하는 무릎 부상은 때로 무릎 내부 '반월상 연골'의 손상으로 이어지기도 한다. 이런 경우 무릎에 통증이 생기고 물이 차거나 무릎이 잘 굽혀지지 않고 붓는 증상이 나타날 수 있다. 돌발적으로 발생하는 부상이나 통증에 대한 응급조치로는 안정, 얼음, 압박, 올림을 뜻하는 'RICE 요법(rest, ice, compression, elevation)'이 효과적이다. 손상 부위는 함부로 만지지 말고 안정을 취한 뒤 환부를 차갑게 해야 한다. 얼음찜질은 부상 후 10~15분 이내에 시작해 10~30분 정도 냉각상태를 유지한 다음, 압박붕대로 감아주고 환부를 심장보다 높은 위치에 올려 염증과 부기를 가라앉히는 게 좋다. 급성 무릎 통증에도 냉찜질이 좋은데, 냉찜질로 수축된 혈관은 혈류를 감소시켜 신진대사가 둔화되고 부기를 빠지게 한다. 그러나 냉찜질은 부상 후 72시간 이내에 조치해야만 효과가 있다.

퇴행성 관절염은 노화가 진행됨에 따라 연골 손상으로 뼈끼리 맞부딪치면서 무릎 관절에 염증과 통증을 일으키는 질환이다. 특히 이 질환은 장마철만 되면 기승을 부리는데 그 이유는 크게 기압과 기온의 차이, 그리고 습한 생활환경에서 찾을 수 있다. 우선 기압이 낮아지면 우리 몸의 압력이 높아져 관절뼈의 끝을 감싸고 있는 활액막을 자극해 통증이 심해진다. 또한 여름에는 온도 차이가 크기 때문에 관절 주변의 근육이 수축하거나 경직돼 통증을 일으키기 쉽다. 그리고 습기가 많은 날씨는 연골이 관절액으로부터 영양을 흡수하는 작용을 저하시키고, 체내의 수분 증발도 막아 부종을 심화시키는 원인이 된다. 이런 때는 가정에서 하는 온찜질이 효과를 볼 수 있다. 온찜질은 만성적인 관절통으로 뻣뻣해진 관절과 뭉친 근육을 풀어준다. 통증을 완화하고 혈류를 증가시키며 상처를 빨리 굳게 하는 효과도 있다. 따라서 온찜질은 허리나 목의 통증, 근육통, 관절통에 매우 효과적이다. 이와 함께 어깨 관절이 굳어지는 오십견 환자에게도 유용하다. 그러나 온찜질은 순환 장애나 충혈, 심한 부기가 있는 경우에는 상태를 더 악화시킬 수 있다. 따라서 부상 직후에는 냉찜질을 한 뒤 3일쯤 경과를 보고 온찜질로 바꿔주는 게 바람직하다.

응급처치

　응급처치는 다친 사람이나 병에 걸린 사람에게 사고 현장에서 즉시 취하는 조치로서, 부상자가 의료 기관에 인도되기 전까지 의학적 처치 없이 상태가 회복될 수 있도록 도와주는 행위를 말한다. 다시 말해 사고 현장과 의료 기관 사이에 존재하는 시간과 거리의 공백을 좁히는 작업이다. 최근 통계청이 발표한 '사망원인통계 결과'에 따른 한국인의 3대 사망원인은 1위 암, 2위 뇌혈관 질환, 3위 심장질환으로 총 사망자 24만 6,000명의 절반 정도를 차지하고 있는 것으로 조사되었다. 하지만 암은 뇌종양, 위암, 폐암, 간암, 대장암, 유방암, 자궁경부암 등을 모두 포함하므로 단일 질병으로는 뇌혈관 질환이 실질적으로 1위를 차지한다고 볼 수 있다.

　또한 당뇨병, 고혈압 관련 질환에 의한 사망자까지 포함하면 혈관계 질환으로 사망하는 인구는 암으로 사망하는 인구보다 많아지고 있다. 그런데 혈관계 질환에 의한 사망자의 절반 정도가 돌연사의 형태로 나타나므로 응급처치의 필요성은 점차 증가하고 있다. 심근경색과 뇌졸중으로 대표되는 질환은 지난 십여 년간 치료방법의 발달로 인해 최대한 빠른 시간에 적절한 응급처치를 받으면 사망률을 줄일 수 있다. 최근 우리 주변에서 등산이나 스포츠 활동 중 평소 건강해 보이던 사람들이 갑자기 심장마비나 뇌졸중으로 쓰러지는 경우가 많아지면서 응급처치에 대한 필요성이 커지고 있다. 위급상황이 발생했을 때 우리는 자신과 가족, 친구, 이웃의 생명을 구하기 위해 어떻게 행동해야 하는지 알아둘 필요가 있다.

응급처치의 초기 대응

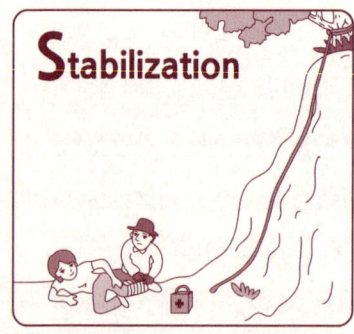

　응급 사태가 벌어졌을 때 상황에 맞게 여러 수단을 동원해 행동하기 전에 세 가지 대전제를 염두에 두어야 한다. 먼저 구조가 필요한 상황이 벌어지면 응급처치나 구조 활동에 들어가기 전에 '자기 안전(self rescue)'을 제일 먼저 생각해야 한다. 어떤 현장에서건 구조를 하는 행위는 구조자가 2차 조난이나 피해를 당할 가능성이 있다는 것을 잊지 말아야 한다. 둘째 구조 활동이나 응급처치 등은 시간과의 싸움이라는 것을 인식하고 모든 행동 기준을 "언제나 손쉬운 방법으로 생각하라(AKIS, Always Keep It Simple)"는 것이다.

마지막으로 초기 대응을 할 때 절대적으로 지켜야 할 순서로서 알파벳 순서를 따른 'LAST'라는 키워드가 있다. 사태가 긴박할수록 자신의 판단을 확신하기 어려우므로 이 순서를 따르지 않으면 초기 대응에 실패할 가능성이 높다.

1단계는 Location(상황 파악)으로서 왜 사고가 일어났으며, 어떻게 진행되고 있는가? 이에 대응하는 방법과 인원, 도구를 순간적으로 판단하는 단계이다.

2단계는 Access(접근 방식)으로 안전하고 될 수 있는 한 손쉬운 방법으로 조난자에 접근하는 단계이다. 절벽 밑으로 떨어진 조난자에 접근하는 경우 낙석이나 실족의 위험이 있는지 잘 살펴야 한다.

3단계는 Stabilization(안정화)로서 상황이 더 이상 악화되지 않도록 현상을 유지하는 단계이다. 예를 들어 조난자가 춥다거나 떨고 있으면 보온 조치를 해주고 피를 흘리면 지혈을 해주는 행동을 말한다.

4단계는 Transportation(후송)으로 조난자의 상태가 가볍게 보일지라도 나중에 악화되는 경우가 있으므로 반드시 병원이나 구조대로 이동시켜야 한다. 이상의 네 가지 과정이 완료되어야 초기 대응이 제대로 끝나게 된다.

또한 응급처치를 할 때는 환자의 ABCD를 확인한다. 먼저 Airway로서 기도가 막혀 있으면 이물질을 제거한다. 둘째 Breathing으로 정상적인 호흡을 하고 있는지 확인하고 호흡이 멈췄으면 인공호흡을 실시한다. 셋째 Circulation으로 심장의 박동과 맥박을 통해 정상적으로 혈액이 순환하는지 체크하고 맥박이 없으면 심폐소생술을 시작한다. 마지막으로 Deadly Breeding으로 치명적인 출혈이 있는지 확인하고 심각한 출혈이 있다면 드레싱으로 직접 압박을 하고 상처 부위에 혈액을 공급하는 동맥을 압박해야 한다.

RICE 법칙

등산할 때 근골격계의 손상이 가장 많이 발생하는데 이러한 손상이 발생했을 때 어떻게 대처하느냐가 손상 회복에 중요한 영향을 미친다. 근골격계 손상의 초기 방안은 안정(Rest), 얼음찜질(Ice), 압박(Compression)과 거상(Elevation) 등 'RICE 법칙'을 따라야 한다.

안정(Rest)은 어떠한 유형의 손상이든지 초기에 실시하는 가장 기본적인 방법이며, 손상 후 안정되지 않으면 치유가 이뤄지지 않는다. 얼음찜질(Ice)은 통증을 감소시키고, 혈관의 수축을 촉진시켜서 부종을 예방하고 대사율을 낮춰 손상된 세포의 저산소증으로 인한 피해를 최소화시킨다.

압박(Compression)은 얼음찜질 후 부종을 감소시키고, 출혈을 줄이는 데 도움을 준다. 마지막으로 거상(Elevation)은 사지의 정맥이 압력을 받아 장기나 조직에 피가 고이는 현상을 최소화하기 위해 손상 부위를 들어올린다.

333의 법칙

- 낮은 온도선 – 3시간 생존
- 물이 없으면 – 3일을 유지
- 식량 없다면 – 3주가 한계

1995년 삼풍백화점이 붕괴되어 502명의 생명을 앗아간 사고가 일어났다. 1주일이 지나자 더는 생존자가 없을 거란 관측이 많았다. 그 예상은 빗나갔다. 사고가 난 지 9일과 11일, 각각 생존자가 발견됐다. 2주가 넘었다. 구조대원은 물론이고 일반 국민도 이제는 정말 생존자가 없으리라고 생각했다. 그러나 모두의 예상을 깨고 사고 발생 15일 만에 극적으로 생존자가 발견됐다. '호랑이에게 잡혀가도 정신만 차리면 된다.' 밀폐됐거나 고립된 공간에 혼자 남겨질 때 가장 먼저 떠올려야 할 속담이다. 보이스카우트가 생존수칙으로 만든 'STOP'에도 같은 내용이 있다. 'STOP'은 Stop(공포와 당황으로 허둥대는 것을 멈추고 마음을 가라앉히고), Think(현재의 사태를 곰곰이 검토하여), Observe(주위를 잘 살펴 본인에게 도움이 될 것을 파악하고 모은 후), Plan(구조대가 도착할 때까지 살아남을 계획을 면밀하게 수립하는 것)의 앞글자를 딴 것이다.

바짝 정신을 차렸다면 구조대가 올 때까지 생명을 유지하는 데 필요한 행동수칙의 우선순위를 정해야 한다. 고립돼 있기 때문에 식량부터 구한다면 틀렸다. 의학적으로 사람이 생존하는 데 꼭 필요한 '3의 법칙'이 있는데, 여기서 식량에 대한 우선순위는 맨 마지막이다. 3의 법칙에 따르면 매우 낮은 온도에서 인간은 3시간 이상 생존할 수 없다. 물이 없으면 3일을 버틸 수 없다. 식량이 없으면 3주 이상 살 수 없다. 결국 체온을 유지하기 위한 수단을 찾는 게 가장 시급하다.

저체온증이 생명을 위협할 수준이 되지 않도록 하려면 우선 몸을 마른 상태로 유지해야 한다. 가능하면 젖은 옷을 벗고 축축한 몸은 마른 수건으로 닦아내도록 한다. 갈아입을 옷이 없다면 머리만이라도 닦아내야 한다. 머리를 통해 열이 가장 많이 손실되기 때문이다. 겨울에 모자를 쓰면 금방 따뜻해지는 기분이 드는 것도 같은 이치다. 남아 있는 천이나 옷으로 머리를 감싸주도록 한다. 저체온증으로 인한 손상은 손가락과 발가락 등 심장으로부터 먼 곳에서 시작된다. 따라서 머리 다음으로는 몸의 끝 부분을 보온해줘야 한다. 덮을 수 있는 것은 모두 꺼내 덮도록 한다. 공기가 충분한 상황이라면 불을 피우는 것도 방법이다. 다만 밀폐된 공간이라면 공기가 빨리 소모되기 때문에 불을 피워서는 안 된다.

산소 확보도 필수다. 마음을 가라앉히고 호흡의 수를 줄이도록 한다. 성인 남녀의 1회 호흡 공기량은 각각 500밀리리터, 400밀리리터 정도다. 1분 동안 성인 남자는 10리터, 여자는 8리터의 공기가 소모된다. 개인의 폐 건강 상태, 흡연 여부에 따라 산소 소모량이 다르기 때문에 산소가 사라지는 마지노선을 계산하기는 쉽지 않다. 다만 불안과 흥분으로 헉헉거리며 숨을 쉴 때는 산소가 빨리 줄어든다. 숨을 천천히 쉬어야 하는 이유다.

저온 상태에 오래 노출돼 있으면 몸에 있는 물이 더 빨리 손실된다. 몸에서 진한 노란 빛깔의 소변이 나온다면 이미 탈수 증세가 시작됐다는 징후다. 이때는 어떻게든 물을 확보하는 게 중요하다. 정말 아무 물도 없다면 소변이라도 마시는 게 좋다. 더럽다고 생각할지 모르지만 우주정거장에서도 소변을 재활용해 식수로 쓴다는 사실을 잊지 말자. 소변이라도 모아서 마시면 조금씩 물 보충을 할 수 있기 때문에 최악의 상황은 피할 수 있다.

3부
빙벽등반

제9장
빙벽등반 장비

빙벽등반은 암벽등반과는 달리 얼음에서 자유를 추구하는 오름짓이다. 아이스 툴과 크램폰, 로프와 확보물 같은 단순한 도구만 가지고 기술, 판단력, 용기가 있다면 어떤 빙설벽도 오를 수 있는 것이 빙벽등반의 매력이다. 얼음은 다양한 모습을 띠고 있다. 눈과 달리 비와 우박이 추운 날씨로 인해 언 설빙(alpine ice)이나 액체 상태의 물이 얼어서 이루어진 수빙(water ice)이 있다. 설빙과 굳은 눈 사이에는 명확한 구분이 없다. 수빙에는 얼어붙은 폭포(빙폭)에서 비나 눈 녹은 물이 바위에 얼어붙은 얇고 투명한 베르글라(verglas, 박빙)까지 다양하다. 설빙과 수빙의 중요한 차이점은 밀도가 다른데, 수빙은 설빙보다 더 단단하고 경사가 심하며 깨지기 쉽다. 모든 형태의 등반이 다 그렇듯 빙벽등반에서는 사면의 경사도에 따라 선택하는 기술이 달라진다. 보통 60도까지의 경사에서는 크램폰의 발톱을 평평하게 찍는 플랫 푸팅이라 불리는 프랑스식 기술이 사용되며, 그 이상의 경사에서는 프런트 포인팅이라 불리는 독일식 기술이 사용된다.

아이스 툴

빙벽등반에서 사용하는 아이스 툴(ice tool) 또는 아이스 액스(ice ax)의 샤프트는 일반적인 겨울산행에서 사용하는 피켈보다 짧다. 짧은 샤프트는 다루기 쉽고 피크가 박히는 정확도가 높으며, 팔근육을 피로하게 하는 샤프트의 진동을 줄여준다. 키가 180센티미터 이상인 사람에게는 샤프트가 50센티미터가 적당하며, 그보다 키가 작으면 45센티미터가 적당하다. 또한 휘어진 샤프트는 직선형보다 볼록 튀어나온 얼음에서 타격을 자유롭게 해주며, 손가락이 얼음에 부딪히는 것을 방지해 준다. 그러나 휘어진 샤프트의 단점은 해머나 애쯔 사용이 불편하고 샤프트를 눈 속에 찔러 넣을 때 방해가 된다. 샤프트의 위쪽, 즉 헤드 아래쪽이 구부러진 것은 볼록한 얼음이나 꽃양배추 얼음 위로 휘두르기 쉽다. 너무 굵은 샤프트는 손을 피로하게 만들지만, 너무 얇은 샤프트는 다루기 힘들다.

대부분의 샤프트는 손으로 잡기 쉽도록 마찰력이 큰 재질로 되어 있지만, 더욱 쉽게 잡기 위해 손바닥 부분을 고무로 덧댄 장갑을 사용하는 것이 좋다. 샤프트 아랫부분에는 스파이크가 있는데, 경사가 완만한 얼음에서 지팡이처럼 사용할 수 있다. 뭉툭한 스파이크는 얼음 위에서 미끄러질 염려가 있고 너무 날카로우면 옷을 찢을 수 있으므로 적당히 예리해야 한다. 대부분 스파이크에는 카라비너 구멍이 있어서 일시적인 개인 확보물로 사용할 수도 있지만, 등반자 확보를 위한 확보물로 사용해서는 안 된다.

대부분의 아이스 툴은 피켈과 달리 헤드 부분에 애쯔 대신 해머가 달려 있다. 많은 아이스 툴들이 표준 규격을 따르고 있지만 피크만 교체 가능한 준규격화된 제품도 있다. 완전 규격화된 아이스 툴은 피크와 애쯔, 해머를 모두 교체하는 것이 가능하다. 애쯔는 스텝을 깎고 스크루를 설치하기 위해 표면의 얼음을 걷어내고, 발 홀드를 만드는 데 사용한다. 해머는 스노우 바나 피톤을 때려 박거나 스크루와 아이스 훅을 설치할 때 사용한다. 애쯔도 여러 모양과 크기로 나오므로 규격화된 아이스 툴을 사용하면 헤드가 부러지거나 얼음 상태에 따라 애쯔를 다른 것으로 바꾸어 끼울 수도 있다. 가

대표적인 아이스 툴

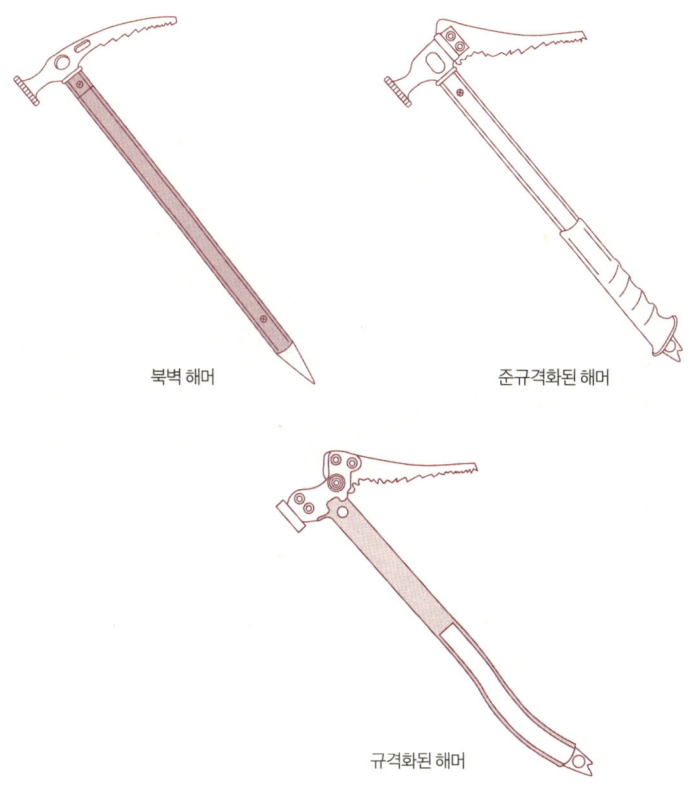

북벽 해머   준규격화된 해머

규격화된 해머

장 흔한 애쯔는 곧게 뻗어서 샤프트와 거의 직각이거나 약간 아래로 꺾여 있다. 곧게 뻗은 애쯔의 날카로운 모서리는 스텝을 깎는데 편리하다. 아래로 구부러진 애쯔는 눈이나 썩은 얼음을 오르는데 좋다. 헤드의 무게 또한 중요한데, 헤드가 비교적 무거운 것은 얼음에 쉽게 박히지만 그만큼 빼기 어려울 수 있다. 빙벽등반과 혼합등반에서는 두 개의 아이스 툴을 모두 해머로 사용하여 왼손 혹은 오른손으로 피톤을 박는데 편리하며, 아이스 툴이 빠질 경우 얼굴에 상처를 입는 것을 피할 수 있다. 알파인등반에서는 한 손에 해머, 다른 손에 애쯔를 쓰면 눈이나 얼음을 깎아 스텝을 만드는데 편리하다.

아이스 툴의 핵심은 무엇보다 피크에 있다. 피크는 타격할 때 얼음에 잘 박히고 쉽게 빠져나와야 한다. 피크가 박히고 빠지는 특성은 기하학적 구조, 두께, 톱니의 배열로 결정된다. 피크가 급하게 구부러질수록, 톱니가 날카롭고 깊을수록, 톱니수가 많을수록 더욱 잘 박힌다. 톱니는 샤프트의 끝을 당기면 얼음 속으로 파고 들어가는 형태로 만들어졌으며, 대부분의 경우 앞의 톱니 몇 개만 박혀 얼음 속에서 지탱해준다. 아이스 툴의 피크는 곡선형과 역곡선형의 두 가지로 되어 있다. 일반 등산용 피켈의 피크는 약간 아래로 구부러져 있는 데 반해 아이스 툴의 피크는 대부분 심하게 아래로 구부러진 곡선형 피크로 되어 있다. 이는 자기 제동을 하기에 가장 효과적이기 때문이다. 역곡선형 피크는 얼음에 튼튼하게 박히고 쉽게 뺄 수 있어서 경사가 심한 빙벽등반에 가장 많이 쓰인다. 또한 얼음에 잘 걸리기 때문에 자기 제동에도 매우 효과적이다.

어떤 피크든 손줄로 쉽게 모양을 변형시킬 수 있지만, 원 상태로 되돌릴 수 없으므로 신중하게 갈아야 한다. 얼음에서 쉽게 뺄 수 있도록 피크 윗부분을 양면을 칼날처럼 가는 것이 중요하다. 피크 앞날의 각도는 양각과 음각 형태가 있다. 양각 피크는 제동할 때 쉽지만 타격할 때 까다롭다. 반면 음각 피크는 타격했을 때 잘 박히지만 제동할 때 미끄러지기 쉬우며 회수가 잘 안 된다. 얇은 피크는 얼음에 잘 박히지만 얼음이 쉽게 부서지며, 두꺼운 피크는 제대로 박히려면 많은 힘이 필요하고 얼음이 부서질 가능성도 크지만 그만

피크의 형태

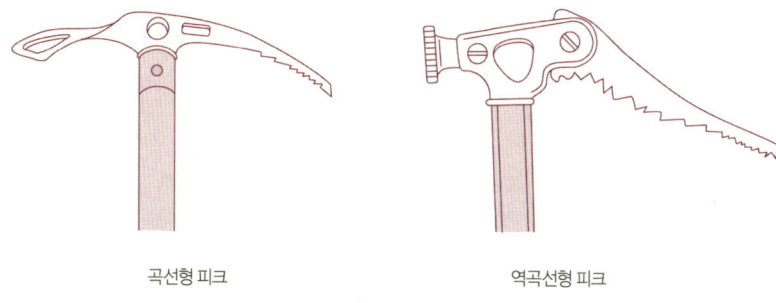

곡선형 피크　　　　　역곡선형 피크

역곡선형 피크를 확대한 모습

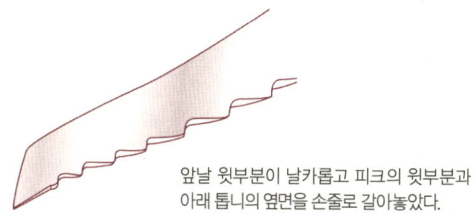

앞날 윗부분이 날카롭고 피크의 윗부분과
아래 톱니의 옆면을 손줄로 갈아놓았다.

큼 단단하게 박힌다.

　아이스 툴에 연결된 손목 고리는 타격하는데 도움을 주고 체중을 싣고 매달릴 때 손에 펌핑이 오는 것을 방지한다. 또한 아이스 툴을 떨어뜨려도 잃어버리지 않게 해준다. 손목 고리는 아이스 툴의 헤드에 있는 구멍에 걸어서 샤프트에 알맞은 길이로 조절할 수 있다. 장갑을 낀 상태에서도 다른 손의 도움 없이 넣고 빼기가 쉬운 디자인으로 되어 있어야 한다.

　아이스 툴은 샤프트의 두께와 모양, 헤드와 피크의 각도 그리고 형태에 따라 다양한 제품이 나오므로 자신에게 맞는 스타일의 아

아이스 툴을 휘두르기

목표지점

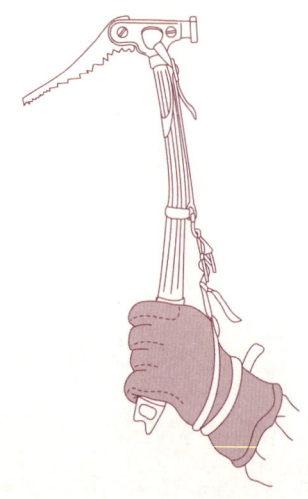
아이스 툴에 사용되는 손목 고리

이스 툴을 선택하는 것이 중요하다. 즉 휘어진 샤프트와 타격할 때 헤드의 무게가 맞는지 신중하게 고려해야 한다. 타격할 때 손잡이가 구부러졌다고 해서 주먹이 얼음에 부딪히지 않는 것은 아니다. 이는 타격 실력이 좋지 못한 결과이니 더 많은 연습이 필요할 뿐이다. 또한 규격화된 아이스 툴을 사용하면 헤드나 피크를 교체해서 사용할 수 있는 장점이 있다.

크램폰

빙벽등반에서 사용하는 크램폰의 발톱은 12개로서 날카로워야 한다. 크램폰의 종류는 분리형, 고정형, 준고정형이 있는데 프런트 포인팅을 많이 사용하는 빙벽등반에서는 고정형 크램폰을 선호한다. 고정형은 밀도가 높은 빙폭에서 분리형보다 덜 떨어져서 그만큼 안정적이기 때문이다. 하지만 고정형은 크램폰 프레임에 지나치게 하중이 전달되는 것을 방지하기 위해 바닥이 딱딱한 등산화를 착용해야 한다. 부드러운 등산화의 경우 충격을 주었을 때 바인딩이 비틀려서 크램폰이 벗겨질 수 있다.

앞발톱과 두 번째 발톱의 각도는 얼음을 얼마나 잘 뚫고 들어가는지를 결정하는 데 중요한 요소다. 빙벽용 크램폰의 경우 앞발톱

앞발톱이 교체 가능한 준고정형 크램폰

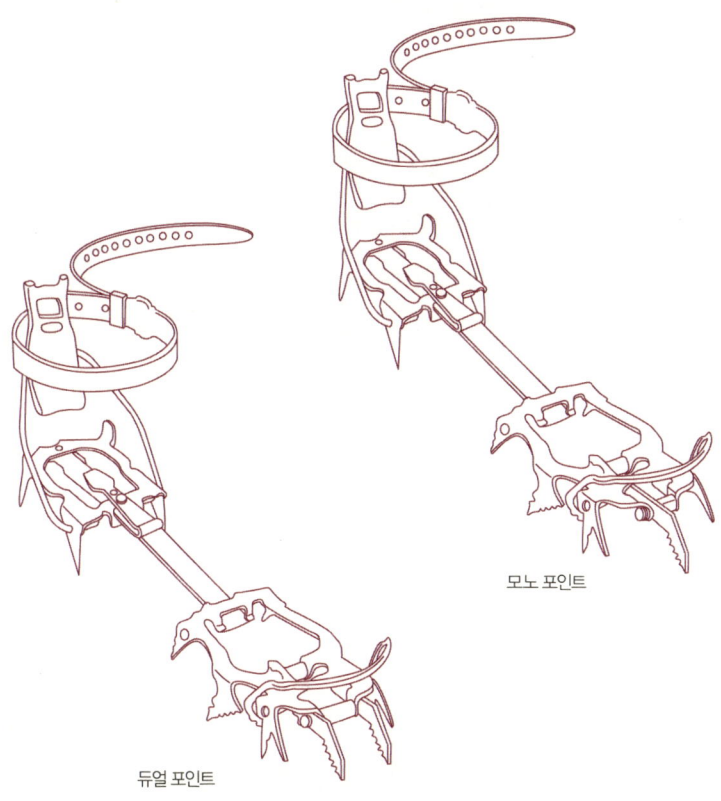

모노 포인트

듀얼 포인트

은 아래로 약간 구부러져서 앞으로 똑바로 뻗어 있고, 두 번째 발톱은 앞으로 약간 들려 있다. 앞발톱이 수평으로 된 것은 단단하지 않은 얼음과 혼합등반에 사용하기 좋다. 앞발톱이 수직으로 된 것은 발톱이 하나인 모노 포인트와 듀얼 포인트가 있다. 모노 포인트는 단단한 얼음과 혼합등반에서 최고의 위력을 발휘한다. 두툼한 얼음에서는 더블 포인트가 더욱 안정적이다.

   모노 포인트의 최대 강점은 발을 높이 찍을 수 있고 얼음 안쪽으로 찍을 때 발동작을 자유롭게 구사할 수 있다. 또한 듀얼 포인트보다 관통력이 좋고 얼음이 쉽게 깨지지 않는다. 혼합등반을 할 때 암벽 구간에서 몸의 균형을 유지하기 편하며, 폭이 좁은 크랙에 끼워 넣기도 좋다. 듀얼 포인트는 양발을 항상 얼음 면에 수직(11자)으로 유지해야 하지만, 모노 포인트는 발목을 좌우로 비틀어 딛는 인사이드 스텝에서도 자유롭게 일어설 수 있다. 앞발톱과 등산화의 앞꿈치의 간격은 프런트 포인팅을 할 때 정확성을 높이고 장딴지에 무리가 덜 가도록 하기 위해 가능하면 짧게 한다. 하지만 적당하게 얼음을 찍기 위해서는 등산화 앞꿈치와 적어도 2.5센티미터 정도는 남겨둬야 한다.

빙벽 확보물

   얼음이나 단단한 눈에 박아서 홀드나 확보용으로 사용하는 장비로서 스크루, 스나그 등의 인공확보물과 아이스 볼라드, 아발라코프 확보물 같은 자연확보물이 있다. 독일어로는 아이스하켄

(eishaken)이라고 하며, 영어로는 아이스 피톤(ice piton)이라고 한다. 아이스 피톤은 1924년 독일의 등반가 프리츠 리겔(Fritz Rigele)에 의해 개발되었으며, 그 후 암벽등반 등급 체계를 만든 독일의 빌헬름 벨첸바흐(Wilhelm Welzenbach)에 의해 널리 보급되었다. 그로스비스바흐호른(Grosswiesbachhorn) 북벽 초등반에서 두 사람이 함께 등반할 때 처음으로 아이스 피톤을 사용했다. 이후 아이스 피톤은 새로운 빙벽등반 장비로 실용화되었고 알프스의 수많은 북벽 등반에서 사용되었다.

　최초의 아이스 피톤은 앞 끝을 평형으로 날카롭게 갈아 얼음에 잘 박히도록 했으며, 톱니를 만들어 얼음에서 빠지는 것을 방지했다. 카라비너를 끼울 수 있도록 링을 부착하기도 했다. 그 후 아이스 피톤은 발전을 거듭해 1936년에는 이탈리아에서 파이프형 아이스 피톤이 만들어졌고, 1939년에는 단면이 활처럼 휘어진 궁형 아이스 피톤이 출현했다. 오늘날과 같은 스크루 형태의 아이스 피톤이 나온 것은 1960년대였다. 또한 1970년대에는 바르트혹(warthog)이라는 아이스 피톤이 보급되었고, 1980년대 초에는 스나그(snag)와 아이스 훅(ice hook)이 개발되었다. 1980년대 말에는 현재와 같은 모양의 설치와 회수가 쉬운 4발톱짜리 스크루가 탄생했다. 아이스 피톤은 모양에 따라 평형, U자형, V자형, 파이프형, 핀 스크루형 등으로 분류되나, 현재 스크루형을 제외하고는 점차 사라지고 있다. 최근에 보급되는 스크루의 재질은 크롬 몰리브덴 스틸에서 스테인리스 스틸이나 티타늄 합금강 쪽으로 대체되고 있다.

　그 밖에도 아이스 툴을 휴대하기 위한 홀스터(holster)가 있으며, 아이스 툴과 아이스 스크루를 휴대하기 쉽게 해주는 다양한 형태의 장비가 나와 있다. 예를 들어 아이스 툴과 안전벨트를 연결하는 탯줄은 등반자와 아이스 툴이 분리되는 것을 방지해준다. 탯줄은 등반 도중 확보를 하는 것이 아니라 실수로 아이스 툴을 떨어뜨리는 것을 예방하고 추락하더라도 밑으로 떨어지는 것을 막아준다. 탯줄은 7밀리미터 정도로 굵은 코드 슬링을 사용하며 충분한 길이

다양한 빙벽 확보물

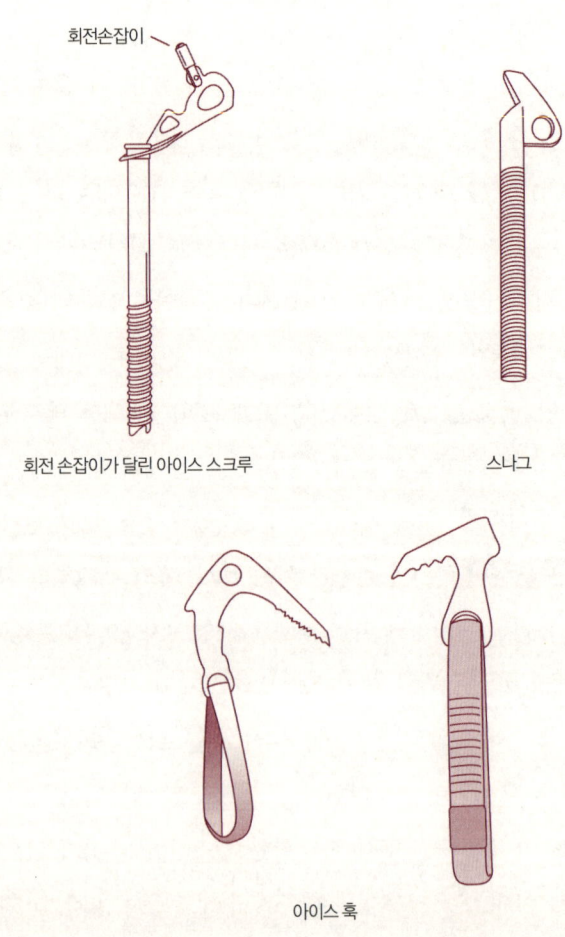

회전손잡이

회전 손잡이가 달린 아이스 스크루

스나그

아이스 훅

얼음 기둥을 이용한 자연 확보물

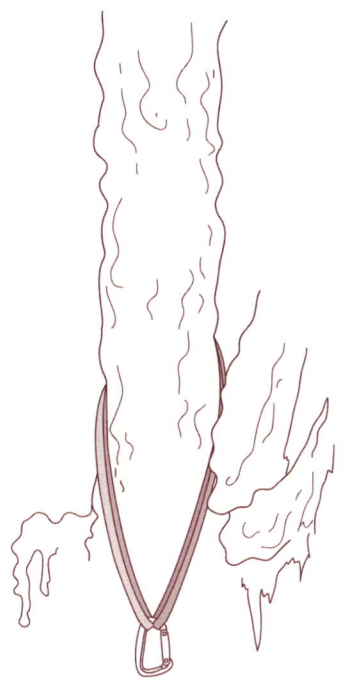

의 여유가 있어야 한다. 아이스 툴을 휘두를 때 탯줄로 인해 방해가 될 수도 있으므로 목에 건 슬링이나 고무줄에 통과시켜 걸리적거리지 않게 한다.

로프

처음에는 마닐라 삼이나 사이잘 삼 같은 천연섬유로 만든 로프를 썼지만 강한 충격을 잡아주기에는 믿을만한 것이 못 되었다.

휴대하기 편리한 스크루 걸이

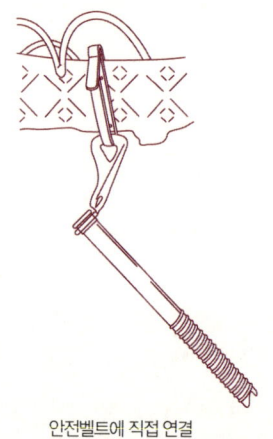

안전벨트에 직접 연결

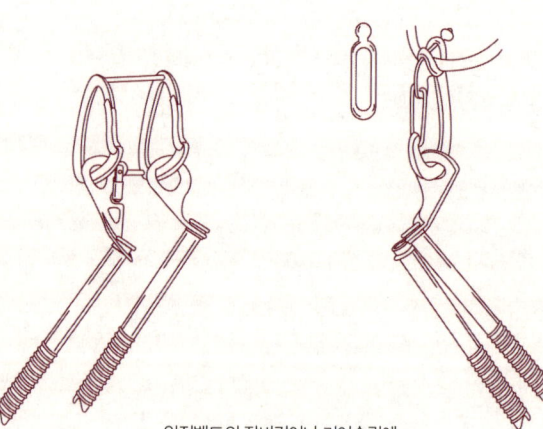

안전벨트의 장비걸이나 기어슬링에
연결하는 고정식 카라비너

빙벽등반을 하기 전에 장비를 착용한 모습

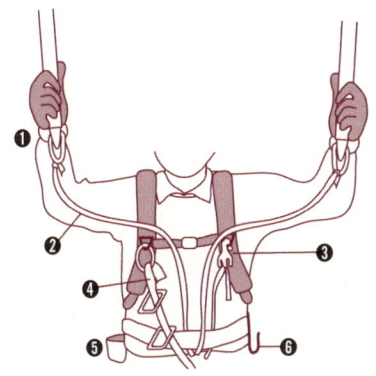

❶ 손목 고리 : 알맞은 길이로 조절한다.
❷ 탯줄 : 아이스 툴과 안전벨트를 7밀리미터 코드 슬링으로 연결한다.
❸ 피피 : 탯줄의 길이를 자유롭게 조절할 수 있다.
❹ 데이지 체인 : 자기 확보용으로 길이를 조절할 수 있다.
❺ 홀스터 : 아이스 툴을 휴대, 보관하는 가죽 케이스
❻ 철사 고리 : 홀스터 대신 철사로 만들어 사용할 수도 있다.

피피

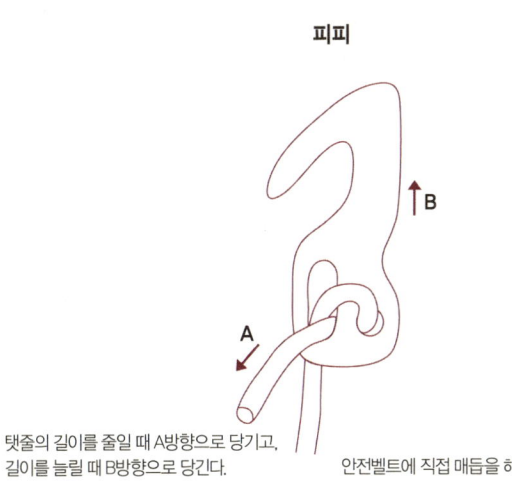

탯줄의 길이를 줄일 때 A방향으로 당기고, 길이를 늘릴 때 B방향으로 당긴다.

안전벨트에 직접 매듭을 해서 묶는다.

2차 세계대전 중에 개발한 나일론 로프는 등반에 근본적인 변화를 가져왔다. 무겁고 강도가 약한 마닐라 로프 대신 2톤이 넘는 인장력을 가지는 가벼운 나일론 로프를 사용할 수 있게 되었다. 처음 나온 나일론 로프는 새끼줄을 꼬아 놓은 것처럼 나일론 섬유다발 3~4개를 꼬아서 만들었다. 나일론 로프는 천연섬유 로프에 비해

많이 앞선 것이지만, 마찰열에 약한 단점을 가지고 있었다. 또한 너무 잘 늘어나서 직접 로프에 매달리는 인공등반에는 아주 불편했다. 그래서 1950년대 유럽에서 나일론 섬유로 속심에다 외피를 감싼 형태로 만들면서 꼰 로프의 단점을 보완했다.

등반용으로 만든 나일론 로프를 동적(dynamic) 로프라고 하는데, 추락할 때 발생하는 힘에 의해 로프가 늘어나면서 충격을 줄여 준다. 로프 설명서에서 가장 중요하게 살펴야 할 것은 충격력인데, 일반적으로 낮을수록 좋다. 충격력 수치가 낮은 로프는 추락할 때 등반자와 확보자, 확보장치에 더 작은 힘이 전달된다는 것을 의미한다. 그러나 충격력이 낮은 로프는 신장력이 커서 추락 거리가 많이 늘어난다. 동적 로프의 신장률은 약 6~7퍼센트로 주로 암벽용으로 사용한다. 정적(static) 로프의 신장률은 약 2~3퍼센트로 잘 늘어나지 않으며, 주로 구조용과 동굴 탐사용 등 고정 로프로 사용한다. 보통 동적 로프는 부드러우며 화려한 색상이고 정적 로프는 뻣뻣하면서 단일한 색상으로 만들어져 쉽게 구분할 수 있다. 로프가 젖으면 다루기 불편하고 무거우며 기온이 떨어지면 얼 수도 있다. 또한 젖은 로프는 마른 로프보다 강도가 30퍼센트나 떨어진다. 이런 단점을 보완하기 위해 빙벽등반에서는 실리콘이나 종합불소로 코팅 처리를 한 방수 로프를 사용하기도 한다.

로프는 등반자의 생명을 보호하는 중요한 장비이므로 관리에도 철저하게 신경을 써야 한다. 로프를 밟으면 흙과 먼지 같은 입자들이 들어가 속에서 마찰을 일으킨다. 시간이 흐를수록 입자들은 아주 작은 칼처럼 작용하여 나일론 섬유 가닥을 자르는 역할을 한다. 이렇게 조금씩 상한 로프가 날카로운 모서리에서 발에 밟히면 피

나일론 로프의 구조

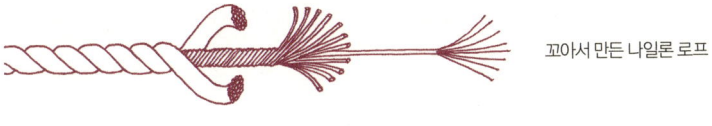
꼬아서 만든 나일론 로프

속심과 껍질을 짜서 만든 것

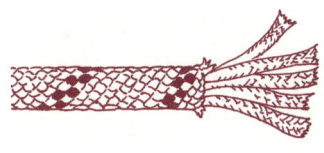
속심은 여러 다발로 만들고 껍질만 짠 것

속심 모두를 한 다발로 만들고 껍질만 짠 것

해는 더욱 커진다. 특히 크램폰을 신고 있을 때는 로프 관리에 더 신경을 써야 한다. 날카로운 쇠붙이로 인해 로프에 상처가 나면 껍질에는 눈에 띄지 않지만 속심에 큰 상처를 줄 수 있다. 로프의 가장 큰 단점은 열에 약하다는 것이다. 나일론은 약한 열에도 녹아버리는 특성을 갖기 때문이다. 또한 로프에 무게가 실리면 열에 더 약해진다. 나일론 로프는 충격을 줄여주는 장점도 있지만, 강한 충격을 받을 때는 다시 원상태로 회복되지 않는 단점도 있다. 햇빛에 포함된 자외선에 약한 것도 큰 단점이다. 자외선은 나일론을 삭게 해서 강도를 떨어뜨린다. 어둡고 서늘한 곳에 보관한 새 로프는 8년이 지나도 상하지 않는다는 실험결과가 있다. 하지만 장비점의 진열장에서 오랫동안 햇빛을 받은 로프는 아주 약해져 있으므로 구입할 때 주의해야 한다.

로프에서 가장 많이 상하는 곳은 로프의 매듭 부분으로 충격의 30퍼센트가 전달된다. 따라서 등반자는 충격을 가장 적게 받을 수 있는 매듭(8자 매듭)을 써서 로프가 상하는 것을 줄여야 한다. 한편 등반자가 긴 거리를 떨어졌다면 로프가 원래의 길이로 돌아갈 수 있는 여유 시간을 주어야 하는데, 적어도 10분 정도는 등반하지 말고 쉬어야 한다. 만일 이런 여유 없이 다시 로프에 충격을 준다면 그만큼 끊어질 가능성이 높아진다. 로프가 눈에 거슬리는 흠이 없으면 언제 폐기할지 결정하기 어렵다. 얼마나 자주 사용했는지, 어떻게 관리했는지, 몇 번의 추락을 견뎌냈는지, 몇 년을 사용했는지에 따라 폐기 여부를 결정해야 한다. 다음은 등반자가 언제 로프를 폐기할지 결정하는 데 도움을 주는 일반지침이다.

- 날마다 쓴 로프는 1년 안에 폐기한다.
- 주말마다 쓴 로프는 2년 정도 쓸 수 있다.
- 가끔 쓴 로프는 4년이 지나면 사용을 중지한다.
- 아주 큰 충격을 받은 로프는 폐기하는 것이 현명하다.

로프는 미지근한 물에 연성세제를 풀어 담갔다가 손빨래를 하거나 세탁기로 빤다. 그다음 깨끗한 물에 몇 번 행군 다음 그늘진 곳에서 말려야 하고 보관하기 전에 완전히 말랐는지 확인해야 한다. 매듭을 모두 풀고 느슨하게 사려서 햇빛을 바로 받지 않는 시원하고 건조한 곳에 둔다.

가지고 다니거나 보관하기 위해 로프를 사려야 하는데, 가장 많이 쓰는 방법으로 둥글게 사리기(mountaineer's coil)와 나비 모양 사리기(butterfly coil)가 있다. 먼저 둥글게 사리기는 배낭에 넣어 가지고 다니기 편한 방법이다. 로프를 감다 보면 동그랗게 되지 않고 8자 모양으로 감기기 쉬운데, 모양이 좋게 동그랗게 감으려고 로프를 돌리면서 사리면 로프를 풀 때 꼬인다. 따라서 자연스럽게 사리면 로프는 저절로 8자 모양으로 감기고 풀 때도 꼬임이 없다. 나비 모양 사리기는 속도가 빠르고, 사릴 때 손에 쥐는 뭉치가 작아 손에 부담이 적다. 또한 로프를 풀 때 둥글게 사리기보다 꼬이거나 엉키지 않고, 배낭이 없을 때 몸에 직접 매달 수도 있다. 어떤 방법

둥글게 사리기

나비 모양 사리기

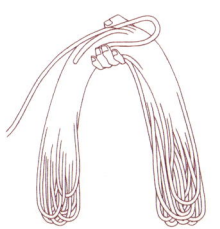 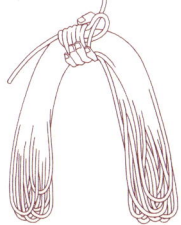

어깨 메기

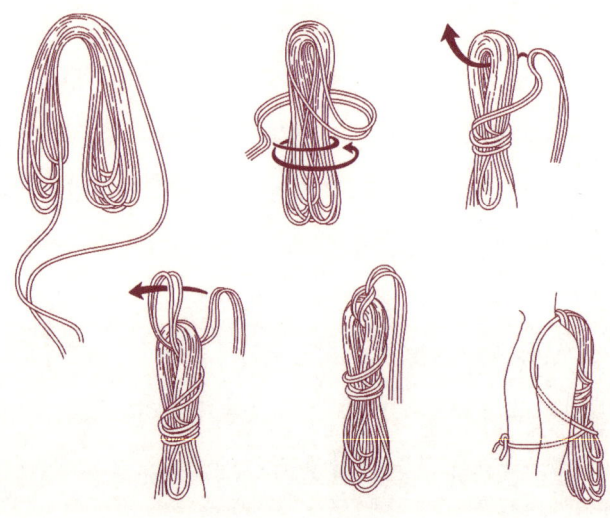

을 사용하든 로프는 잘 사려져 있어야 한다. 로프를 풀 때는 매듭을 풀고 감긴 순서대로 한 가닥씩 차곡차곡 풀어야 한다. 매듭을 푼 뒤 한쪽 끝을 잡아당기면 로프가 뒤엉켜 엉망이 된다. 로프가 엉키면 다시 사리는 것보다 몇 배의 시간이 걸린다.

슬링

러너(runner)이라고 부르는 슬링(sling)은 웨빙이나 코드로 만든 긴 끈으로 등반장비 중에서 가장 많이 쓰는 것 중의 하나다. 슬링은 확보물과 카라비너를 연결하고, 나무나 바위에 둘러 확보지점을 만들며 때로는 위급하고 중요한 연결 등 여러 용도로 쓰인다. 슬링은 보통 테이프라고 부르는 튜블러 웨빙(tubular webbing : 원통 모양으로 짠 것)과 플랫 웨빙(flat webbing : 통째로 짠 것), 그리고 로프와 같은 구조와 모양을 한 코드슬링(code)이 있다. 웨빙은 폭 1.5~2.5센티미터를 많이 쓰며, 코드는 굵기가 3~9밀리미터로 만드는데, 큰 충격을 받는 곳에서 지름이 8밀리미터가 안 되는 코드는 사용하지 말아야 한다.

러너는 보통 30센티미터나 60센티미터 길이가 되도록 고리를 만들어 쓰며, 때에 따라 더 긴 러너가 필요할 때도 있다. 러너를 만들 때는 매듭할 부분까지 생각해서 여유 있게 잘라야 하고, 웨빙 러너는 테이프 매듭, 코드 러너는 이중 피셔맨즈 매듭으로 묶는다. 매듭 끝의 여분은 4~5센티미터를 남겨서 매듭이 저절로 풀리지 않도록 하고 슬링 끝 부분을 불로 지져서 올이 풀리는 것을 막아 준다. 또한 웨빙에 묶은 테이프 매듭은 쉽게 헐거워져서 매듭을 자주 조여야 한다. 러너 역시 나일론이기 때문에 로프처럼 잘 보관하고 관리해야 한다. 이따금 기존의 바윗길 확보물에 걸려있는 러너를 그대로 쓰는 사람이 있는데, 새것일지라도 강한 충격을 받았을 수도 있고 자외선을 오랫동안 받아서 약해져 있기 때문에 아주 위험하다. 장비점에서 파는 박음질한 러너는 매듭을 해서 만든 러너보다 가

웨빙의 종류

플랫 웨빙

튜블러 웨빙

여러 가지 러너

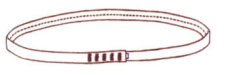
웨빙 슬링을 박음질해서
만든 웨빙 러너

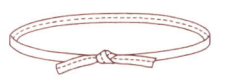
테이프 매듭을 해서
만든 웨빙 러너

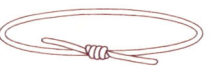
이중 피셔맨 매듭을 해서
만든 코드 러너

녑고 산뜻하며 풀릴 위험이 없고 사용하기에도 편리하다. 하지만 매듭을 해서 만든 러너는 박음질한 러너보다 좋은 점도 있다. 값이 싸고 매듭을 풀어서 바위나 나무에 묶어 쓸 수도 있고 몇 개를 서로 연결하면 더 긴 러너로 만들 수 있다.

퀵드로

퀵드로(quick draw)는 웨빙을 박음질해서 양쪽에 카라비너를 걸 수 있도록 고리로 만든 일종의 러너다. 즉 카라비너 + 퀵드로 + 카라비너 모양으로 이어서 쓰는 연결줄을 말한다. 용도는 러너와 비슷하지만 한정된 용도로 사용하며, 슬링으로 만든 러너에 비해 편리하다. 확보물에 카라비너를 걸고 로프를 통과시킬 때는 로프가 잘 움직이고 카라비너가 열리거나 빠지는 것을 막기 위해 확보물과 카라비너 사이에 러너로 연결해야 한다. 이때 퀵드로를 쓰면 확보물에 카라비너를 빠르고 쉽게 걸 수 있고 러너가 끊어질 위험도 적다. 퀵드로는 보통 5센티미터, 10센티미터, 15센티미터, 20센티미터 길이로 만들어 판다. 보통 10센티미터, 15센티미터를 가장 많이 쓴다. 퀵드로에 카라비너를 걸 때는 보통 카라비너의 여닫는 곳이

확보물과 로프를 퀵드로에 연결하기

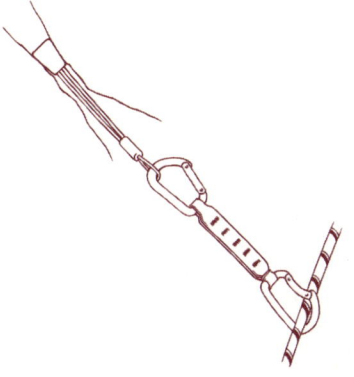

서로 반대 방향이 되도록 하는데, 로프를 통과시킬 때 편리하다. 하지만 사용하는 사람의 버릇에 따라 카라비너를 같은 방향으로 할 수도 있다.

안전벨트

초창기의 등반가들은 로프를 허리에 몇 번 감아서 보우라인 매듭을 하여 등반하기도 했다. 안전벨트(harness)는 떨어질 때 생기는 충격을 몸의 여러 부분에 흩어지게 해서 등반자를 안전하게 보호해 주고, 로프와 등반자를 안전하게 이어주는 장비다. 또한 등반할 때 확보장비를 매달 수 있는 장비걸이가 달려있다.

하단 벨트(seat harnesses)는 가장 많은 사람들이 쓰고 있는 안전벨트로 허리 벨트와 다리 고리가 연결되어 엉덩이를 편하게 받쳐

주고, 떨어질 때 생기는 충격을 허리와 엉덩이 전체로 흩어지게 한다. 하단 벨트는 허리 벨트와 다리 고리를 이어놓은 방법과 모양에 따라 여러 가지 종류가 있다. 허리 벨트와 다리 고리가 따로 된 것, 허리 벨트와 다리 고리가 따로 된 상태에서 둥근 웨빙으로 연결된 것이 있다. 다리 고리의 길이를 조절하거나 풀 수 있도록 버클을 달아 놓은 하단 벨트는 옷의 두께에 따라 다리 고리의 크기를 조절할 수 있다. 이는 크램폰과 이중 등산화를 신은 채 안전벨트를 찰 수 있을 뿐만 아니라 허리 벨트를 풀지 않고도 용변을 볼 수 있어 겨울용 안전벨트로 알맞다.

안전벨트는 일반용과 겨울용 그리고 자유등반용의 3가지로 나눌 수 있다. 일반용은 오랫동안 써도 강도가 떨어지지 않도록 튼튼하게 만들어져 있고, 허리 벨트와 다리 고리가 두껍고 오랜 시간 매달려도 편하도록 스펀지 띠로 허리와 다리를 감싸고 있다. 겨울용은 허리 벨트에 스펀지가 들어있지 않은 것으로 눈이나 물이 스며들어 얼어붙는 것을 막아 준다. 특히 고산 등반이나 겨울 등반을 할 때 안전벨트를 한 채 용변을 볼 수 있는 모양으로 만들어져 있다. 또한 등산화나 크램폰을 신은 상태에서도 손쉽게 벨트를 찰 수 있도록 되어 있다.

요즘 자유등반이나 경기등반이 여러 사람에게 잘 알려져 있어 가볍고 부피가 작은 경기용 벨트를 쓰는 사람이 늘고 있다. 이런 벨트는 착용감이 좋고 가벼워서 몸을 부드럽게 움직일 수 있어 짧은 바위나 인공암벽을 할 때 편리하다. 하지만 거친 자연 암벽에서 경기용 벨트를 차고 등반하는 것은 위험천만한 일이다. 초보자일수록 실용적이고, 편하고, 쓰기 좋고, 튼튼한 안전벨트를 고르는 것이

로프에 보울라인 매듭을 해서 허리에 묶는 방법

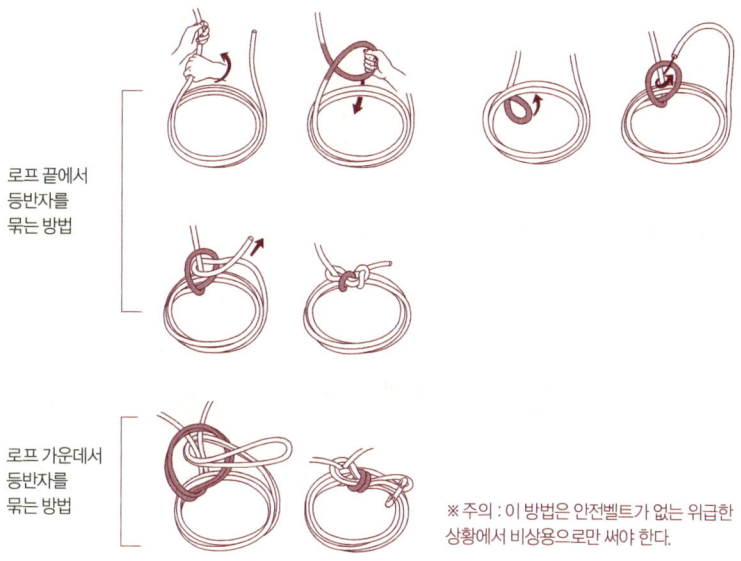

로프 끝에서 등반자를 묶는 방법

로프 가운데서 등반자를 묶는 방법

※ 주의 : 이 방법은 안전벨트가 없는 위급한 상황에서 비상용으로만 써야 한다.

좋다.

 안전벨트를 찰 때는 먼저 웨빙이 꼬이거나 뒤틀리지 않게 바로 펴서 찬다. 다리 고리는 가랑이와 엉덩이 사이의 넓적다리 위에 바짝 붙도록 한다. 이것은 다리 고리가 낮으면 움직일 때 불편할 뿐 아니라 떨어질 때 무릎을 당겨 얼굴에 부딪칠 수 있기 때문이다. 허리 벨트는 떨어지면서 몸이 뒤집어질 때 안전벨트에서 몸이 빠져 나오는 일이 없도록 단단히 조여 준다. 버클을 잠그는 방법은 장비회사의 설명서를 따라야 한다. 보통 안전벨트의 허리 벨트 버클은 한 번 끼우고 난 다음 다시 거꾸로 끼워야 안전하다. 버클은 한 번만 끼워도 튼튼한 것처럼 느껴질 수 있지만, 300킬로그램 이상 충격에서는 쉽게 빠진다.

하단 벨트의 종류

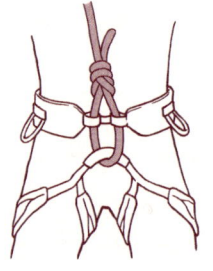
따로 나누어진 하단 벨트

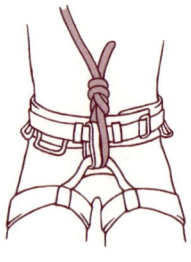
고리로 이어진 하단 벨트

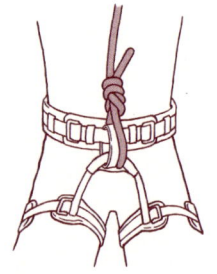
겨울용으로 알맞은 하단 벨트

웨빙으로 만든 간이 안전벨트

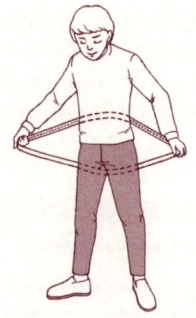

    안전벨트에 로프를 묶을 때는 허리 벨트와 다리 고리를 함께 묶어야 한다. 로프로 직접 두 곳을 걸어 매듭을 할 수도 있고, 잠금 카라비너로 로프 매듭을 안전벨트에 연결하는 방법이 있다. 그러나 안전벨트에 직접 묶는 방법이 더 안전하다. 허리 벨트와 다리 고리를 이어놓은 웨빙 고리에만 로프를 묶는 것은 올바른 방법이 아니다. 웨빙 고리는 충격이 전해지지 않는 용도, 즉 하강을 할 때나 자기 확보줄을 걸어두는 용도로만 써야 한다. 허리 벨트에 달려있는 장비 걸이는 강도가 10킬로그램을 넘지 않기 때문에 절대로 이곳

안전벨트를 찰 때 다리 고리의 높이

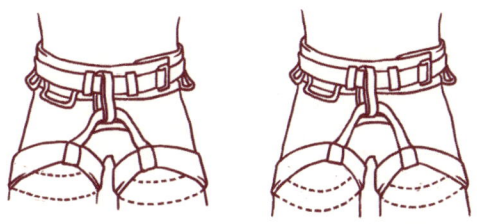

버클 바르게 끼우는 방법

에다가 로프를 묶거나 체중을 실으면 안 된다.

카라비너

카라비너(carabiner)는 등반할 때 없어서는 안 될 중요한 장비다. 등반자, 확보물, 로프, 러너, 매듭, 장비 등을 서로 안전하고 빠르게 연결할 수 있다. 알프스 등반 초기에는 여닫는 곳이 없는 쇠고리 같은 것으로 쓰다가 1910년경 독일의 오토 헤르조그(Otto Herzog)가 오늘날과 같은 모양의 카라비너를 만들었다. 처음에는 강철로 만들었는데 너무 무거워서 1950년대부터 알루미늄 합금으로 만든 가벼운 카라비너를 사용하고 있다. 카라비너에 대한 UIAA(국제산

카라비너의 강도 표시

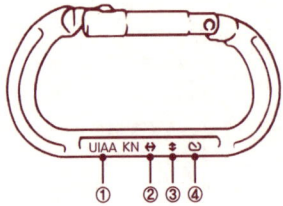

1뉴턴(1N)은 1킬로그램의 물체를 1초에 1미터의 가속도를 갖는 데 필요한 힘을 말한다. 1킬로뉴턴(1kN)은 1000N이며, 약 102킬로그램에 해당한다.

① 카라비너 강도
② 길이로 견딜 수 있는 강도
③ 옆으로 견딜 수 있는 강도
④ 여닫는 곳이 열려 있을 때 견딜 수 있는 강도

여러 가지 카라비너

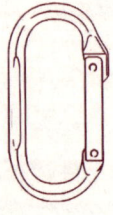  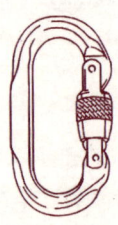 

O형 카라비너   D형 카라비너   O형 잠금 카라비너   D형 잠금 카라비너

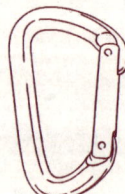  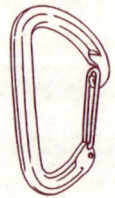

모양을 달리한 D형 카라비너

악연맹)의 규격은 긴 쪽으로 2,000킬로그램, 짧은 쪽으로 400킬로그램 이상의 힘을 견뎌야 한다. 또한 여닫는 곳이 열린 상태에서 긴 쪽으로 600킬로그램 이상의 강도를 견뎌야 한다.

카라비너는 크기와 모양이 여러 가지다. 'O'형 카라비너는 가장 처음에 나온 것으로 왼쪽과 오른쪽이 같은 모양이어서 여러 가지로 쓸 수 있다. 또한 'D'형 카라비너는 여닫는 곳을 피해 긴 쪽으로 충격이 가게 되어 있어 'O'형 카라비너보다 강도가 높다. 모양을 달리한 'D'형 카라비너는 보통 'D'형 카라비너의 강한 장점을 가지고 있고 여닫는 곳이 더 넓게 만들어져 로프를 걸거나 빼낼 때 편리하다. 여닫는 곳이 곡선으로 휘어져 있는 벤트게이트(bent gate) 카라비너는 어려운 바윗길에서 카라비너를 쉽게 쓸 수 있도록 특별하게 만든 것이다. 이런 카라비너는 여닫는 곳이 우연히 열릴 가능성이 높아서 보통 퀵드로와 같이 쓴다. 여닫는 곳 한쪽 끝에 잠금장치가 달린 잠금 카라비너(locking carabiner)는 하강할 때, 확보를 볼 때, 로프를 묶을 때처럼 특별히 더 안전해야 하는 곳에 쓴다. 다음은 카라비너를 사용하고 관리하는 데 알아두어야 할 지침이다.

- 항상 긴 쪽이 힘을 받도록 한다.
- 특히 여닫는 곳이 힘을 받아서는 안 된다.
- 여닫는 곳이 열린 상태에서는 긴 쪽으로 힘을 받더라도 강도가 크게 약해진다.
- 우연히 여닫는 곳이 열릴 수 있다는 점을 잊지 말아야 한다.
- 로프의 매듭 고리가 크면 여닫는 곳이 우연히 열릴 확률이 높다.

- 여닫는 곳은 항상 부드럽게 움직여야 한다.
- 높은 곳에서 떨어진 카라비너는 사용하지 말아야 한다.

헬멧

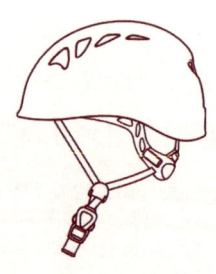

등반용 헬멧

등반용 헬멧(helmet)은 떨어질 때 바위에 부딪히거나 떨어지는 돌에 맞아 머리를 다치는 사고를 줄여준다. 등반하다가 갑자기 떨어지면 몸이 이리저리 튕길 수도 있고 무사히 떨어졌다고 해도 곧바로 시계추 작용 때문에 바위와 부딪칠 수 있다. 떨어지는 돌에 맞을 위험은 등반 중에만 있는 것이 아니다. 등반 준비를 할 때나 등반을 끝낸 다음 돌이 떨어지는 경우도 생길 수 있으므로 항상 조심해야 한다. UIAA에서는 헬멧의 모양과 튼튼한 정도, 탄력성을 평가해 안전한 헬멧에 대한 표준을 정하고 있으므로 UIAA의 승인 표시가 있는 헬멧을 사야 한다. 살 때는 직접 써 보고 머리 크기에 맞게 끈을 조절할 수 있는지 살펴봐야 한다. 또한 머리전등을 거는 고무줄이 달려있는 헬멧이 편리하다.

제10장

빙벽등반 기술

스텝 커팅

초창기 등산가들은 경사진 얼음이나 굳은 눈을 오르는 기술이라곤 계단을 파거나 얼음을 잘라내는 방법밖에 없었다. 크램폰의 발명이 스텝 커팅의 필요성을 줄여주긴 했지만 완전히 없애지는 못했다. 피켈을 사용해 스텝을 깎아야 할 이유는 다음과 같다. 먼저 크램폰이 없을 때 얼음에 덮인 구간을 만나거나 크램폰을 착용할 필요가 없는 짧은 얼음 구간이 나타날 수도 있다. 또는 크램폰이 부러졌거나 부상당한 동료를 위해 스텝을 깎아야 할 필요가 있다. 피켈의 애쯔로 스텝을 깎아내는 방법에는 두 가지가 있다. 피켈의 애쯔를 얼음의 표면과 나란히 휘둘러서 베어내는 방법과 애쯔를 얼

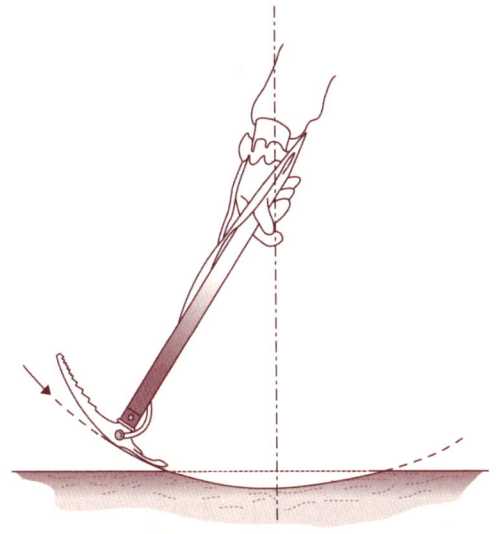

피켈로 베어내기 스텝을 만드는 방법

비스듬히 올라가는 사면에서 베어내기 스텝을 만드는 방법

피켈로 베어내기 스텝을 만든다.   발로 디디며 올라간다.

음의 직각 방향으로 휘둘러서 얼음에 계단을 만드는 방법이 있다. 스텝 커팅을 할 때는 손목 고리를 이용하면 휘두를 때 힘을 절약하고 떨어뜨려도 피켈을 잃어버리지 않을 수 있다.

중간 정도의 경사면을 트래버스 하거나 오르내릴 때는 베어내기 스텝(slash step)을 사용한다. 먼저 피켈을 손에 들고 균형을 잡는다. 애쯔를 산 위쪽 발에 피켈의 무게를 이용하여 평행으로 휘둘러서 두 개의 스텝을 만든다. 다음 애쯔를 사용해 얼음 조각들을 떠낸다. 가파른 경사면에서는 계단형 스텝(pigeonhole step)을 만든다. 스텝은 비스듬히 만들어야 하며, 등산화가 아래로 미끄러지지 않도록 사면 안쪽으로 약간 기울게 만들어야 한다. 경사가 낮으면 발의 일부분만 스텝에 걸쳐도 되지만 경사가 심해지면 등산화의 앞부분이 충분히 들어갈 정도로 스텝을 크게 만든다. 직선으로 올라가는 가파른 사면에 스텝을 만들 경우 스텝 사이의 폭은 어깨너비 정도가 되도록 한다.

완만한 경사면 오르기

완만한 경사의 얼음에서 프랑스식 기술은 필수적으로 익혀야 할 방법이다. 등산화 바닥을 얼음과 평행으로 유지하고 크램폰의 발톱이 다른 발의 옷이나 크램폰 스트랩에 걸리지 않도록 두 발을 약간 넓게 벌린다. 12개의 발톱이 모두 얼음에 단단히 박히도록 힘 있게 크램폰을 찍는다. 피켈은 지팡이 자세처럼 자기 확보 잡기로 헤드를 거머쥔다. 완만한 사면에서는 단순히 걷는 것으로 시작한다. 때로 발바닥을 표면과 수평으로 유지하기 위해 발목을 구부리는 동작이 필요하므로 발목이 유연한 등산화가 유리하다. 플라스틱 등산화일 경우 발목을 구부릴 수 있도록 신발 끈을 느슨하게 풀어준다.

사면이 가팔라질수록 등산화의 방향을 산 아래쪽으로 돌려주는 것이 발목의 부담을 덜어준다. 경사가 조금 가팔라지면 앞발을 오리처럼 벌리고 걷는다. 이때 무릎을 구부리고 양발에 체중을 나누어서 균형을 잡는다. 경사가 더욱 심해지면 오리걸음으로 걸을 때 발목에 심한 무리가 가해진다. 이때는 사면 쪽을 향해 옆으로 비스듬하게 올라간다. 크램폰의 발톱은 모두 평평하게 얼음 속에 박히도록 한다. 경사가 심해질수록 크램폰의 모서리로 디디려는 경

프랑스식 기술을 사용해 사선으로 오르기

균형 자세를 잡는다.

뒷발과 앞발을 번갈아 겹쳐 놓는다.

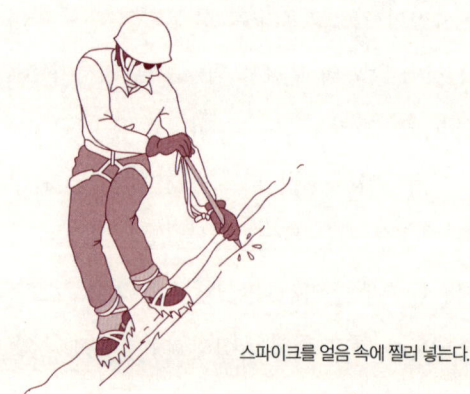

스파이크를 얼음 속에 찔러 넣는다.

향이 있는데, 발톱이 미끄러져 균형이 깨지기 쉽다. 경사가 심해질수록 발의 방향을 산 아래쪽으로 돌려야 한다.

완만한 경사에서 중간 정도의 경사로 바뀌면 피켈을 지팡이 자세로 잡기가 불편해진다. 이때는 피켈을 대각선 자세로 잡아서 안정성을 높여준다. 안쪽 손은 샤프트의 스파이크 바로 위를 잡고 다른 손은 피크가 앞으로 향하도록 피켈의 헤드를 자기 확보 자세로 거머쥔다. 샤프트가 사면과 직각이 되도록 스파이크를 얼음 속에 찔러 넣는다. 대각선 자세에서 피켈에 가해지는 힘의 대부분은 샤프트를 쥔 손에 두고 헤드를 잡고 있는 손은 균형만 유지하도록 한다. 바깥쪽 다리를 안쪽 다리의 무릎과 겹친다. 다음 안쪽 발을 뒤에서 빼내 바깥쪽 발의 앞에 갖다 놓는다. 이런 식으로 두 걸음을 연이어 사선으로 올라간다. 이때 크램폰의 발톱은 얼음과 평평하게 유지하도록 한다. 또한 프랑스식 기술을 사용하기 위해서는 샤프트가 긴 피켈이 유리하다.

경사가 가파른 곳에서 앙끄르 자세로 오르기

프랑스식 기술을 사용해 방향을 바꾸기

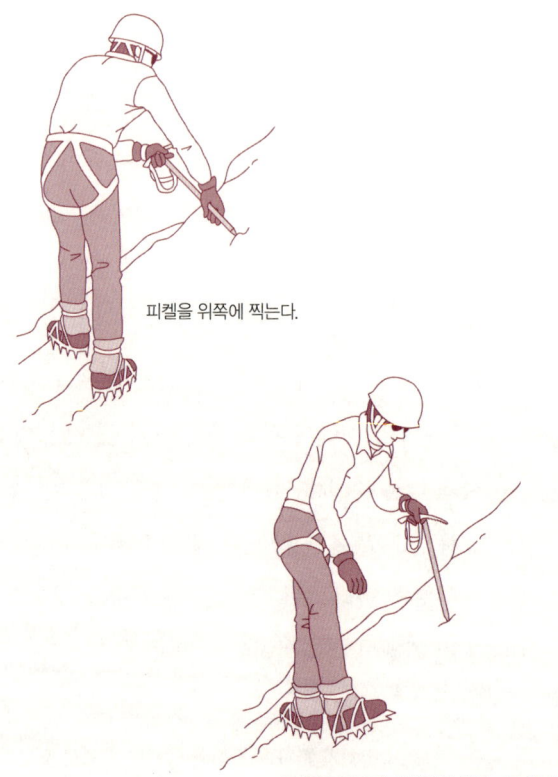

피켈을 위쪽에 찍는다.

두 발은 서로 반대 방향을 향하도록 한다.

피켈을 지팡이 자세나 대각선 자세로 잡는다.

완만한 경사면 오르는 두 가지 방법

중간 경사의 얼음에서 비스듬히 오르다가 방향을 바꿔 지그재그로 오르기 위해서는 다음과 같은 기술을 사용한다. 발을 평평하게 유지하고 피켈을 위쪽에 찍는다. 산 아래쪽 발을 다른 쪽 발과 거의 같은 높이에 두고 몸을 산 쪽으로 향한다. 피켈을 두 손으로 잡으며 사면 쪽으로 몸을 돌려 산 위쪽 발을 약간 위쪽으로 옮긴다. 이때 몸은 산 쪽을 향하고 두 발의 앞부리는 서로 반대 방향을 향하도록 한다. 벌어진 발이 불안정하게 느껴진다면 프런트 포인팅 자세를 취한다. 피켈을 다시 지팡이 자세나 대각선 자세로 잡는다. 이때 몸은 새로운 진행 방향을 향한다.

경사가 더욱 심해지면 삐올레 앙크르 같은 프랑스식 기술이 필요하다. 피켈을 대각선 자세에서 앵커 자세로 바꾸고 크램폰의 모든 발톱을 얼음 속에 박는 플랫 푸팅 자세를 취한다. 스파이크 바로 위의 샤프트를 아래쪽 손으로 잡는다. 피켈을 휘둘러 피크가 자신의 앞쪽 머리 위에 찍히도록 한다. 다른 손으로 피켈의 헤드를 자기

두 개의 아이스 툴을 사용하여 삐올레 앙끄르와 트랙션을 혼합하여 경사면 오르기

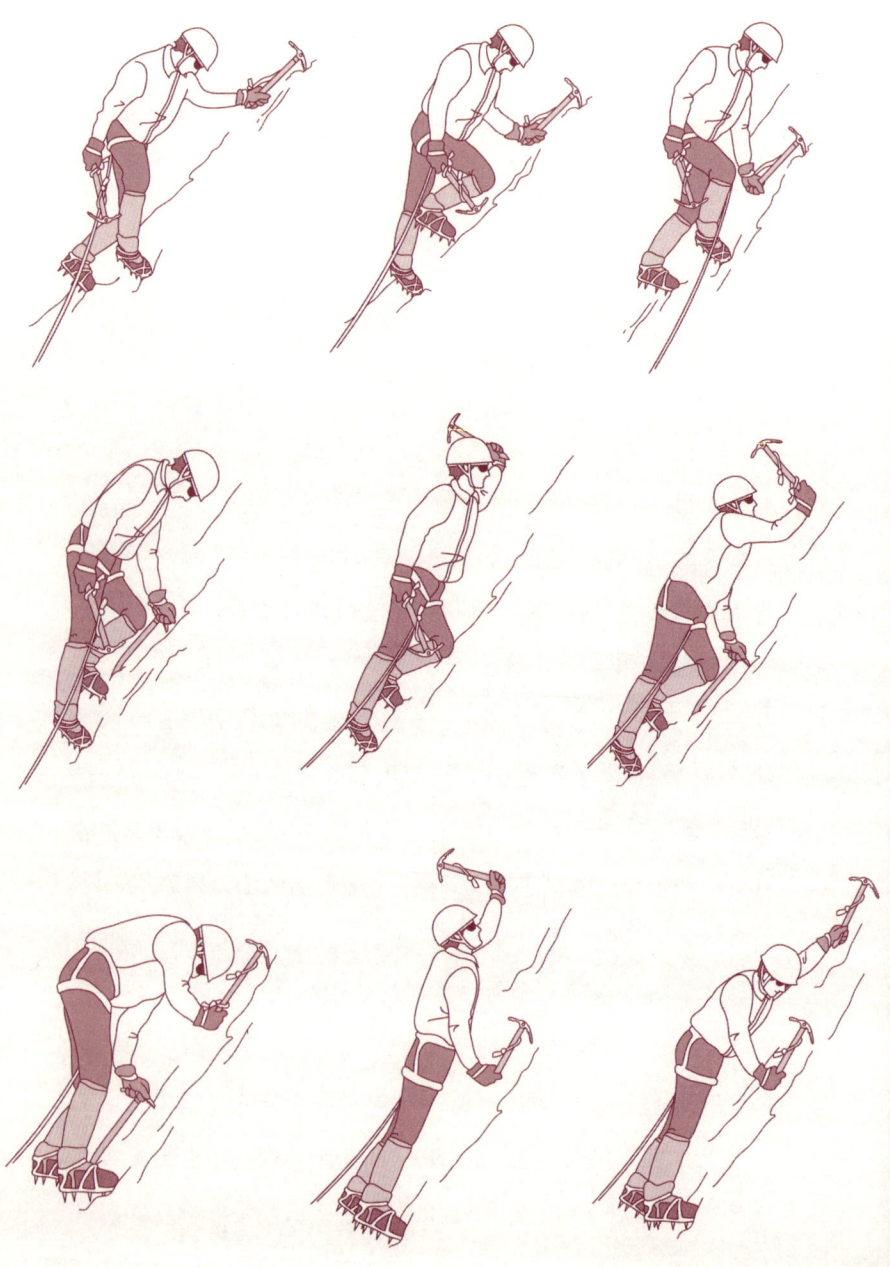

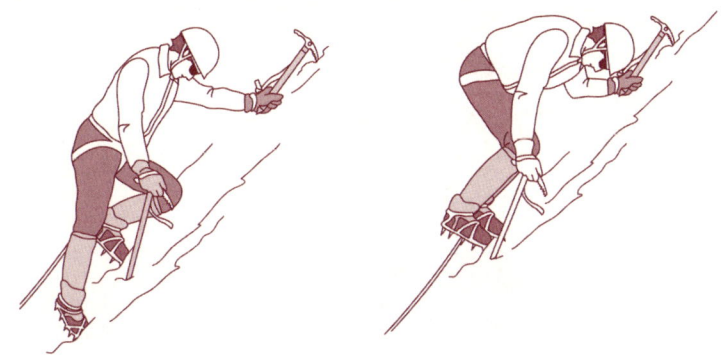

제동 자세로 잡고 피켈을 잡아당기며 두 스텝 앞으로 올라간다. 이 때 피켈을 자기 몸쪽으로 당겨 피크의 톱니가 얼음에서 빠지지 않도록 한다. 피켈을 뽑을 때는 샤프트의 제일 아랫부분을 얼음쪽으로 누르고 피크를 들어서 뺀다. 상체를 돌려 피켈을 부드럽고 강력하게 타격하기 위해서는 진행 방향을 향하고 있는 발이 다른 발보다 조금이라도 위에 있어야 한다. 경사가 심해져 거의 수직에 가까우면 독일식 기술인 프런트 포인팅으로 올라간다.

프런트 포인팅

암벽등반처럼 빙벽등반에서도 효율적이며 부드럽게 움직이는 것이 좋은 자세다. 프런트 포인팅 자세는 수직의 빙벽에서 가장 기본적인 발 쓰기 기술이다. 프런트 포인팅 기술의 핵심은 체중을 최대한 발에 두면서 팔의 부담을 최소화시키는 것이다. 이때 중요한 것은 크램폰의 앞발톱 두 개를 이용하는 것이 아니라 네 개를 이용하

앞발톱을 얼음에 박을 때 잘못된 자세

뒤꿈치를 많이 들어 올리면 등산화의 앞부분이 먼저 빙벽에 닿게 되어 앞발톱이 빗나가게 된다.

여 몸의 균형을 유지한다. 즉 네 개의 포인트가 빙벽에 박힐 때 가장 이상적인 지지력을 얻을 수 있다. 아이스 툴의 피크가 얼음에 박히듯 크램폰의 발톱이 얼음에 박힐 수는 없다. 다시 말해 발에 힘을 주어 얼음을 찍는다고 해서 확실한 지지점을 얻을 수 없다는 뜻이다. 발을 너무 강하게 차면 얼음만 부서질 뿐 크램폰의 발톱이 다시 튀어나온다. 발의 무게를 이용하여 가볍게 끊어 찍어서 얼음에 흠을 내어 발을 일시적으로 걸치는 것이 프런트 포인팅의 요령이다. 뒤꿈치를 많이 들어 올리면 등산화의 코가 빙벽에 먼저 닿게 되거나 발톱이 얼음을 위에서 아래로 긁게 되어 미끄러지기 쉽다. 따라서 무릎을 중심으로 발의 진자운동을 작게 해서 발톱을 빙벽과 수직이 되도록 만든다.

아이스 툴을 휘두를 때와 마찬가지로 약간 움푹 들어간 부분이 크램폰의 앞발톱을 박기에 이상적인 곳이다. 처음 빙벽등반을 하는 사람은 크램폰의 발톱을 믿기 어렵다. 특히 날씨가 추워서 얼음이 잘 부서질 때 초보자는 흔히 발을 너무 많이 찬다. 한 두 차례 가볍게 끊어서 찬 다음 발에 체중을 옮겨야 한다. 즉 발톱이 얼음에 들어가는 순간 체중이 실리면서 얼음 속에 발톱이 강하게 눌릴 때 이상적인 지지력을 얻을 수 있다. 체중 이동이 없는 발차기는 소리만 요란하고 얼음만 부서질 뿐이다. 하지만 얼음이 푸석푸석하거나 썩었을 때는 프런트 포인팅만으로 체중을 지탱할 수 없다. 이때는 여러 번 발을 차서 크램폰의 앞부분이 얼음을 디딜 수 있을 만큼 충분한 발판을 만들어야 한다.

체중을 싣고 안정된 자세를 취하기 위해서는 크램폰의 앞 발톱 두 개가 아닌 네 개를 이용해야 한다. 그래야만 장딴지 근육의 피로를 최소화하고 발이 흔들리지 않는다. 네 개의 포인트로 지지할 경우 뒤꿈치가 처지는 느낌이 드는데, 이때 초보자는 뒤꿈치를 약간

프런트 포인팅의 올바른 자세

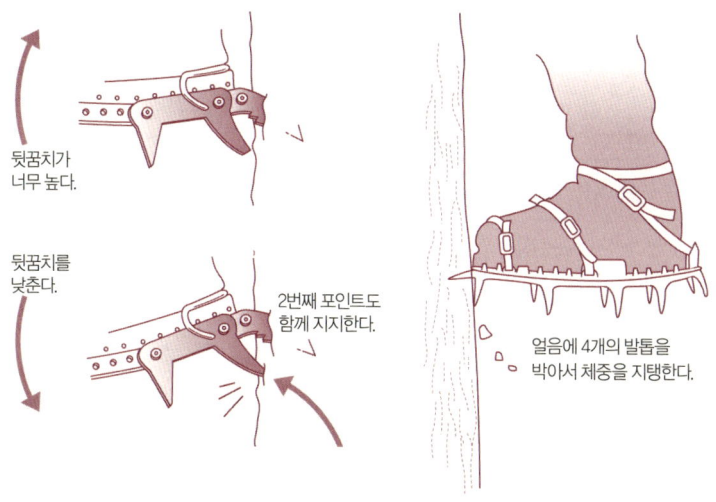

뒷꿈치가 너무 높다.

뒷꿈치를 낮춘다.

2번째 포인트도 함께 지지한다.

얼음에 4개의 발톱을 박아서 체중을 지탱한다.

들어 올리게 된다. 안정된 지지점을 얻기 위해서는 뒤꿈치를 들어
올리려는 유혹을 떨쳐야 한다.

앞발톱이 얼음에 박혔다고 생각하면 쓸데없이 발을 움직이지 말
아야 한다. 두 발은 서로 나란히 하여(11자) 빙벽에 수직이 되도록
만든다. 8자 걸음 자세를 취하면 두 번째 발톱이 미끄러지기 쉬우
며 체중이 완벽하게 발톱에 실리지 않는다. 또한 크램폰의 발톱이
얼음에서 자주 빠지는 사람들은 대부분 몸이 얼음에 붙어서 자신
의 발이 어느 곳을 찍었는지 모르기 때문이다. 발 쪽의 시야를 최대
한 확보하기 위해 상체와 엉덩이를 빙벽에서 뒤로 젖힌 다음 발톱
이 얼음에 직각으로 들어가도록 찬다.

크램폰에 체중을 균등하게 실어주기 위해서는 두 발을 어깨너비
로 벌리고 수평을 유지해야 한다. 매우 불량한 얼음이나 계단과 같
은 턱이 있는 얼음에서는 양발의 높이를 수평으로 유지하기 힘들
기 때문에 레스트 스텝과 같이 한 발은 무릎을 구부리고 다른 발
은 편 상태로 프런트 포인팅을 할 수도 있다. 발동작의 요령은 한 번
에 발을 높이 올리지 말고 작은 스텝으로 나누어 발을 올린다. 이
때 두 발을 가깝게 모아 짧고 가벼운 스텝으로 올라간 다음 발을
어깨너비로 벌려 안정된 자세를 잡는다. 발이 넓은 상태에서 몸을
끌어 올리면 체중이 좌우로 심하게 흔들려 균형을 잃기 쉽다. 일단
몸을 끌어 올리면 빙벽에서 상체를 띄우고 엉덩이를 약간 얼음에
붙여 균형을 잡는다.

종아리 근육의 피로를 덜어주기 위해서는 발을 최대한 편하게
해준다. 크램폰의 발톱을 모두 박을 수 있는 플랫 푸팅을 할 수 있
는 좋은 장소가 나오면 적극적으로 이용한다. 한 발은 프런트 포인

팅, 다른 발은 플랫 푸팅을 취하는 3시 방향 자세를 적절히 사용하여 발의 힘을 아껴야 한다. 때로는 레스트 스텝을 이용하여 양쪽 발에 걸리는 피로를 풀 수도 있다. 팔의 전완근에 펌핑이 오는 것처럼 종아리 근육에도 펌핑이 올 수 있다. 이것은 근육이 단련되지 않은 것이 주된 원인이지만, 헐렁한 등산화나 적당한 곳에서 발의 휴식을 취하지 않았기 때문이다.

불량한 고드름 지대, 오버행, 버섯형 얼음 등에서는 일반적인 프런트 포인팅 자세를 취할 수 없다. 안쪽으로 휘어져 들어간 얼음에서는 양쪽 발을 벌려 찍는 스테밍 자세가 확실한 안정감을 준다. 반면 볼록한 기둥의 얼음에서는 양발을 바깥쪽에서 안쪽으로 모아 찍어야 하는데, 매우 불안한 자세를 유지할 수밖에 없다. 얼음의 모양과 상태에 따라 발을 심하게 벌리기도 하고 발의 높이와 방향도 달라질 수밖에 없다. 그렇다고 발이 무조건 편한 자세를 취하다보면 전체적으로 자세가 나빠지므로 많은 경험을 통해 균형 있고 안정된 감각을 키워야 한다.

아이스 툴 휘두르기

모든 아이스 툴은 한 번의 타격으로 튼튼하게 박는 것을 목표로 한다. 여러 차례 반복되는 타격은 점차 피로를 누적시킨다. 타격을 정밀하게 하기 위해서는 많은 연습이 필요하다. 먼저 얼음에서 아이스 툴로 몇 번 가격해서 박히는 정도를 느껴 본다. 아이스 툴이 얼음에 박히는 정도는 얼음의 온도와 시간에 따라 달라진다. 아이스 툴의 피크는 얼음이 튀어나온 곳보다 움푹 들어간 곳에서 잘 박힌다. 얼음이 튀어나온 곳은 충격을 받으면 조각조각 부서지거나 떨어져 나간다. 또한 투명한 얼음보다 안에 공기를 함유하고 있는 불투명한 얼음을 찍으면 덜 부서진다.

타격의 기본기술은 팔꿈치를 약간 접었다 펴면서 아이스 툴의 무게를 이용해 원심력을 가속한 다음, 마지막 순간에 강한 손목의 힘을 이용하여 짧게 끊어 찍어야 한다. 다시 말해 찍히는 최종 순간의 관성 모멘트를 크게 해야 한다. 이는 타격할 때 운동량의 크기, 즉 아이스 툴을 힘 있게 내려치고 타격 속도를 빨리해야 함을 뜻한다. 또한 좋은 지점을 빨리 찾아내고 단 한 번의 타격으로 강하게 찍는 것보다는 정확하게 찍도록 한다. 타격이 자꾸 빗나가면 찍을 자리가 점점 없어진다. 아이스 툴을 휘두르기보다 헤드의 무게를 이용해서 얼음에 던지듯이 찍는 것이 최대한 힘을 절약하는 방법이다.

어깨에 힘이 들어간 상태에서는 정확하고 예리한 타격을 할 수 없다. 어깨에 힘을 빼고 샤프트를 꽉 잡지 않도록 해서 손목의 스냅을 이용한다. 무엇보다 정확한 타격은 안정된 자세로부터 나온다. 두 손의 간격은 어깨넓이보다 약간 좁게 유지하고 두 발의 간격은 어깨넓이 정도로 해서 길쭉한 사다리꼴 모양의 자세를 취한다. 이렇게 하면 한 개의 아이스 툴에 의지해 다른 아이스 툴을 타격할 때 한쪽으로 치우치지 않고 안정된 삼각형 자세를 유지할 수 있다. 또한 빙벽에서 상체를 충분히 띄우고 엉덩이는 얼음쪽에 붙여야 한다. 상체를 띄워야 하는 이유는 크램폰의 앞 발톱과 아이스 툴의 피크가 짝힘을 이루게 되어 앞 발톱에 체중을 싣는 것이 쉬워지기 때문이다. 또한 상체와 팔의 활동 공간이 확보되어 시야가 넓어지

아이스 툴을 휘두르는 자세

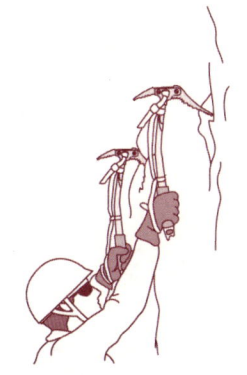

타격할 지점에 아이스 툴을 일치시킨다.

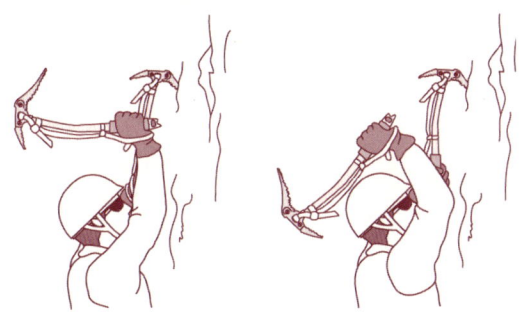

아이스 툴을 60~90도 정도 뒤로 젖힌다.

손목의 스냅을 이용하여 빠르고 정확하게 박는다.

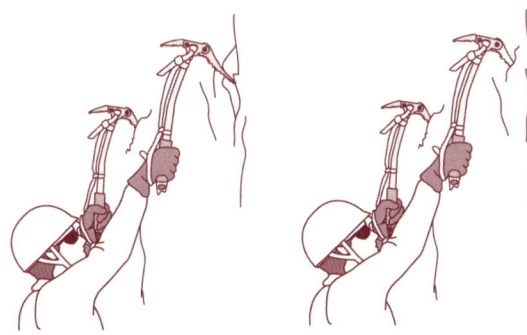

피크가 들어갈 때의 각도와 소리를 통해 확실하게 박힌 느낌을 갖는다.

아이스 툴을 휘두를 때 잘못된 자세

상체가 얼음에 붙고 엉덩이가 뒤로 빠져 불안하다.

크램폰을 바라보는 자세는 좋지만 뒤꿈치가 너무 올라갔다.

상체는 좋은 자세를 유지하지만 엉덩이를 얼음 쪽에 조금 더 붙여야 한다.

고 팔 근육이 아니라 뼈로 매달릴 수 있다.

  피크를 되도록 높이 찍고 최대한 높이 올라감으로써 필요한 타격의 횟수를 최소화시킨다. 그렇다고 너무 높은 곳을 찍으면 팔과 다리가 너무 벌어져 끌어올리는 동작이 힘들어진다. 또한 몸을 너무 끌어올리게 되면 다음에 타격할 때 동작이 매우 불안정해진다. 아이스 툴을 찍는 기술은 피크 형태에 따라 다르다. 곡선형 피크는 어깨부터 자연스럽게 타격을 해서 찍는다. 역곡선형 피크는 타격 방법을 약간 달리 해야 한다. 특히 얼음에 닿기 직전 손목의 스냅 동작이 필요하다. 팔꿈치를 직각으로 구부려 팔을 들어 올린 다음

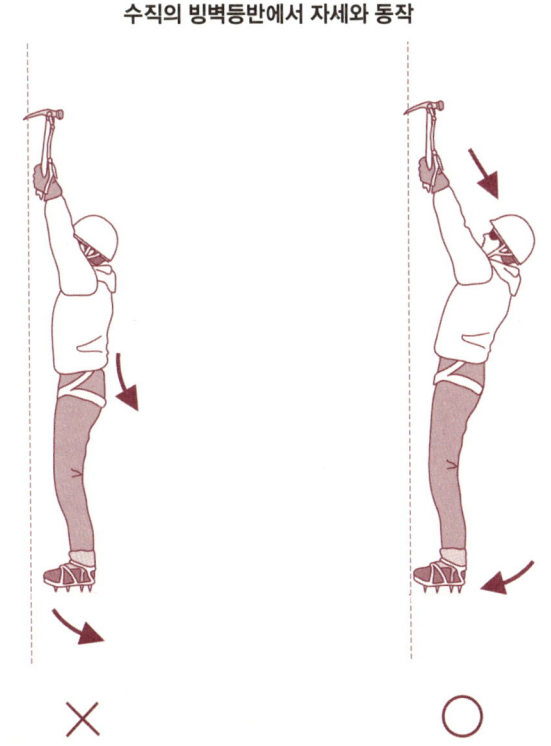

수직의 빙벽등반에서 자세와 동작

샤프트를 잡아당기는 방향

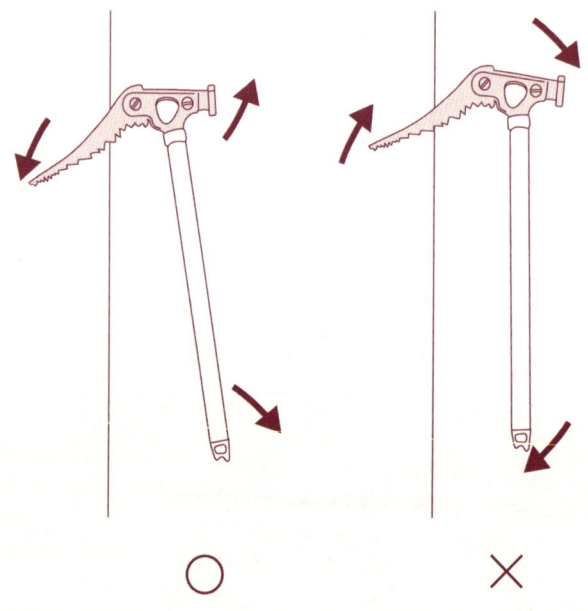

○　　　　　×

목표 지점을 향해 타격한다. 타격의 마지막 동작에서 얼음을 향해 손목의 스냅을 이용하여 뿌리듯이 찍는다. 피크가 많이 구부러진 것일수록 스냅 동작을 더욱 강해야 한다.

　단단한 청빙은 단 한 번에 찍는 것이 아니라 가볍게 타격을 해서 1차로 홈을 낸 다음 2차로 타격한다. 타격 지점은 오목한 곳, 고드름과 고드름 사이, 얼음의 질이 다른 부분, 다른 등반자가 찍었던 곳이 포인트다. 찍지 말아야 할 곳은 볼록한 부분, 아래쪽이 끊어진 고드름 등이다. 타격에 방해되는 불량 얼음은 헤드를 이용하여 가볍게 타격해서 제거한다. 자기 몸을 끌어 올릴 때는 샤프트를 가볍게 잡고 손목 고리에 완전히 의지해서 팔 근육이 아닌 뼈로 매달린 다음 올라간다. 샤프트를 잡아당길 때 몸쪽으로 약간 당기듯이

불안정한 자세

아이스 툴의 피크가 얼굴 근처에 오면 팔에 펌핑이 쉽게 오고 피크가 빠질 때 얼굴에 낙빙을 맞기 쉽다.

하면서 몸을 끌어올려야 한다. 수직 방향으로 잡아당기면 얼음 쪽으로 미는 힘이 생겨서 헤드가 밖으로 빠지는 짝힘이 발생하기 때문이다.

아이스 툴의 피크는 절대 빠져서는 안 된다. 한 개가 빠지면 나머지도 빠지기 쉽다. 불량한 얼음 상태에서는 몸의 자세에 맞춰 타격하지 말고 얼음 상태가 가장 양호한 곳을 찾아 타격해야 한다. 아이스 툴의 피크가 빠질 것 같은 불안감을 주는 것은 매우 안 좋다. 전체적으로 자세가 불안정해지고 팔에 필요 이상의 힘이 들어가기 때문이다.

아이스 툴 빼기

아이스 툴을 휘두르는 방법도 중요하지만 빼는 방법 또한 중요하다. 제대로 알지 못하면 아이스 툴을 빼는 작업은 타격하는 것보다

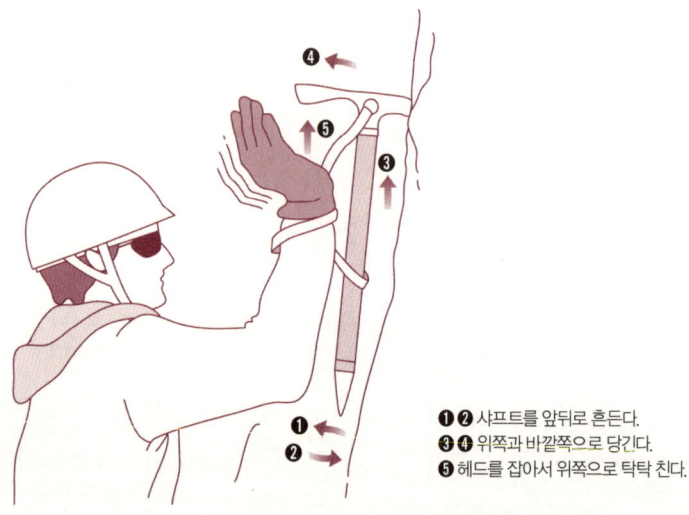

아이스 툴 회수 방법

❶❷ 샤프트를 앞뒤로 흔든다.
❸❹ 위쪽과 바깥쪽으로 당긴다.
❺ 헤드를 잡아서 위쪽으로 탁탁 친다.

더 피곤해진다. 먼저 샤프트를 앞뒤로 흔든다. 피크의 헤드 쪽을 손바닥으로 위아래로 가볍게 탁탁 쳐서 느슨하게 한다. 헤드를 잡아서 위쪽과 바깥쪽으로 당긴다. 피크를 좌우로 흔들면 부러지기 쉬우므로 절대로 아이스 툴을 옆으로 비틀어서 빼면 안 된다.

등반 자세

몽키 행(monkey hang)

수직이나 오버행의 빙벽을 오르는 가장 기본적인 기술이 몽키 행이다. 두 개의 아이스 툴을 어깨너비로 높이 찍고 팔을 쭉 펴서 손목 고리에 체중을 싣는다. 샤프트를 느슨하게 잡고 양쪽의 손목

몽키 행

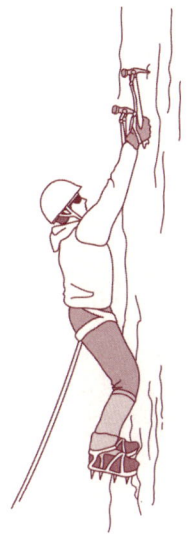

안정된 자세를 잡는다.

양쪽의 손목 고리에 체중을 실어 원숭이처럼 매달린다.

두 개의 아이스 툴에 의지해 상체를 끌어올린다.

다른 아이스 툴을 회수해서 높이 찍는다.

손목 고리에 의지해서 다른 아이스 툴을 회수한다.

또 다른 아이스 툴을 얼음에 찍는다.

안정된 자세를 잡는다.

고리에 체중을 실어 원숭이처럼 매달린다. 아이스 툴에 매달린 채 팔을 쭉 뻗은 상태에서 웅크린 자세가 될 때까지 양발을 올린다. 두 개의 아이스 툴 중에서 한 개의 아이스 툴을 얼음에서 뺀 다음 타격할 지점을 찾는다. 잘 박혔으면 체중을 이동해서 손목 고리에 매달려서 양쪽 발을 올린다. 웅크린 자세에서 다른 아이스 툴을 회수해서 먼저 박힌 아이스 툴의 옆에 박는다. 처음 상태와 마찬가지로 양쪽의 손목 고리에 체중을 실어 안정된 자세를 잡는다.

백스텝(back step)

빙벽등반에서 백스텝은 약간 잘못된 호칭이다. 암벽등반에서 백스텝 기술은 발을 아웃사이드 에지로 만들어서 엉덩이를 비틀어 팔에 부담을 덜어 주는 것이다. 반면 빙벽에서는 아웃사이드 에지 자세를 완벽하게 취하기 어렵지만 엉덩이를 약간 비틀 수는 있다.

백스텝

왼쪽 발을 아웃사이드 에지 형태로 취하면서 엉덩이를 비튼다.

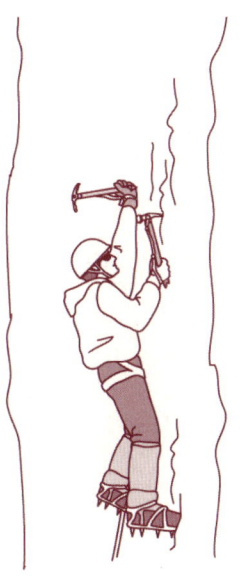

아이스 툴을 얼음에 찍는다.

오른쪽 발을 아웃사이드 에지로 만들어서 엉덩이를 비튼다.

아이스 툴을 얼음에 찍는다.

이런 동작만으로도 힘을 약간 보존할 수 있다.

스테밍(stemming)

빙벽이 평탄하지 않고 얼음에 커다란 홈이 있거나 고드름처럼 장애물이 있는 경우가 있다. 이런 경우 암벽등반의 굴뚝이나 아귀벽을 오를 때처럼 발을 벌려 오르는 방법을 스테밍이라고 한다.

스테밍

두 개의 얼음 기둥 사이에서 발을 벌리고 아이스 툴을 서로 엇갈려서 찍는다.

한 개의 아이스 툴을 회수한 다음 엉덩이를 약간 비틀어서 조금 더 높은 곳을 찍는다.

하이 스텝(high step)

일반적으로 여러 번의 짧은 발 간격은 한 번에 높이 찍는 것보다 에너지가 덜 들어간다. 그러나 나쁜 얼음 상태를 올라가거나 볼록한 얼음 돌출부를 통과할 때는 어쩔 수 없이 발을 높이 찍을 때가 있다.

하이 스텝

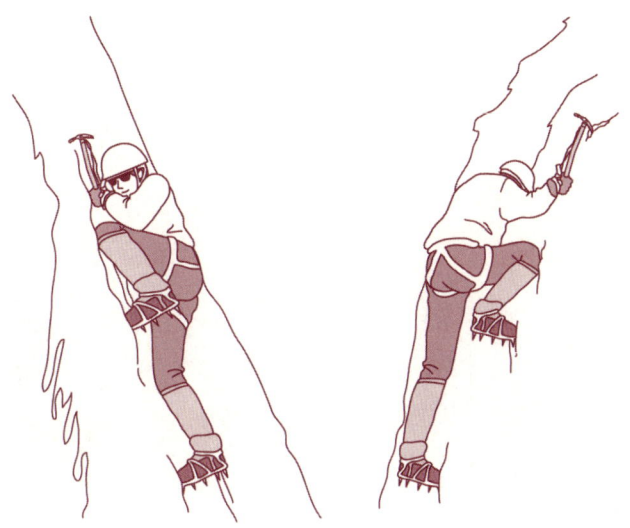

불룩한 얼음을 통과할 때 뿐만 아니라 볼록하게 작은 얼음을 올라갈 때도 하이 스텝이 유용하다.

하이 스텝은 좋은 발 홀드 사이에서 움직일 때 가장 효과적이다.

플래깅

스태킹

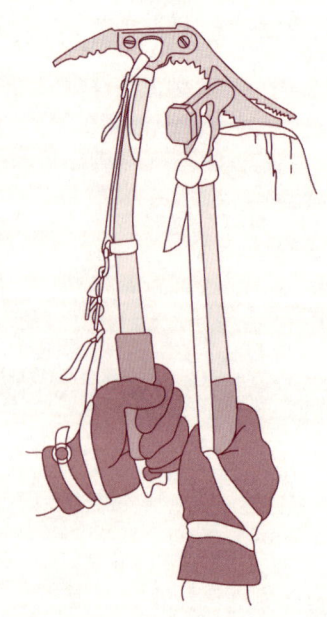

플래깅(flagging)

빙벽에서 한쪽 발을 뒤로 넘겨 카운터 밸런스를 취하는 플래깅은 몸이 빙글 도는 것을 막아준다.

스태킹(stacking)

마땅히 찍을 곳이 없다면 이미 얼음에 박은 아이스 툴에 다른 아이스 툴을 겹쳐서 걸어주고 몸을 약간 끌어올린 다음 양호한 지점을 찾아 타격해야 한다. 이 기술은 주로 드라이 툴링에서 자주 사용된다. 스태킹을 할 때는 아이스 툴에 걸리는 체중을 견딜 만큼 얼음이나 홀드가 튼튼해야 한다.

X 바디 자세(X position)

양손의 아이스 툴을 같은 높이로 박고 양발을 같은 높이로 찍어 오르는 것을 X 바디 자세라고 한다. 두 발은 어깨 너비보다 약간 넓게 유지하고 두 손은 약간 좁게 하여 두 손과 두 발이 모두 수평으로 평행하게 놓이게 한다. X 바디 자세는 매우 안정된 자세이지만, 타격 지점의 범위가 작고 등반 속도가 느려서 체력 소모가 많다.

X 바디 자세

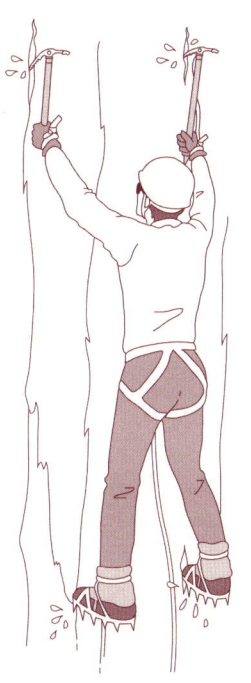

N 바디 자세(스태거링, staggering)

수직의 빙벽을 등반하는 좋은 방법은 아이스 툴을 양 옆으로 배치하지 않고 위아래로 엇갈리게 찍는 것이다. 한 개의 아이스 툴을 박고 두 발을 고르게 위로 움직이고, 아이스 툴에 체중을 싣는다. 그런 다음 밑에 있는 아이스 툴을 회수하여 다시 위쪽으로 엇갈리게 박는다. 이때 아이스 툴을 한 번 찍을 때마다 최소한 두 스텝을 밟을 정도로 크고 효율적인 동작을 하는 것이 좋다. 피크 사이의 간격을 위아래로 벌려 찍음으로써 얼음이 부서져도 피크 두 개가 모두 빠지는 일이 생기지 않도록 하는 것을 스태거링 또는 N 바디

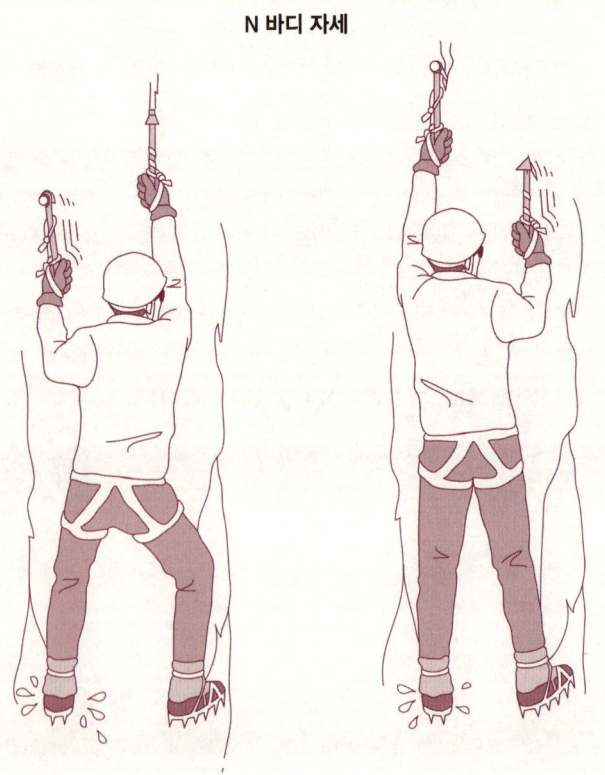

N 바디 자세

연속적인 N 바디 자세

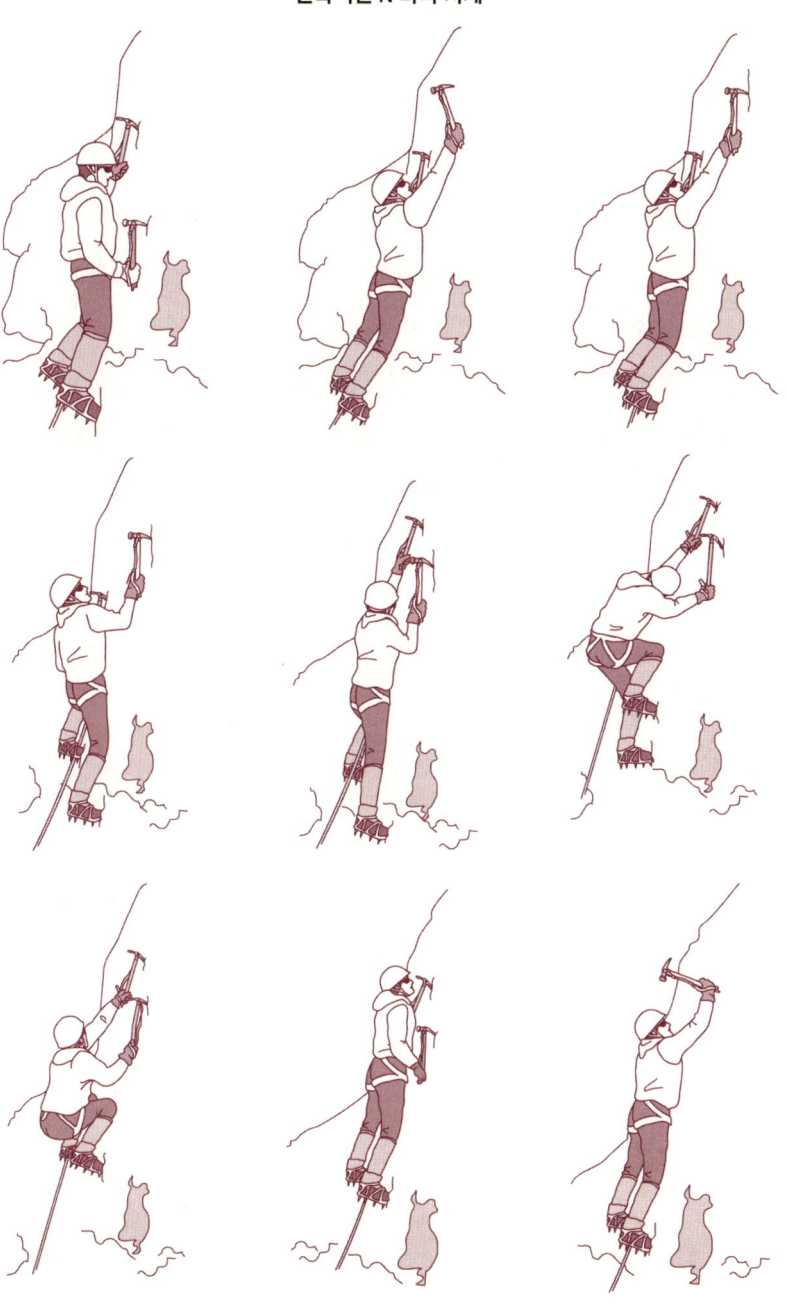

제10장 빙벽등반 기술 261

자세라고 한다. 양손과 양발을 같은 높이로 유지하는 X 바디 자세와는 달리 N 바디 자세는 손과 발이 순서대로 엇갈리게 타격과 키킹을 한다.

오른발에 체중을 실었다면 왼손으로 균형을 유지하고 왼발에 체중을 실었다면 오른손으로 균형을 유지한다. 만일 오른손의 아이스 툴로 얼음을 타격했다면 왼발을 찍어서 몸을 올려 다시 N 바디 자세를 유지한다. 안정된 지점에 타격을 했다면 그 지점을 중심으로 삼각 자세가 되도록 몸의 균형을 잡는다. 만일 그렇지 않으면 다른 쪽의 아이스 툴을 회수해서 타격할 때 한쪽으로 치우친 불안한 자세가 되어 몸의 균형을 잃게 될 것이다. 양손의 위치를 너무 넓게 벌려 찍어도 불안정한 자세가 될 것이다. 빙벽등반에서 가장 불안한 때는 아이스 툴을 회수하여 타격할 시점이라는 것을 항상 유념해야 한다.

쉬기(resting)

가파른 빙벽에서 쉬는 데는 얼음의 형태에 따라 다르다. 중요한 것은 항상 균형을 유지하여 발에 체중이 실리도록 하고 상체 힘을 아껴야 한다.

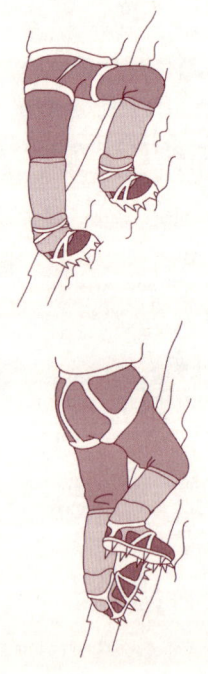

빙벽에서 쉴 때 발의 자세

다양한 모습으로 쉬는 동작

얼음 기둥에 엉덩이를 걸치기

양발을 벌려 체중을 분산시키는 스테밍

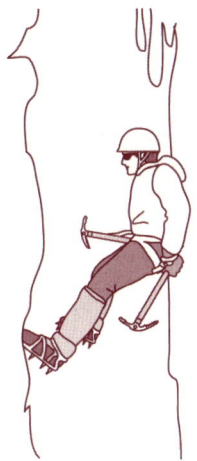

얼음 기둥과 바위 사이에서 굴뚝 등반 자세로 쉬기

특별히 쉬는 장소가 없는 곳에서 팔을 쭉 뻗어 손목 고리에 체중을 싣기

횡단하기(traversing)

빙벽등반을 하다 보면 확보지점을 만들거나 선택한 등반 루트에서 동굴로 진입하기 위해 얼음을 가로질러 횡단할 수도 있다. 횡단은 몸의 균형을 잡기 어려워서 올라가는 것보다 훨씬 어렵다. 또한 아이스 툴을 옆으로 찍기 때문에 피크를 얼음에 수직으로 박기 힘들고 크램폰의 발톱도 얼음에 수직으로 찍기 어렵다. 중요한 것

횡단하기

오른쪽으로 횡단할 경우 왼손의 아이스 툴을 오른쪽에 박는다.

발을 벌리고 오른손의 아이스 툴을 오른쪽에 박는다.

균형을 유지하며 발을 옆으로 옮긴다.

오른손의 아이스 툴에 체중을 유지한다.

왼손의 아이스 툴을 엇갈리게 해서 오른쪽에 박는다.

오른손의 아이스 툴을 빼서 다시 오른쪽에 박는다.

은 횡단하는 동안 피크가 좌우로 회전하지 않도록 주의해야 한다.

내려가기(down climbing)

내려가기는 기본적으로 짧은 구간에서 행하는 것을 제외하곤 올라가기와 동일하다. 아이스 툴을 박고 발을 내려찍는 동안 팔은 편 상태를 유지한다. 약간 비스듬한 방향으로 내려가면 크램폰을 찍을 공간을 볼 수 있는 장점이 있다. 완만한 경사의 빙벽을 내려가기 위해서는 지팡이 자세, 대각선 자세, 뒷받침 자세, 난간 자세, 앵커 자

완만한 경사에서 내려가기

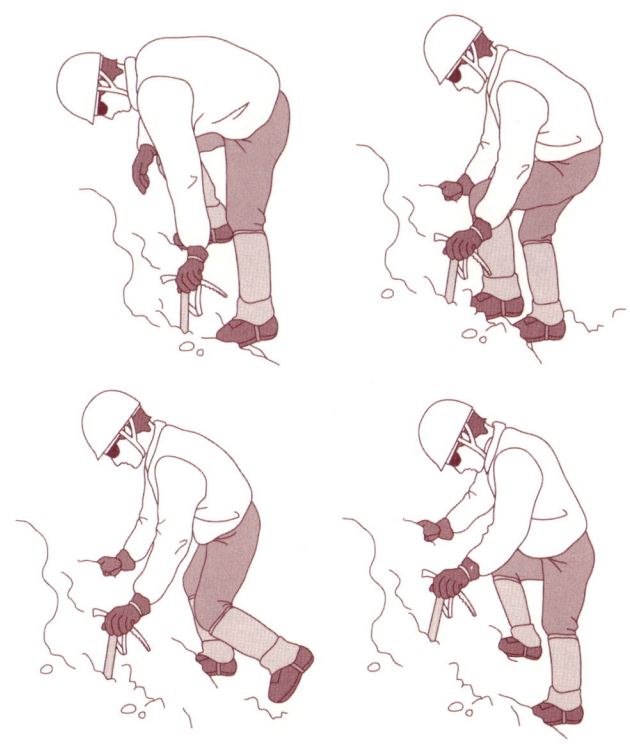

가파른 경사에서 내려가기

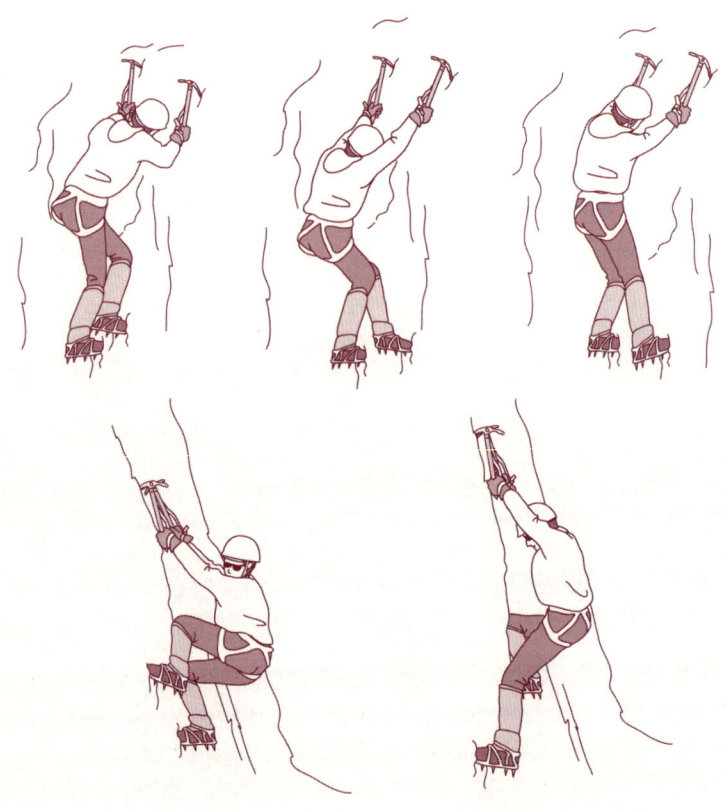

세 등의 프랑스식 기술과 다운 클라이밍의 독일식 기술이 있다.

암벽등반과 빙벽등반의 자세 비교

암벽등반에서 많은 기술과 다양한 자세는 빙벽등반에서도 똑같이 사용될 수 있다. 다음 그림들을 비교하면 빙벽과 암벽에서 다양한 자세들이 얼마나 비슷한지 알 수 있다.

락 오프 자세에서 어깨를 손 쪽에 붙이면 상완 이두근의 지렛대 작용을 최소화할 수 있다.

스테밍은 암벽뿐만 아니라 빙벽에서도 에너지를 절약하는 가장 효과적인 기술이다.

팔을 가슴 쪽으로 붙여서 상체를 비틀고 엉덩이를 빙벽에 붙이는 동작은 팔을 위쪽으로 더 뻗을 수 있게 해준다.

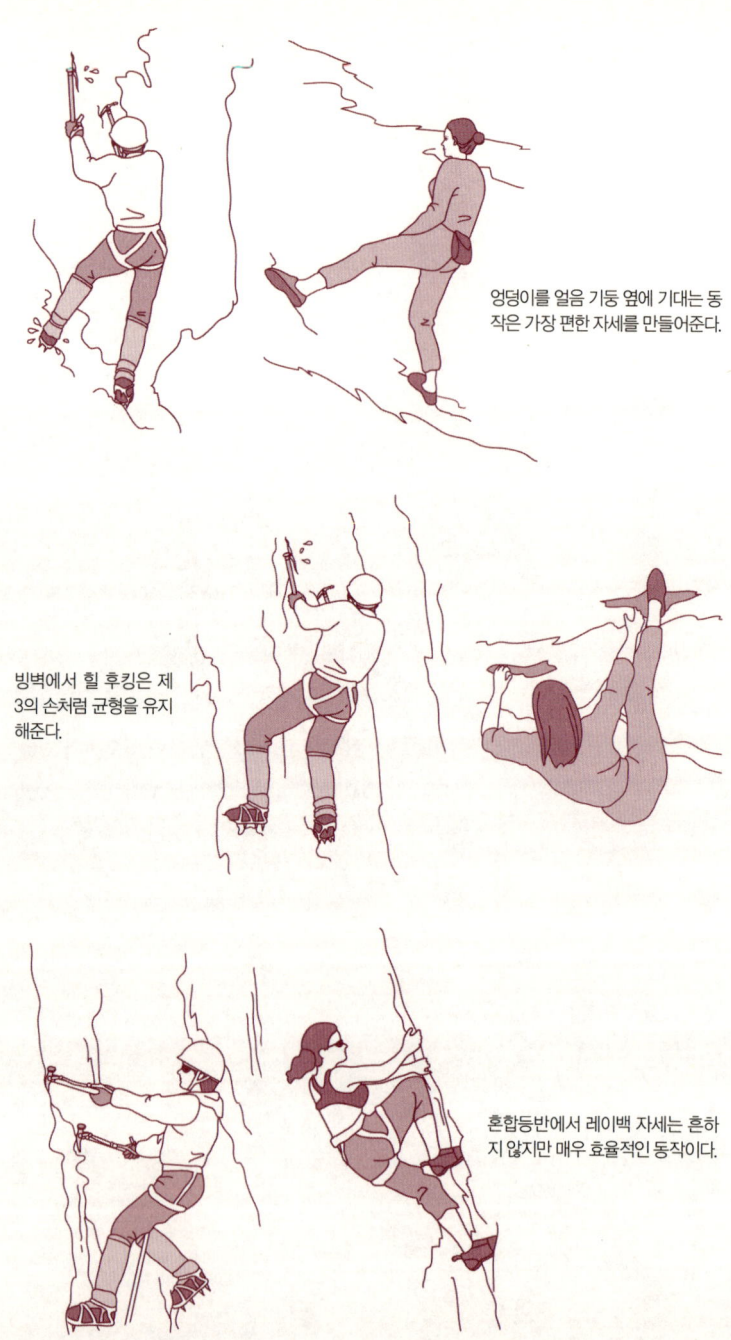

엉덩이를 얼음 기둥 옆에 기대는 동작은 가장 편한 자세를 만들어준다.

빙벽에서 힐 후킹은 제 3의 손처럼 균형을 유지해준다.

혼합등반에서 레이백 자세는 흔하지 않지만 매우 효율적인 동작이다.

얼음 형태

볼록한 얼음(ice bulge)

볼록한 얼음의 턱을 넘을 때는 크램폰이 잘 보이지 않고 앞발톱이 빙벽에 수직으로 닿지 않아 프런트 포인팅이 어려워진다. 이럴 때는 팔을 완전히 쭉 펴고 엉덩이를 바깥쪽으로 최대한 뺀 다음 뒤꿈치를 낮춘다. 이런 자세를 몽키 행이라고 한다.

오버행(overhang)

오버행을 넘는 기술은 기본적으로 몽키 행 자세의 연장이다. 오버행 너머의 얼음을 찍기 위해서는 아이스 툴의 스파이크 부분을 위로 들어 올려서 타격한다. 그러나 찍어야 할 부분이 보이지 않으므로 감으로 각도를 조절해야 한다. 아이스 툴에 의지해서 팔을 쭉 펴고 몸을 최대한 빙벽으로부터 떨어뜨린다. 몸을 붙이면 무릎이 빙벽에 닿기 때문에 얼음에 발톱을 찍지 못하고 헛발질만 하게 된다. 발을 하이 스텝으로 최대한 높이 올려 찍고 체중을 실어 팔의 부담을 줄이면서 아이스 툴을 높이 찍는다. 오버행을 넘어서는 순간 쪼그려 앉은 자세가 되기도 하는데, 이때가 가장 위험한 시점이다. 오버행 구간은 짧지만 체력 소모가 심하므로 가능하면 빨리 돌파하는 것이 최선이다. 머뭇거리는 만큼 체력이 급격히 저하되어 오도 가도 못하게 될 수도 있다. 오버행을 돌파하는 요령은 아이스 툴 하나에 의지하여 프런트 포인팅을 하며 몸을 끌어올리는 동시에 또 다른 아이스 툴로 오버행 위를 타격하는 것이다. 오버행을 오

볼록한 얼음 올라가기

올라가기 전에 적당한 곳에 확보물을 설치한다.

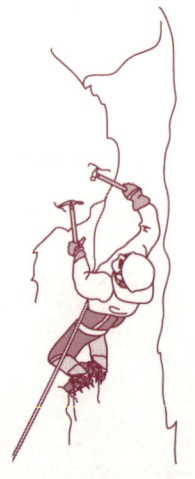

얼음 턱에 눈이 있는 경우 헤드로 눈을 치운다.

얼음 턱 위쪽에 아이스 툴을 박는다.

발톱을 찍을 곳을 보기 위해 상체를 뒤로 기울인다.

발톱을 찍은 후에 상체를 올린 다음 아이스 툴을 박는다.

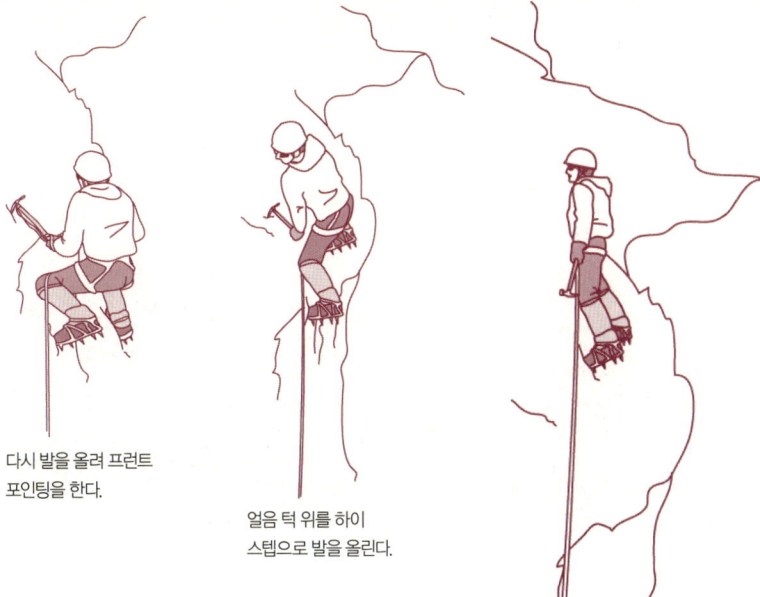

다시 발을 올려 프런트
포인팅을 한다.

얼음 턱 위를 하이
스텝으로 발을 올린다.

얼음 턱 위에서 균형을 잡는다.

오버행

오버행의 얼음에서는 몸을 붙이
면 더욱 곤란해진다.

몽키 행 자세는 팔과 엉덩이를 뒤로
쭉 빼고 발뒤꿈치를 낮춘다.

4자 모양으로 오버행을 돌파하는 기술

발이 없으므로 두 개의 아이스 툴에 매달린다.

한쪽 다리를 다른 쪽 팔꿈치에 걸친다.

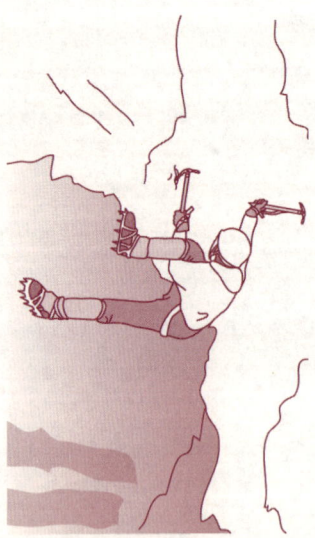

팔꿈치 사이에 다리를 끼우고 몸을 끌어올린다.

아이스 툴을 위쪽에 박는다.

르는 또 다른 효과적인 방법은 다리를 꼬아 4자 모양으로 만들어 올라가는 방법이다.

꽃양배추(cauliflower)

이것은 물방울이 똑똑 떨어지는 곳에 형성된 얼음으로 솔방울이 바깥쪽으로 벌어진 모양이다. 얼음 기둥 아래의 둥그런 얼음이나 큰 얼음 턱 위에 생긴다. 얼음의 크기는 작게는 10센티미터에서 1미터까지 폭과 깊이가 다양하다. 꽃양배추 얼음은 아이스 툴을 걸만한 곳도 많고 종종 플랫 푸팅으로 올라갈 수도 있다. 얼음 위의 크게 튀어나온 부분에 스크루를 박아서 중간확보물로 사용한다.

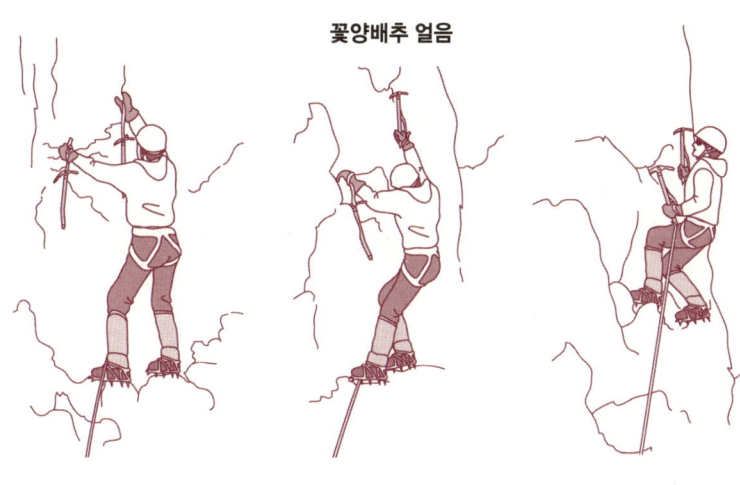

꽃양배추 얼음

아이스 툴을 얼음 사이에 대롱대롱 매달고 자유등반 한다.

꽃양배추 위로 아이스 툴을 걸어서 등반할 수도 있다.

주위의 얼음을 잘 이용하여 균형을 잡는다.

샹들리에(chandelier)

수천 개의 작은 고드름에서 녹아내리는 물이 서로 얽히면서 두

꺼운 격자무늬 판처럼 얼기설기
형성된 얼음이다. 샹들리에 얼음
은 바라보기에는 아름답지만, 올
라가기 힘들고 중간확보물을 설치
하기에 어렵다. 또한 확보자는 등
반자가 끊임없이 떨어뜨리는 얼음
파편들을 피해 확보지점을 잡아
야 한다. 일반적으로 샹들리에 얼
음을 올라가는데 특별한 동작이
필요하지 않다. 얼음 속에 발이 튼
튼하게 걸릴 정도로 깊이 박는다.
두 개의 큰 고드름 사이에 아이스

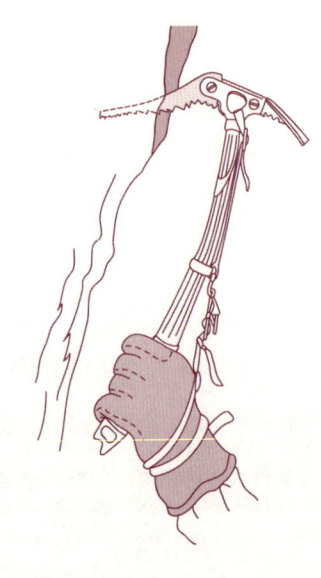

샹들리에 틈새에 건 아이스 툴

툴을 걸거나 헤드 전체를 얼음 속에 집어넣고 직각으로 돌려 헤드
가 틈새에 걸리도록 할 수도 있다. 또는 아이스 툴 전체를 격자 구

얼음의 격자 구멍 사이에 집어넣은 아이스 툴

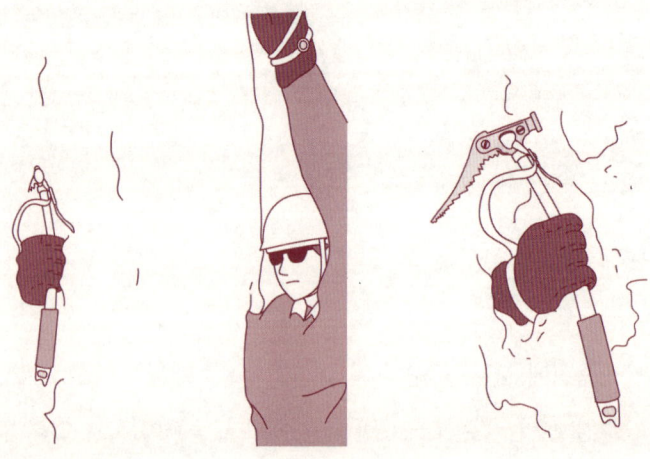

멍 사이에 집어넣고 샤프트의 중간을 잡아서 데드맨식 확보물로 사용해 올라갈 수 있다.

고드름(icicle)

고드름 등반은 대부분 혼합등반이나 인공빙벽에서 많이 나타난다. 고드름은 놀라울 정도로 불안정해서 약하게 톡 쳐도 무너져 내릴 수 있다. 강추위가 지속된 후에는 얼음 기둥이나 고드름이 있는 등반은 피해야 한다. 갑작스런 추위 도중에는 언제든지 예고 없이 무너질 수 있기 때문이다. 반대로 따뜻한 기온과 태양의 직사광선도 바위에서 얼음을 분리시키고 약하게 만든다. 고드름 등반에 최적의 상태는 빙점 바로 아래의 기온으로, 이때는 얼음의 결합 상태가 좋아서 딱딱하지 않다. 고드름에 붙기 전에 얼음이나 바위에 중간확보물을 설치하는 것이 좋다. 그렇지 못한 경우 고드름을 지나 고드름이 형성되는 지점 위까지 올라가야 한다. 일단 고드름 위에

얇은 고드름에서 균형을 잡기 위해 발을 후킹하는 동작

올라가면 조심스럽고 가볍게 아이스 툴을 휘둘러야 한다. 얼음이 약하다고 느끼거나 이상한 소리가 나면 차라리 다운 클라이밍을 하는 게 낫다. 확보자는 선등자의 낙빙에 맞지 않게 대각선 방향에서 확보를 봐야 한다.

얼음 기둥(pillar)

빙벽 위에 매달려 있는 고드름에서 녹은 물이 떨어져 얼음 종유석과 석순이 만난 결과로 얼음 기둥이 형성된다. 얼음 기둥이 큰 경우 몽키 행 자세로 오를 수 있지만 작은 기둥은 다양한 기술을 필

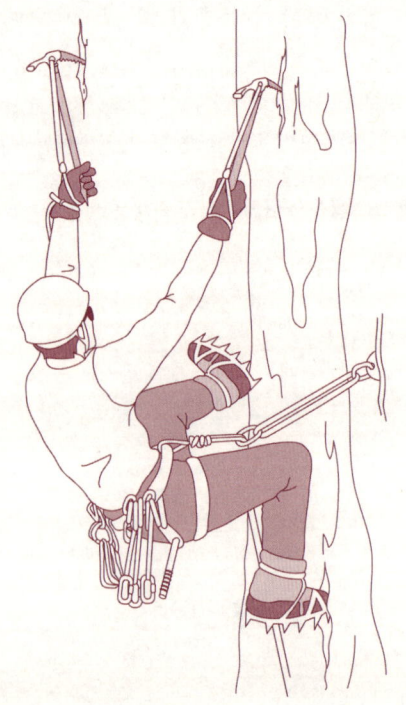

프런트 포인팅과 힐 후킹으로 얼음 기둥을 등반하는 동작

요로 한다. 얼음 기둥의 폭이 좁을 때 두 개의 아이스 툴을 수직으로 서로 엇갈리게 박는다. 너무 가까우면 얼음 기둥이 부러지기 쉽기 때문이다. 만일 얼음 기둥이 약해서 중간확보물을 설치하는 것이 어렵다면 인접한 바위에 설치한다. 아이스 툴과 크램폰은 피크와 앞발톱이 얼음에 수직으로 들어갈 수 있도록 안짱다리 형태의 각도로 찍을 수도 있다. 폭이 좁은 얼음 기둥에서는 한 발로 프런트 포인팅을 하고 다른 발은 뒤꿈치로 후킹해야 할 경우도 있다.

썩은 얼음(rotten ice)
햇볕에 녹거나 물이 스며들면 얼음이 약해져서 표면이 부서지기 쉬운 썩은 얼음이 된다. 썩은 얼음은 올라가기도 힘들고 중간확보물을 설치하기도 힘들다. 썩은 얼음 구간이 긴 경우 안전을 위해 등반을 포기해야 한다. 등반은 단지 게임일 뿐이다. 그걸 위해 죽을만한 가치는 없다.

얇은 얼음(thin ice)
빗물이나 눈 녹은 물이 바위 위에 얼어붙어 얇고 투명한 얼음이 되는데, 아주 얇은 얼음부터 몇 센티미터 두께까지 종류가 다양하다. 가장 얇은 얼음을 베르글라(verglas)라고 하는데, 안쪽의 바위가 들여다보이지만 피크나 발톱이 걸리는 정도는 아니다. 얇은 얼음은 봄이나 여름에 높은 고도의 산에서 가장 흔히 마주치게 된다. 얼음이 깨지지 않게 아이스 툴과 크램폰을 가능하면 부드럽게 톡톡 쳐야 한다. 가능하면 아이스 툴은 손목 힘만으로 가볍게 타격해야 한다. 중간확보물로 설치한 스크루는 심리적인 위안밖에 되지 않으므로 절대 믿어서는 안 된다. 되도록 얼음 주위에 있는 바위에 중간확보물을 설치한다.

확보물 설치

아무리 최신의 스크루를 사용해도 등반할 때 펌핑을 빨리 오게 하는 동시에 가장 두렵게 느껴지는 것은 확보물을 설치할 때다. 확보물은 오르기 어려운 부분에 앞서 스탠스와 얼음 상태가 좋은 곳에서 설치한다. 특히 나쁜 빙질에 설치한 스크루는 생각보다 별로 강하지 않다는 것을 염두에 두어야 한다. 확보자는 안전을 위해 선등자의 추락 선상에서 비켜난 곳에 확보 스탠스를 마련하고, 선등자는 확보자에게 낙빙이 떨어지는 곳을 피해 사선으로 등반하며 확보물을 설치해야 한다.

스크루

안전을 위해 튼튼하게 박은 두 개의 아이스 툴에 자기확보를 하고 확보줄의 길이를 스크루 설치 지점과 확보물을 설치할 자세를 고려하여 알맞게 조절한다. 스크루의 행거, 퀴드로의 카라비너가 돌아갈 수 있도록 표면의 불량한 얼음을 제거한다. 스나그를 설치할 경우 선등자는 해머로 두들겨 박지만, 후등자는 행거를 돌려 회수해야 하므로 선등자는 너무 움푹 들어간 곳을 피해야 한다. 스크루의 설치 각도는 빙질이 치밀할 때 얼음 표면과 수직을 이루는 선에서 아래에서 위로 10~20도 정도 설치한 것이 직각으로 설치한

확보물 설치할 때 여러 가지 자세

설빙에 스크루를 설치할 때의 각도

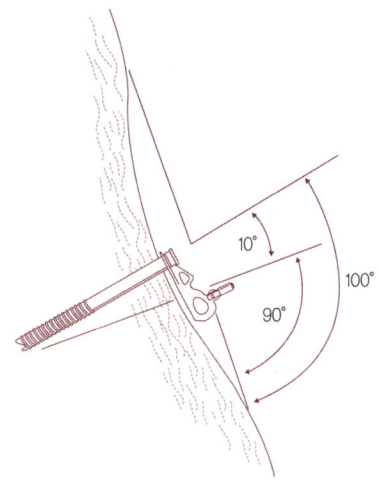

것보다 약 2배 정도 강하다. 아래에서 위로 설치한 경우 충격이 왔을 때 표면의 얼음이 스크루를 지지해주지만, 위에서 아래의 각도로 설치된 스크루는 아래쪽의 얼음이 부서지면서 스크루가 휘어지

빙벽에 스크루를 설치할 때의 각도

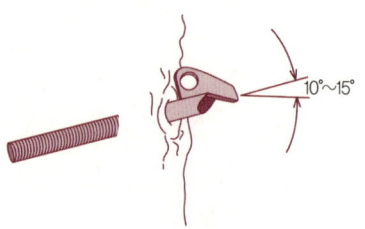

빙질이 치밀하지 못하거나 기온
이 높아 얼음이 녹는 경우

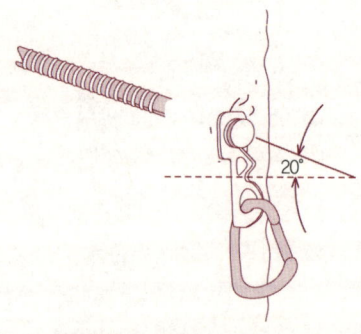

빙질이 치밀하고 속이 꽉 찬
얼음의 경우

거나 빠질 수 있다. 반면 빙질이 치밀하지 못하거나 기온이 높아 얼음이 녹을 때는 10~15도 정도 위에서 아래의 각도로 설치하는 것이 좋다.

  스크루를 박는 지점은 툭 불거진 얼음이 아니라 평평하거나 약간 오목한 표면이 좋다. 아이스 툴로 부서지기 쉬운 얼음의 표면을 청소한 다음 스크루를 오른쪽으로 돌린다. 빙질이 치밀해서 잘 안 들어갈 경우 피크를 스크루 행거에 끼운 다음 돌려준다. 대부분 등

스크루 설치할 곳의 위치

허리와 가슴 사이의 높이에서 박는다.

아이스 바일을 이용해 스크루 돌려 넣기

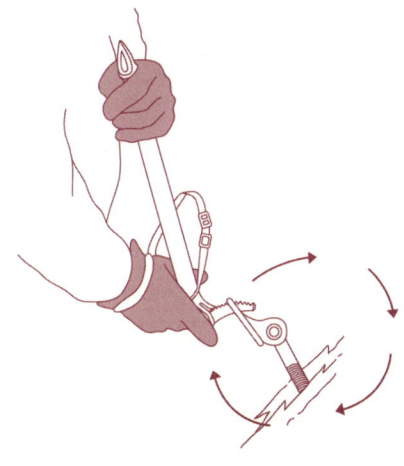

얇은 얼음에 스크루 설치하기

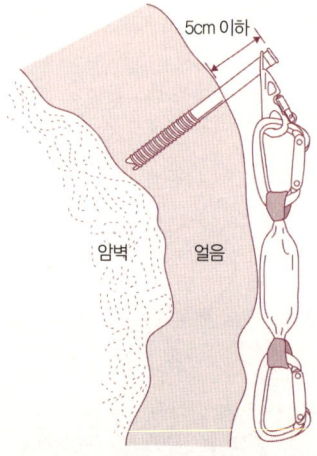

충격 흡수용 러너를 연결한 카라비너를 스크루 행거에 건다.

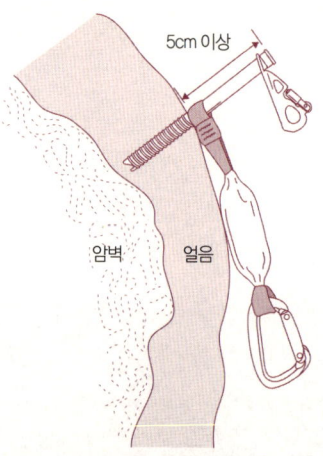

충격 흡수용 러너를 스크루의 허리에 묶는다.

스크루 설치하는 지점

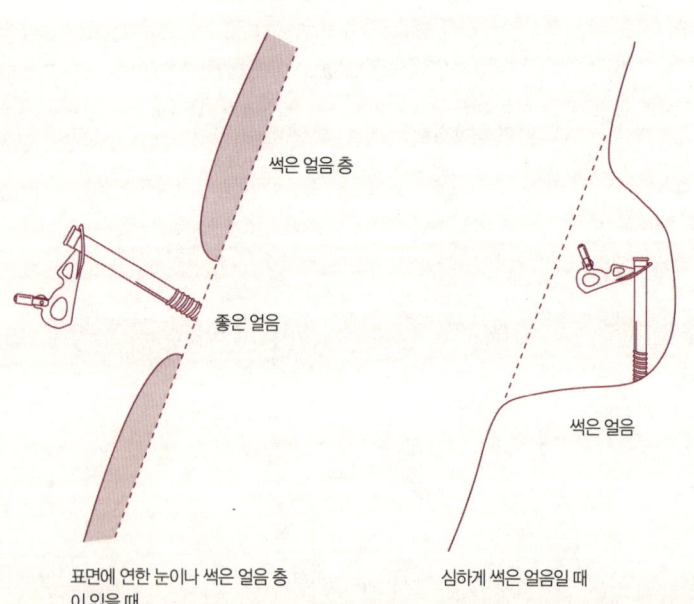

표면에 연한 눈이나 썩은 얼음 층이 있을 때

심하게 썩은 얼음일 때

스크루가 완전히 설치되지 않았을 경우

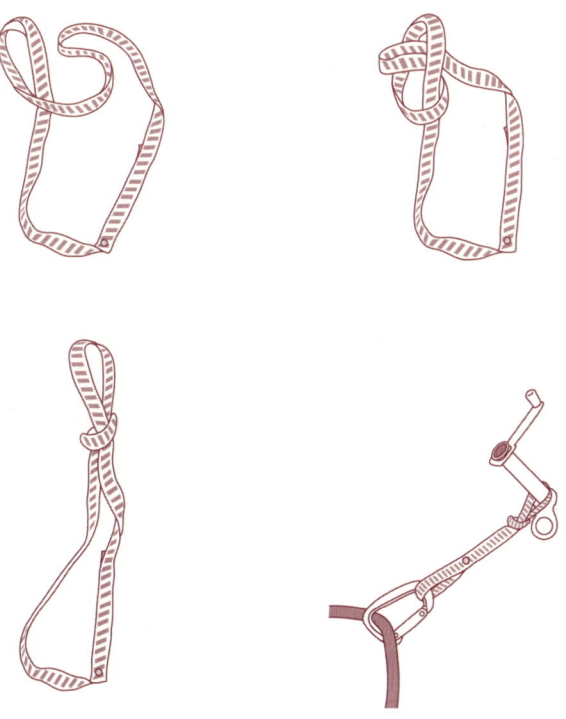

스크루가 완전히 설치되지 않은 경우 스크루 중간에 슬링을 묶는다.

반자는 스크루를 조금 더 높은 장소에 박기 좋아하지만, 힘만 더 들고 시간도 더 걸린다. 에너지를 절약하기 위해서는 허리와 가슴 사이의 높이에서 스크루를 박는 것이 가장 좋다. 처음 스크루 반 바퀴를 돌리기 위해 상체를 기울일 수 있고 스크루를 설치할 때 균형이 깨지지 않기 때문이다. 만일 얇은 얼음에서 스크루가 바위에 닿아 깊이 박히지 않았을 경우 지렛대 작용을 줄이기 위해 스크루 중간에 슬링을 묶는다.

스크루를 돌리는 동안 저항을 느낄 수 있어야 한다. 갑자기 스크루가 쉽게 돌아간다면 기포가 많은 얼음층에 도달했기 때문이다. 몇 번 더 돌린 후 다시 저항을 느낀다면 안전하게 설치됐다고 판단할 수 있다. 얇은 얼음에서 스크루의 돌출 부분이 5센티미터 이상이면 스크루 몸통에 슬링을 직접 묶는다. 하지만 표면의 얼음이 부서지거나 묶은 슬링이 스크루 끝쪽으로 미끄러질 수 있으므로 큰 기대는 하지 말아야 한다. 일단 추락하면 스크루의 설치 상태를 다시 검사해볼 필요가 있다.

아이스 훅

가파른 빙벽에서 기술적인 등반을 할 때 아이스 훅은 대단히 유용하다. 아이스 훅은 디자인이 단순해서 스크루를 박기 어려운 샹들리에 얼음 같은 곳에서 빨리 설치할 수 있는 장점이 있다. 먼저 아이스 툴의 피크를 몇 번 휘둘러서 가능하면 구멍을 깊게 만든다. 구멍에 아이스 훅을 찔러 넣고 해머로 가볍게 친다. 자리가 잡혔으면 아이스 훅의 고리가 얼음에 닿을 때까지 해머로 두들긴다. 마지막으로 고리 밑에 있는 얼음을 청소하고 아이스 훅 전체가 얼음 표면과 동일하도록 때려 박는다. 또한 아이스 훅의 러너와 카라비너가 수직이 되도록 아래쪽의 얼음을 깎아낸다. 이것은 추락할 때 아이스 훅이 지렛대 작용으로 빠지는 것을 방지해준다. 회수할 때는 아이스 훅의 아랫부분을 위쪽으로 쳐서 들어올린다.

아발라코프 확보물

확보를 보거나 하강을 위해 확보물을 설치할 때 인공 확보물인

아발라코프 확보물

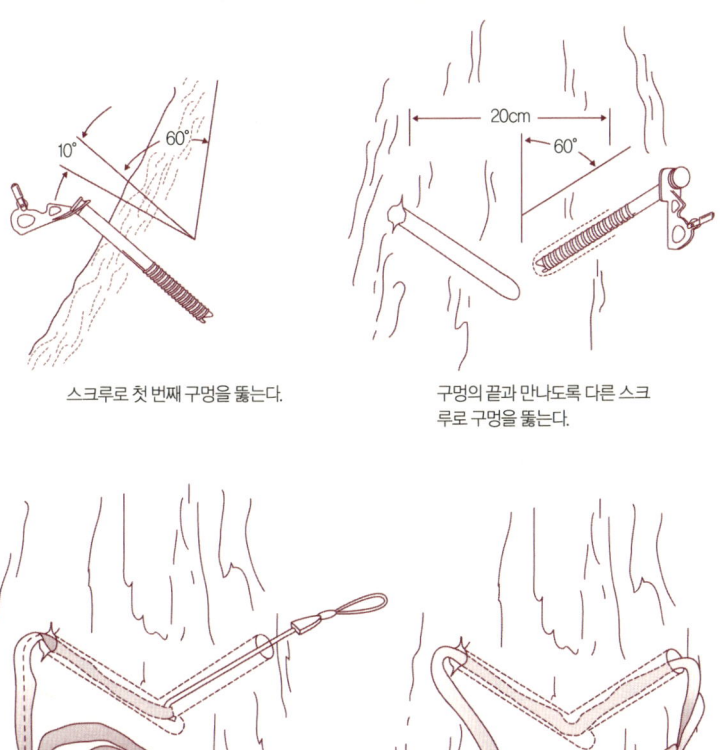

스크루로 첫 번째 구멍을 뚫는다.

구멍의 끝과 만나도록 다른 스크루로 구멍을 뚫는다.

코드나 웨빙

V자 모양의 터널에 코드나 웨빙을 꿴다.

코드나 웨빙을 묶어서 연결한다.

스크루 이외에도 자연 확보물인 아발라코프 V자 구멍이나 아이스 볼라드를 사용하기도 한다. 아발라코프 확보물은 1930년대 옛 소련의 등반가 비탈리 아발라코프가 고안했는데, 얼음에 V자 모양으로 작은 터널을 뚫고 코드나 웨빙을 꿰어 묶은 슬링이다. 실험 결과

아발라코프 갈고리

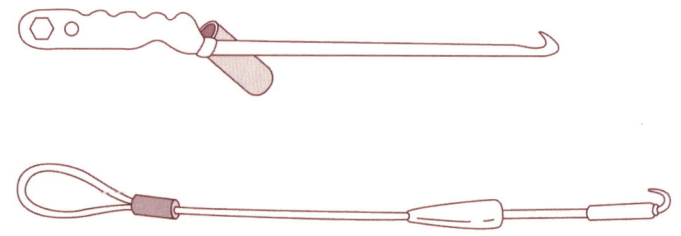

아발라코프 확보물은 얼음의 질, 구멍의 길이와 각도 등에 따라 다소 차이가 있지만 약 900~1400킬로그램의 하중을 견딘다. 단단한 청빙일수록 아발라코프 확보물의 강도가 크다. 다음은 아발라코프 확보물을 만드는 순서다.

약 20센티미터 정도의 스크루를 예상되는 하중 방향에서 뒤로 10도, 옆으로 60도 정도 기울여 얼음 사면에 설치한다. 스크루를 반만 뽑아서 두 번째 스크루의 가이드로 삼는다. 두 번째 스크루를 처음 것과 20센티미터 정도 간격을 두고 설치하는데, 첫 번째 스크루가 박힌 구멍과 끝부분이 서로 만나게끔 각도를 잡는다. 두 개의 스크루를 다 뽑는다. 7밀리미터 굵기의 코드나 1센티미터 폭을 가진 웨빙을 V자 터널의 한쪽 구멍에 넣는다. 이때 아발라코프 확보물 갈고리가 필요하다. 코드나 웨빙의 한쪽 끝을 갈고리에 걸어서 터널의 다른쪽 구멍으로 뽑아낸다. 코드의 양쪽 끝을 잡고 톱질하듯이 앞뒤로 밀고 당겨서 두 구멍의 교차점에 있는 날카로운 얼음 모서리를 갈아낸다. 그렇지 않으면 추락할 때 코드가 모서리에 절단될 수 있다. 코드나 웨빙을 묶어서 연결한다. 1미터 떨어진 곳에

스크루 한 개를 설치하여 아발라코프 확보물과 슬링으로 연결해 백업으로 사용한다.

아이스 볼라드

아이스 볼라드는 등반가들에게 가장 유용한 확보물중의 하나이다. 아이스 볼라드의 강도는 크기와 얼음의 질에 비례하지만 만드는 데 시간이 오래 걸린다. 먼저 아이스 볼라드의 가장자리를 피켈의 피크로 물방울 모양으로 판다. 단단한 얼음에서는 물방울의 넓은 쪽 지름을 30~45센티미터로 만든다. 피크와 애쯔를 사용해 가장자리에서 주위로 약 15센티미터 깊이의 도랑을 바깥쪽으로 파낸다. 이때 아이스 볼라드의 위쪽 반을 볼록하게 만들어서 로프가 위로 벗겨지지 않도록 한다. 이것이 아이스 볼라드를 만들 때 가장 신경을 써야 할 부분인데, 조심하지 않으면 쉽게 갈라지거나 부서지기 쉽다.

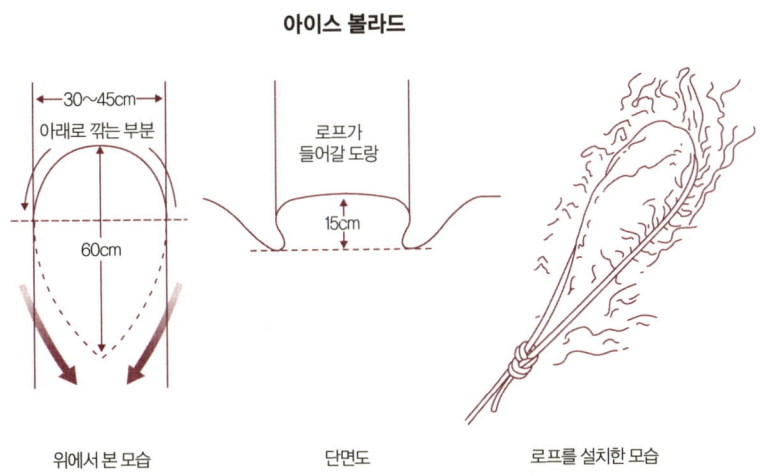

아이스 볼라드

위에서 본 모습 / 단면도 / 로프를 설치한 모습

확보 시스템

빙벽에서 표준적인 확보 시스템을 구성하기 위해서는 스크루 두 개가 필요하다. 빙벽 옆쪽에 허리에서 가슴 높이 정도에 첫 번째 스크루를 설치한다. 스크루에 카라비너를 걸고 클로브 히치를 사용해 로프로 자신을 확보한다. 첫 번째 스크루보다 1미터 정도 높은 곳의 옆쪽으로 두 번째 스크루를 설치한다. 이때 스크루는 루트의 진행 방향으로 설치하는 것이 이상적이다. 로프로 첫 번째와 두 번째 스크루를 클로브 히치 매듭으로 연결하거나 러너로 연결한다. 두 스크루 사이에는 로프가 전혀 늘어지지 않도록 하며 러너를 사용할 경우 균등화가 되도록 조절한다. 두 번째 스크루에 퀵드로를 걸고 후등자에게 연결되는 로프를 통과시킨다.

후등자 확보는 확보 기구나 하프 클로브 히치(뮌터 히치) 매듭을 사용하는 간접 확보나 엉덩이로 보는 직접 확보의 두 가지 방법이 있다. 확보 기구는 보통 안전벨트에 직접 연결하거나 확보물에 연결할 수도 있다. 로프가 뻣뻣하거나 얼어서 확보 기구를 사용하기 불편한 경우 엉덩이 확보를 사용하는 것이 좋다. 후등자에게 연결된 로프를 자신의 안전벨트에 있는 카라비너를 통과해 엉덩이 뒤로 돌아 첫 번째 스크루에 연결된 카라비너를 통과하여 제동 손으로 잡아준다.

경사가 완만한 얼음의 경우에는 등산화와 스크루를 이용하여 확보를 볼 수도 있다. 먼저 스크루를 설치하고 카라비너를 건 다음 로프를 통과시킨다. 산 위쪽의 등산화로 당기는 힘과 직각이 되도

하프 클로브 히치 매듭을 사용하는 간접 확보

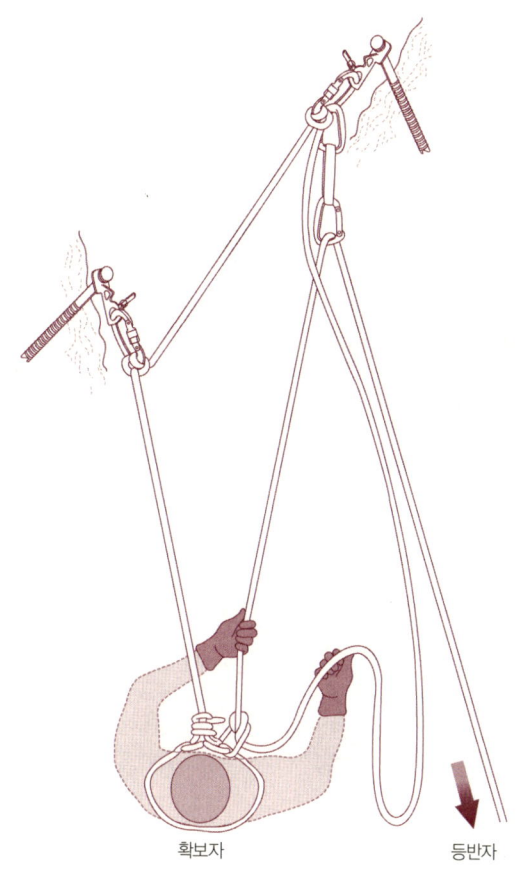

확보자   등반자

록 스크루를 밟는다. 이때 크램폰의 안쪽 중간 발톱으로 카라비너를 밟는데, 크램폰의 발톱이 로프를 찍지 않도록 조심한다. 로프를 등산화의 발등을 가로질러 발목에 감고 산 위쪽의 손으로 제동 자세를 취한다. 로프의 마찰력을 조절하려면 발목에 감는 횟수를 늘

엉덩이 확보를 사용하는 직접 확보

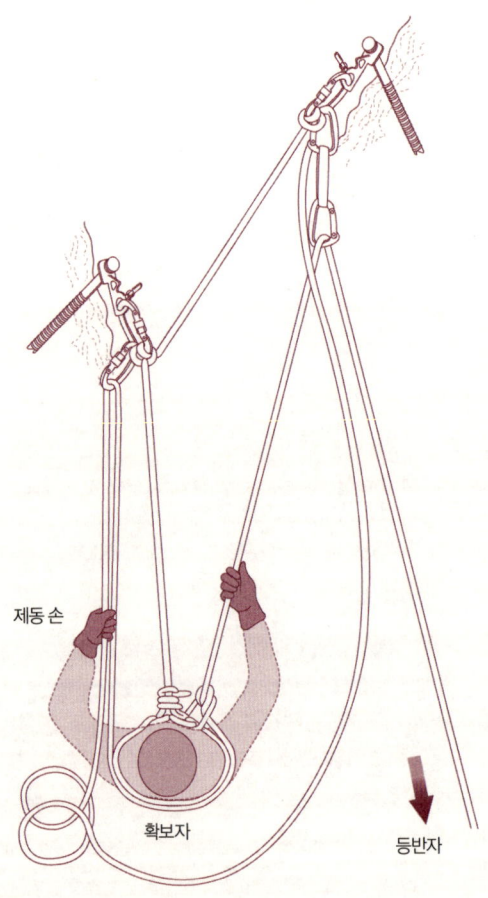

제동 손

확보자

등반자

리거나 줄이면 된다. 또는 등산화 바닥의 가장자리와 카라비너 바깥 가장자리의 간격으로 조절할 수도 있다. 만일 등반자가 추락하는 경우 산 위쪽의 손으로 로프를 발목에 대고 아래로 천천히 죄어준다.

등산화-스크루를 이용한 확보

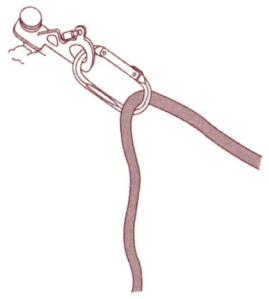

스크루를 설치한 다음 카라비너에 로프를 통과시킨다.

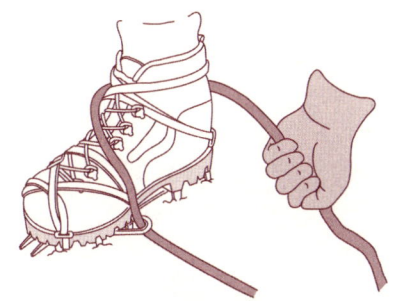

등산화로 스크루를 밟는다.

제11장
혼합등반 기술

혼합등반은 바위, 눈, 얼음 또는 흙과 나무 등이 혼합된 곳을 오르는 등반을 말하며, 영어로는 믹스 클라이밍(mixed climbing)이라고 한다. 원래 순수한 의미의 혼합등반은 크램폰을 신은 채 한 발은 바위에 나머지 한 발은 얼음에 딛고, 한 손은 바위의 틈새에 넣고 다른 손은 아이스 툴로 얼음을 찍는 형태의 등반이었다. 최근에는 빙벽과 빙벽이 연결되지 않은 구간의 암벽을 오르는 행위로 바뀌고 있다. 그 배경이야 어떻든 혼합등반의 핵심은 동작에 있다. 혼합등반에 필요한 사항은 얼음과 바위에 필요한 여러 가지 장비뿐만 아니라 효율적인 등반기술과 로프 처리, 확보물 설치, 길 찾기, 혼자서 탈출하는 방법 등을 알고 있어야 한다.

크램폰 기술

대부분 등반가들은 앞발톱이 수직 방향으로 뻗은 고정식 크램폰을 좋아한다. 그중에서 모노 포인트 크램폰은 조그만 모서리나 수직 틈새, 피크 자국 같은 곳에 정확히 찍기에 편리하다. 반면 듀얼 포인트 크램폰은 일반적인 얼음에서 더 안정적이며 샹들리에나 질퍽한 얼음에서 좋다. 어떤 크램폰을 선택하든 등산화에 딱 맞아야 하고, 발톱을 정교하게 홀드에 올려놓고 체중을 조금씩 부드럽게 옮겨야 한다. 일단 체중을 옮겼으면 크램폰의 발톱이 빠지지 않게 움직이지 말아야 한다. 즉 정확하고 섬세한 기술과 동작이 중요하다.

바위와 얼음에서 전형적인 혼합등반 자세

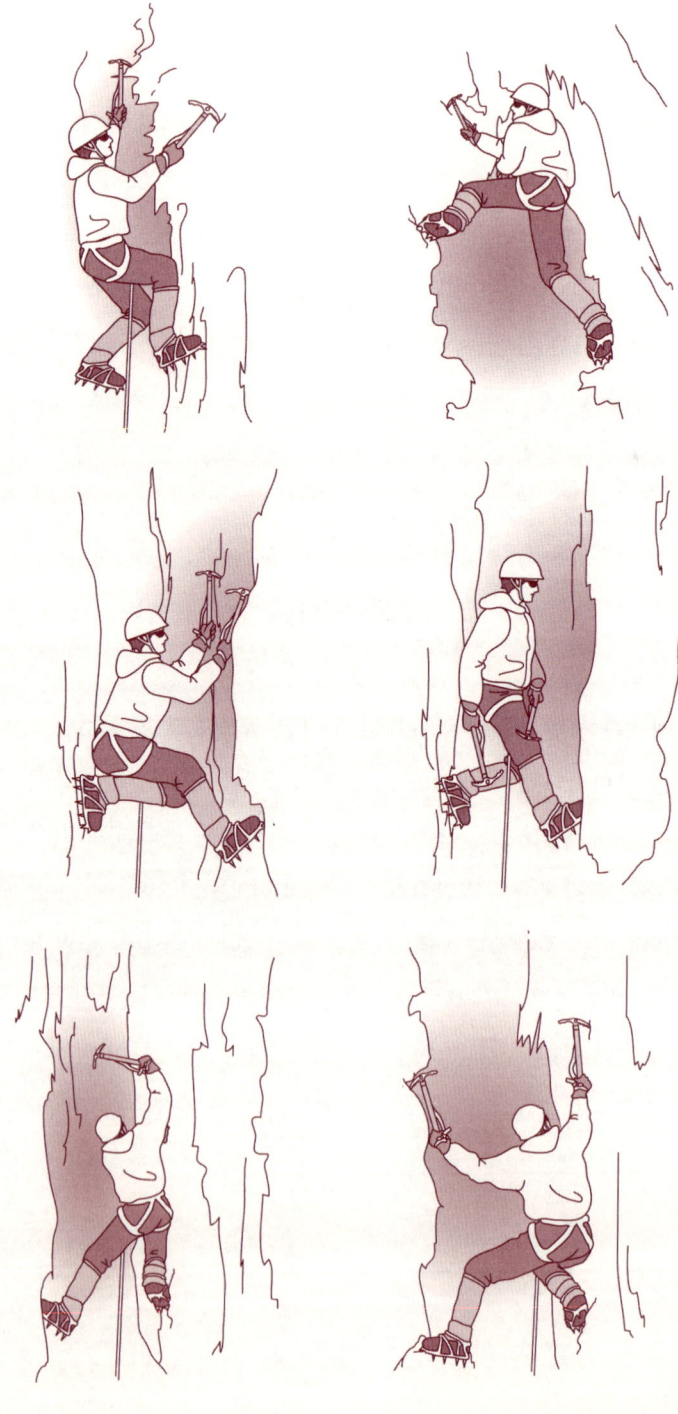

아이스 툴 기술

일반적으로 빙벽등반에서 사용되는 아이스 툴이면 되지만, 헤드를 애쯔에서 해머로 바꿀 수 있고 피크를 교체할 수 있는 아이스 툴이면 된다. 그리고 크고 무거운 아이스 툴보다 가벼운 것이 좋다. 무엇보다 중요한 것은 바위에 후킹을 걸 수 있는 피크의 역할이다. 첫 번째 톱니가 모서리에 잘 걸리고, 아이스 툴을 회수하기 쉽도록 모든 톱니의 사면을 비스듬하게 갈아주어야 한다. 아이스 툴을 사용해 얼음과 바위를 오르는 기술은 다음과 같다.

후킹(hooking)

후킹은 아이스 툴의 피크를 이용해 오르는 대표적인 기술이다. 동작을 취하는 동안 아이스 툴이 움직이지 않게 바위에 계속 피크를 걸고 있어야 한다. 샤프트를 바깥쪽으로 당기면 피크가 홀드에서 미끄러지기 쉬우므로 안쪽으로 당긴다. 아이스 툴의 애쯔나 해머를 사용해 바위의 홀드에 걸어도 되지만, 피크가 자신을 향하고 있으므로 조심해야 한다. 때로는 위쪽으로 오르는 동안 헤드를 움켜잡아 선반 오르기 자세를 취할 수도 있다.

토킹(torquing)

틈새에 아이스 툴의 피크를 집어넣고 쐐기처럼 튼튼하게 박힐 때까지 샤프트를 좌우로 비튼다.

후킹

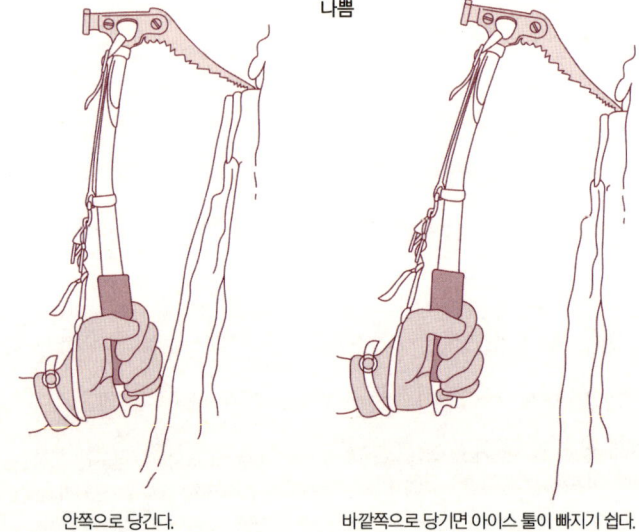

좋음 — 안쪽으로 당긴다.

나쁨 — 바깥쪽으로 당기면 아이스 툴이 빠지기 쉽다.

토킹

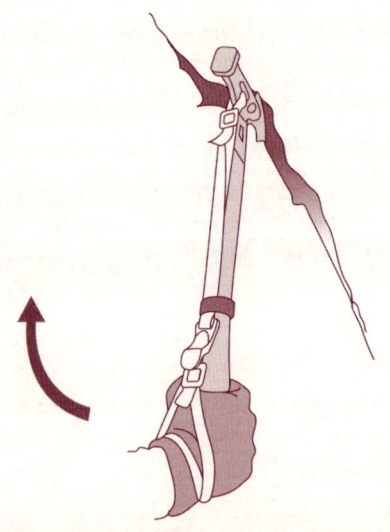

후킹에서 선반 오르기 자세로 전환하기

바위 턱에 건다.

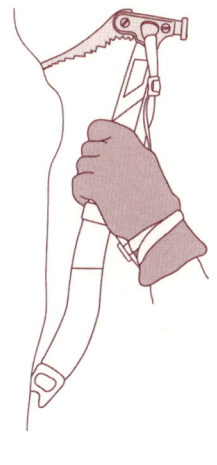

샤프트의 위쪽으로 손을 이동한다.

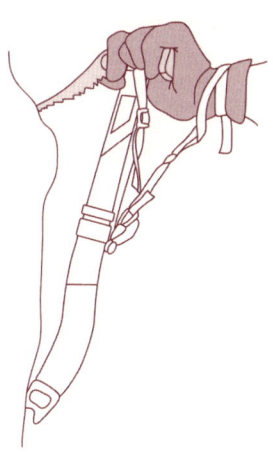

아이스 툴의 헤드를 움켜잡는다.

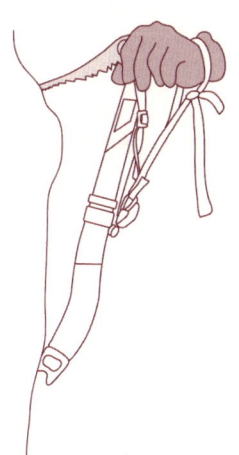

발을 높이 올려 선반 오르기 자세를 취한다.

술병 따기 (stein puller)

아래로 찢어진 틈새나 덧바위에 피크를 거꾸로 넣고 아이스 툴의 샤프트를 아래로 당긴다. 마치 병마개를 아래로 당겨 술병을 따는 것처럼 지렛대 원리를 응용한 것이다. 이 기술의 가장 큰 장점은 등반자의 머리 위쪽에 있는 홀드에도 적용할 수 있으며, 자신의 몸이 어느 정도 올라오면 술병 따기에서 선반 오르기 자세로 전환할 수도 있다.

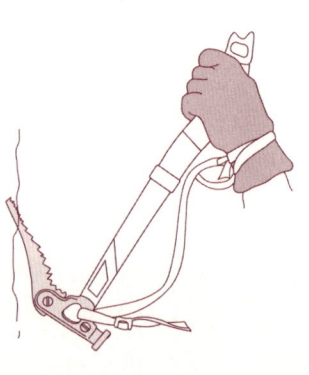

술병 따기

술병 따기에서 선반 오르기 자세로 전환하기

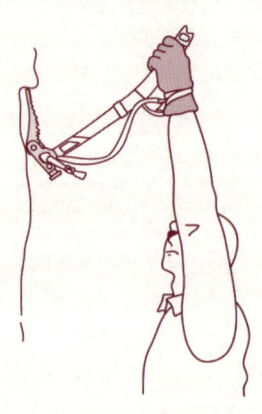

술병 따기 자세를 취한다.

발을 올린다.

선반 오르기 자세를 취한다.   팔을 뻗어 다른 아이스 툴을 설치한다.

매칭(matching)

드라이 툴링에 특히 유용한 기술로 암벽등반에서 한 홀드에 두 손을 올려놓는 것과 같이 하나의 홀드에 두 개의 아이스 툴을 올려놓는다. 홀드가 미세해도 피크가 얇기 때문에 같은 홀드 위에 나란히 놓을 수 있다. 다만 홀드가 충분히 견딜 수 있을 정도로 튼튼해야 한다.

스태킹(stacking)

주위에 모두 나쁜 홀드만 있고 유일하게 좋은 홀드가 하나 있을 때 아이스 툴의 피크를 같이 겹쳐놓는 기술이다.

그 외에도 레이백 자세, 팔을 서로 엇갈려 잡기, 한쪽 다리를 다른 팔꿈치 위에 겹쳐놓는 4자 자세, 한 개의 아이스 툴로 불안한 에

스태킹

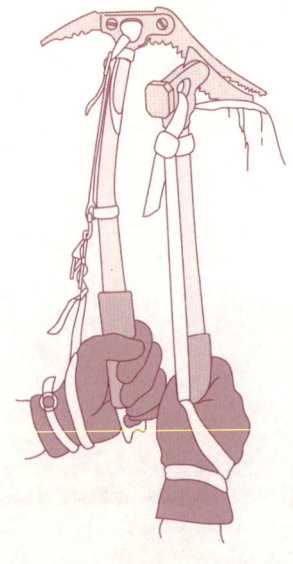

레이백

지를 점검하는 동안 팔을 굽혀 다른 아이스 툴로 몸을 끌어올리는 락 오프(lock off) 자세 등이 있다.

  혼합등반을 잘하기 위해서는 크램폰과 아이스 툴의 정밀한 설치와 더불어 정교한 자세를 유지하는 것이 중요하다. 홀드에 건 아이스 툴을 잡아당겨 발로 올라가는 혼합등반은 몹시 드물다. 아이스 툴로 바위 연습하기, 즉 실내 암장이나 인공 암벽에서 드라이 툴링(dry tooling)을 통해 피크가 걸리는 감각을 익히고 유연하고 정교한 자세를 취하는 연습이 필요하다.

부록
빙벽등반을 위한 팁

Q 손목 고리의 길이는 어느 정도가 적당할까?

A 대부분의 등반자들은 손목 고리를 너무 짧게 조절한다. 그 이유는 가슴 앞에 들고 있는 상태에서 아이스 툴의 손목 고리를 조절하기 때문이다. 실제로 빙벽등반을 할 때는 머리 위에서 아이스 툴을 휘두르게 된다. 손목 고리의 길이는 장갑을 낀 손안에서 새끼손가락이 샤프트의 끝에 정확히 위치하도록 한다.

Q 아이스 툴을 휘두를 때의 느낌은?

A 아이스 툴에 휘두를 때 몸에 힘을 주는 순서는 어깨에서 팔꿈치를 지나 손목의 스냅에서 끝난다. 샤프트를 너무 꽉 잡지 말고 채찍을 휘두르는 느낌으로 부드럽게 휘두른다.

Q 두 개의 아이스 툴을 박을 때의 간격은?

A 두 개의 아이스 툴을 옆으로 나란히 박으면 얼음이 부서져서 아이스 툴이 모두 빠져버릴 위험이 있다. 가능하면 아이스 툴의 폭은

어깨너비로 하고 아래위 사이의 간격은 사다리꼴의 가름대 정도로 피크를 박는다.

Q 빙벽등반에서 가장 효율적인 자세는?

A 최고의 등반가들은 팔을 굽힌 채 시간을 보내는 경우가 거의 없다. 하지만 휴식을 취하거나 스크루를 박을 때까지 동작을 결코 멈추지 않는 것처럼 보인다. 빙벽등반을 할 때 일련의 기본 순서는 다음과 같다. 먼저 위쪽의 아이스 툴에 의지하여 매달려서 작은 스텝으로 발을 이동한다. 위쪽의 아이스 툴을 잡은 손이 가슴 높이 근처에 이르면 아래쪽에 박힌 아이스 툴을 뺀다. 이때 약간 구부정한 자세가 되지만 가능하면 팔을 펴고 어깨로 매달린 상태에서 밑에 있는 아이스 툴을 홱 잡아 뺀다. 위쪽의 아이스 툴을 박자마자 팔을 쭉 뻗어 최소한의 힘으로 매달린다. 그런 다음 다시 발을 위로 움직인다.

Q 빙벽에서 에너지를 절약하는 방법은?

A 경사가 급한 얼음에서 에너지 절약은 아이스 툴을 박기 좋은 곳을 찾는 것 못지않게 중요하다. 팔과 종아리에 부담을 덜어주기 위해 쉴만한 장소는 어디에나 있다. 오버행에서도 발을 딛을 작은 턱이나 구멍을 깎아낸 다음 크램폰의 안쪽 뒤꿈치를 사용하여 체중이 앞발톱에 실리지 않도록 한다.

Q 아이스 툴을 잡는 요령은?

A 빙벽등반을 할 때 너무 긴장한 나머지 샤프트를 너무 꽉 잡게 되

면 아이스 툴을 휘두를 때 적당한 각도가 안 나오며 불필요한 에너지를 소모하게 된다. 혈액 순환이 잘되도록 샤프트를 부드럽게 잡으며 손가락을 약간 펴준다.

Q 스크루 설치하는 요령은?

A 안전을 위해 튼튼하게 박은 두 개의 아이스 툴에 자기확보를 하고 확보줄의 길이를 스크루 설치 지점과 확보물을 설치할 자세를 고려하여 알맞게 조절한다. 스크루의 행거, 퀵드로의 카라비너가 돌아갈 수 있도록 표면의 불량한 얼음을 제거한다. 스크루를 박는 지점은 툭 불거진 얼음이 아니라 평평하거나 약간 오목한 표면이 좋다. 대부분의 등반자는 스크루를 조금 더 높은 장소에 박기 좋아하지만, 힘만 들고 시간도 더 걸린다. 에너지를 절약하기 위해서는 허리와 가슴 사이의 높이에서 스크루를 박는 것이 가장 좋다.

Q 아이스 툴의 선택 요령은?

A 아이스 툴의 길이는 45~50센티미터까지 있으나 키가 180센티미터 이하는 45센티미터의 길이가 적당하다. 샤프트가 휘어진 것이 손가락이 얼음에 부딪치는 것을 방지해 준다. 보통 지름 8~9센티미터 정도의 굵기가 손아귀에 잘 맞는다. 아이스 툴의 무게는 사람마다 다르지만 무거운 경우 체력 소모가 크고 타격할 때 펌핑이 일어날 수 있다. 또한 헤드의 무게가 샤프트에 비해 가벼운 것은 타격할 때 피크가 튕겨 나오거나 얼음에 박힐 때 심하게 떨린다. 이런 경우 헤드에 무게 추를 달아준다. 아이스 툴에서 가장 중요한 것은 피크의 각도와 톱니 부분이다. 고드름이 많은 빙벽에서는 역곡선

형 피크가 잘 박히고 회수가 용이하다. 피크 전체에 톱니가 있는 제품이 효과적이며, 처음 구입했을 때보다 두께의 1/3 범위 내에서 쇠줄로 양면을 갈아 사용하면 잘 박히고 회수하기도 쉽다. 단 너무 깊게 파인 톱니는 회수할 때 힘들다.

Q 모노 포인트와 듀얼 포인트 크램폰의 차이점은?
A 두툼한 얼음과 딱딱하지 않은 얼음에서는 더블 포인트가 보다 안정적이다. 모노 포인트는 단단한 얼음과 혼합등반에서 최고의 위력을 발휘한다. 모노 포인트의 최대 강점은 발을 높이 찍을 수 있고 얼음 안쪽으로 찍을 때 발동작을 자유롭게 구사할 수 있다. 또한 듀얼 포인트보다 관통력이 좋고 얼음이 쉽게 깨지지 않는다. 혼합등반을 할 때 암벽 구간에서 몸의 균형을 유지하기 편하며, 폭이 좁은 크랙에 끼워 넣기도 좋다. 듀얼 포인트는 양발을 항상 얼음 면에 수직(11자)으로 유지해야 하지만, 모노 포인트는 발목을 좌우로 비틀어 딛는 인사이드 스텝에서도 자유롭게 일어설 수 있다.

Q 가장 효율적인 프런트 포인팅 자세는?
A 프런트 포인팅 기술의 핵심은 체중을 최대한 발에 두면서 팔의 부담을 최소화시키는 것이다. 이때 중요한 것은 크램폰의 앞발톱 두 개를 이용하는 것이 아니라 네 개를 이용하여 몸의 균형을 유지한다. 즉 네 개의 포인트가 빙벽에 박힐 때 가장 이상적인 지지력을 얻을 수 있다. 발을 너무 강하게 차면 얼음만 부서질 뿐 크램폰의 발톱이 다시 튀어나온다. 발의 무게를 이용하여 가볍게 끊어 찍어서 얼음에 홈을 내어 발을 일시적으로 걸치는 것이 프런트 포인팅

의 요령이다. 뒤꿈치를 많이 들어 올리면 등산화의 코가 빙벽에 먼저 닿게 되거나 발톱이 얼음을 위에서 아래로 긁게 되어 미끄러지기 쉽다. 따라서 무릎을 중심으로 발의 진자운동을 작게 해서 발톱을 빙벽과 수직이 되도록 만든다.

Q 아이스 툴의 타격 요령은?
A 타격의 기본기술은 팔꿈치를 약간 접었다 펴면서 아이스 툴의 무게를 이용해 원심력을 가속한 다음, 마지막 순간에 강한 손목의 힘을 이용하여 짧게 끊어 찍어야 한다. 또한 좋은 지점을 빨리 찾아내고 단 한 번의 타격으로 강하게 찍는 것보다는 정확하게 찍도록 한다. 아이스 툴을 휘두르기보다 헤드의 무게를 이용해서 얼음에 던지듯이 찍는 것이 최대한 힘을 절약하는 방법이다. 어깨에 힘을 빼고 샤프트를 꽉 잡지 않도록 해서 손목의 스냅을 이용한다. 무엇보다 정확한 타격은 안정된 자세로부터 나온다. 두 손의 간격은 어깨너비보다 약간 좁게 유지하고 두 발의 간격은 어깨너비 정도로 해서 길쭉한 사다리꼴 모양의 자세를 취한다. 이렇게 하면 한 개의 아이스 툴에 의지해 다른 아이스 툴을 타격할 때 한쪽으로 치우치지 않고 안정된 삼각형 자세를 유지할 수 있다.

찾아보기

숫자·영문
333의 법칙 194
4자 모양 272
ABCD 193
AKIS 191
LAST 191
N 바디 자세 260
RICE 법칙 190
STOP 194
X 바디 자세 259

ㄱ
감싸 잡기 140
걷기 17
겉옷 130
계단형 스텝 236
고드름 276
고어텍스 129
고정형 116
고탄수화물 식사 73
곡선형 피크 207
골절 186
공기 96
굳은 눈 183
권운 98
규격화된 해머 205
균형 잡기 141
그로비스바흐호른 211
근력 훈련 58
근육 47
근육 경련 85
근육세포 27

글리세이딩 159
기단 99
기상 변화 95
기압 104
꽃양배추 273

ㄴ
나비 모양 사리기 219
나일론 128
난운 98
내려가기 265
내리막길 27
냉찜질 190
네크 스타일 130
눈사태 192
눈사태의 3요소 185

ㄷ
다운 클라이밍 164
단백질 77
단축성 수축 29
당뒤제앙 115
당류 74
대퇴사두근 28
데드맨 170
데이지 체인 215
독일식 기술 149
동상 180
동적 로프 216
둥글게 사리기 219
듀얼 포인트 209
드라이 툴링 302

찾아보기 309

드랄론 132
등산화 119

ㄹ
락 오프 자세 267
러너 220
러셀 143
레스트 스텝 36, 142
레이백 자세 268
레이어링 시스템 133
레인 크러스트 183
로랑 그리벨 116
로프 213

ㅁ
매칭 301
면 127
모 127
모노 포인트 209
모자 131
몽키 행 255
무산소 역치(AT) 55
물 81
믹스 클라이밍 295

ㅂ
바깥옷 130
바라클라바 131
바람 103
바르트 혹 211
박빙 203
반월상 연골 190
발디딤 만들기 144
백스텝 257
백시현상 108
베르글라 203
베어내기 스텝 236
벤트 게이트 228
보울라인 매듭 225
보행속도 22
복원력 127
볼록한 얼음 269

부종 85
부하원리 23
북벽 해머 205
분리형 116
분설 182
비탈리 아발라코프 284
빌헬름 벨첸바흐 211
빙벽 확보물 210
삐에 144
삐에 다 쁠라 147
삐에 다시 147
삐에 당 까나르 146
삐에 뜨루아지엥 148
삐에 마르쉐 145
삐올레 144
삐올레 깐느 140
삐올레 깐느 150
삐올레 뜨락시옹 156
삐올레 라마스 152
삐올레 람쁘 162
삐올레 망쉐 152
삐올레 보레 153
삐올레 빤느 153
삐올레 뽀야나르 154
삐올레 아쀠 162
삐올레 앙끄르 155, 239

ㅅ
사점 21, 37
산곡풍 103
샤프트 112
상들리에 273
선 크러스트 183
선반 오르기 자세 299
설빙 203
세컨드 윈드 37
속옷 129
수빙 203
수직형 발톱 117
수평형 발톱 117
술병 따기 299
쉬기 262

스나그 211
스노우 바 169
스노우 볼 119
스노우 볼라드 170
스쿼트 58
스크루 211, 278
스태거링 260
스태킹 259, 301
스테밍 258, 267
스텝 커팅 235
스트레칭 63
스파이크 112
스판덱스 128
슬링 220
습설 183
신장성 수축 29
심박수 26, 51
싸라기눈 183
써맥스 132
썩은 얼음 277

ㅇ

아노락 130
아발라코프 갈고리 286
아발라코프 확보물 284
아이스 볼라드 287
아이스 액스 203
아이스 툴 203
아이스 툴 기술 297
아이스 툴 빼기 254
아이스 툴 휘두르기 247
아이스 피톤 211
아이스 훅 211, 284
아이스하켄 211
아이젠 115
아침식사 75
안전벨트 224
알파인 스틱 121
애쯔 112
얇은 얼음 277
양각 114
양말 132

어깨 메기 220
얼음 기둥 276
엉덩이 확보 230
역곡선형 피크 207
열사병 85
염좌 186
영양소 77
오르막길 24
오버미턴 131
오버행 269
오스카 에켄슈타인 115
오토 헤르조그 228
온난전선 98
온실가스 95
온찜질 190
요지아스 짐러 115
요통 188
우모 127
우박 184
운동량 50
원단 고르기 127
윈드 스토퍼 128
윈드 크러스트 183
윈드브레이커 130
유연성 훈련 62
음각 114
응급처치 189
이븐 취나드 116
이온음료 88

ㅈ

자기 제동 140, 164
자기 확보 140
잠금 카라비너 29
장갑 131
저녁식사 76
저체온증 177
저탄수화물 식사 73
적운 98
전분류 75
절기 102
점심식사 75

점퍼 스타일 130
정적 로프 216
젖산 24
제프 로우 116
좌상 187
주관적인 강도 52
준고정형 116
준규격화된 해머 205
지구력 훈련 57
지방 70, 78
지팡이 잡기 140
진눈깨비 183

ㅊ
체감온도 105
최대 산소 섭취량 53
충격 흡수용 러너 282
층운 98

ㅋ
카라비너 228
코드 슬링 221
코리올리 효과 98
쿨맥스 132
퀵드로 223
크램폰 115, 208
크램폰 기술 295
크러스트 183
킥 스텝 142

ㅌ
탄수화물 70, 79
탈수량 86
탯줄 212
토킹 297
퇴행성 관절염 190
튜블러 웨빙 220
파스칼의 원리 96
파일 128
파카 130
판상 눈사태 184
페이디데스 49

평형성 훈련 62
폴리에스터 128
폴리프로필렌 128
핀 현상 104
표층 눈사태 184
푯팡 116
프랑스식 기술 144
프런트 포인팅 149, 243
프리츠 리겔 211
플래깅 259
플랫 웨빙 221
플랫 푸팅 146
플런지 스텝 157
플리스 128
피로 84
피켈 111
피켈 손목고리 113
피켈 잡는 방법 140
피켈 휴대 방법 139
피크 112
피피 215

ㅎ
하단 벨트 224
하이 스텝 259
하이퍼서미아 177
하프 클로브 히치 매듭 289
한랭전선 98
헤드 112
헬멧 230
혈전 85
호흡 19
혼합등반 295
홀스터 211
확보 시스템 288
확보물 설치 278
환상방황 108
횡단하기 264
후킹 297
휴식 22
힐 후킹 268